한국어 어휘 교육 연구의
방법과 실제

한국문화사 한국어교육학 시리즈

한국어 어휘 교육 연구의 방법과 실제

원미진 지음

한국문화사

한국문화사 한국어교육학 시리즈

한국어 어휘 교육 연구의
방법과 실제

1판 1쇄 발행 2019년 8월 28일
1판 2쇄 발행 2022년 9월 26일

지 은 이 | 원미진
펴 낸 이 | 김진수
펴 낸 곳 | 한국문화사
등   록 | 제1994-9호
주   소 | 서울시 성동구 아차산로49, 404호(성수동1가, 서울숲코오롱디지털타워3차)
전   화 | 02-464-7708
팩   스 | 02-499-0846
이 메 일 | hkm7708@daum.net
홈페이지 | http://hph.co.kr

ISBN 978-89-6817-797-2 93370

오류를 발견하셨다면 이메일이나 홈페이지를 통해 제보해주세요.
소중한 의견을 모아 더 좋은 책을 만들겠습니다.

▌서문

언어 교육에 있어 어휘 교육의 중요성에 대한 인식이 커진 것과 마찬가지로 한국어교육에 있어 어휘 교육 연구도 늘어났음에 비해 한국어 어휘 교육에 대한 연구는 주로 어휘 자체에 대한 연구에 집중되어 왔다. 이는 어휘 교육을 연구하는 학자들의 경향과도 관련이 있는데 한국어 어휘 교육에 대한 많은 연구가 국어학 전공 학자들의 관심에서 출발하였기 때문이다. 이러한 연구는 한국어 어휘 교육의 내용을 풍부하게 하고 기초적인 지식과 이론을 닦는데 기여했음은 물론이다.

이 책은 이러한 기틀 위에 교육과 연구라는 관점을 좀 더 입혀 놓으려는 시도에서 출발하였다. 석사 학위 취득 후에 한국어 학당에서 일하면서 어휘 지도에 어려움을 느꼈고, 외국에서 제2언어로 박사 과정을 수학하면서 가장 어려움을 느낀 부분은 어휘 학습이었다. 이러한 경험이 박사 학위 논문의 주제로 어휘 교육을 잡게 했으며, 제2언어 교육에서의 어휘 교육의 효과에 대한 박사 논문을 쓴 지도 벌써 10여 년이 지났다. 그동안 학부와 대학원에서 가르치고, 대학원생을 지도하는 교수자이자 학자로서의 길을 걸어가면서 가장 많은 연구는 어휘를 대상으로 한 연구였다. 어휘 교육과 관련된 그간의 연구 결과를 정리하지 못함을 아쉽게 생각하다가 더 늦기 전에 현재까지의 공부를 마무리해 보고 싶어서 책을 내게 되었다.

이 책은 새로운 이론이나 새로운 내용을 보여줄 수 있는 작업은 아니다. 연구 가설과 연구 주제에 맞게 어떤 방법으로 연구를 해볼까하는 고민에서 출발했고, 이런 결과들을 정리하면서 지난 10여 년의 공부를 마무리하고자 하였다. 매년 '한국어어휘교육론' 수업을 하면서 느끼는 어휘 교육과 관련된 문제들에 대한 몇가지 문제들을 탐색해 본 연구들이다. 어휘 교육에 대한 주제로 논문을 쓰고자 하는 대학원생이나 신진 연구자에게 연구 방법의 탐색적인 측면에서 도움이 될 것으로 믿는다.

연구자로서 그동안의 연구들을 주제별, 방법별로 정리해 보는 것은 다시 새롭게 나아가기 위한 방법이기도 하기에 필요한 작업이다. 책으로 내는 또 하나의 이유는 어휘 교육에 관한 책을 내려고 한 지도 여러 해가 지났는데, 지난 2년 동안 어휘 교육 연구와 관련된 새로운 연구를 하지 않는 나 자신을 채찍질하기 위한 의도도 담겨있다. 이 책을 위해 예전에 쓴 논문을 다시 읽으면서 정리를 하는 동안 때로는 부족함이 눈에 띄기도 하였고 해결하지 못한 문제들이 맘에 걸리기도 했지만 어떤 논문은 지금 쓴다고 해도 더 잘 쓰기 어려울 정도의 노력이 들어간 것들이 있어 연구자로서의 자세를 다시 한 번 생각해보는 계기가 되기도 하였다. 부족한 점에 대한 질책을 받고 추후 연구로 발전시키기 위해 두려운 마음을 책을 내기로 하였음을 밝힌다.

주위에 많은 선생님들과 교류할 수 있고 내 얘기를 눈을 반짝이며 들어줄 수 있는 학생들을 옆에 두고 이들과 학문적으로 이야기하며 연구할 수 있는 환경에 살고 있음에 감사한다. 이 책에 선정된 논문은 혼자 연구한 것도 있지만 공동으로 연구한 논문들도 들어있다. 논문을 쓰면서 행복했던 시간을 떠올리며 함께 연구한 제자들에게 감사의 말을 전한다. 특별히 항상 연구자로서의 길을 이끌어 주시며 공동 연구도 마다하지 않으셨던 강현화 교수님, 논문의 생각이 막힐 때마다 함께 이야기할 수 있는 친구 한송화에게 고마움을 전하며 그간 연구자로서의 함께 했던 여러 선생님들과 제자들의 이름을 다 밝히지 못함에 양해를 구한다.

2019년 여름 외솔관에서
원미진

▌이 책의 구성

이 책의 구성을 위해 그간의 어휘 교육에 관한 연구물을 어휘 연구의 경향에 따라 나누는 작업을 하였다. 관련 연구를 크게 나누어 보면 무엇을 가르칠까에 관한 연구와 어떻게 가르칠까에 관한 연구, 그리고 어떻게 평가할까에 관한 연구로 정리해 볼 수 있다. 무엇을 가르칠까에 관한 연구는 첫째, 한국어 학습자를 위한 어휘수와 범위를 정하는 연구 및 그것을 학습자의 목적이나 수준에 따라 등급화를 시도한 연구, 둘째, 어휘의 특성을 분석하고 분류하여 어떤 내용을 가르칠 것인가에 대한 연구로 한국어 어휘 자체의 특성이나 어휘 간의 관계에 초점을 맞춘 연구거나, 대조언어학적 관점에서 한국어의 어휘의 특성을 밝힌 연구들로 나눠볼 수 있겠다.

어떻게 가르칠까에 관한 연구는 외국어 교수법 안에서 어휘 교육의 차지하는 위치에 따라 조금씩 관점을 달리하지만 효과적인 어휘 교수법과 관계된 연구로 어휘 교수 활동이나 학습 전략에 관한 연구로 나눠볼 수 있겠다. 교수 학습의 연구는 필연적으로 학습된 결과를 어떻게 평가할 것인가와 관련된 문제가 따르기 마련이어서 이 책에서는 큰 틀에서 어휘 교수의 대상과 방법과 평가의 3가지로 나누어 보았다. 이런 틀은 어휘 연구자로서 나의 관심이 따라온 틀과도 크게 다르지 않기에 이 책의 각 장은 대체로 이 분류를 따르게 되었다. 이에 덧붙여 어휘라는 교육 대상으로서의 성격을 파악해 보기 위한 어휘 지식 및 어휘 능력의 본질에 대한 탐구의 문제를 첨가하여 네 개의 장으로 구성하였다.

각 장의 첫 부분은 어휘 지식은 무엇인가, 무엇을 가르칠 것인가, 어떻게 가르칠 것인가, 어떻게 평가할 것인가에 대한 몇 가지 언어 교육의 쟁점을 소개하였다. 그리고 각 주제를 해결하기 위해 수행한 나의 연구들을 제시했는데 연구 주제에 따라 방법에 초점을 두거나 연구 결과에 초점을 두어 제시하였다. 이 책의 목적인 한국어 어휘 교육 연구의 방법과 실제라는 측면에서 앞 부분의 쟁점이 어떻게 연구로 이루어지고 있는가에 초점을 두고 읽는다면 어휘 교육 연구의 흐름을 파악하는 데에 도움이 될 것이다.

1장에서는 어휘 교육의 대상으로서 어휘 지식을 어떻게 볼 것인가의 문제를 다루었고, 어휘 지식탐구의 자료인 사전에서 제시하고 있는 어휘 정보를 다루었고, 어휘 제시의 중요한 부분인 어휘의 의미를 어떻게 제시할 것인가에 대한 연구를 다루었다. 2장은 어휘 교육의 대상을 어떻게 선정할 것인가에 대한 연구를 살펴보았다. 〈한국어기초사전〉의 5만 어휘 선정뿐만 아니라 특정 어휘의 선정 방법과 관련하여 파생 접사나 외래어 조어소 선정 연구를 다루었다. 또한 어휘 교육의 범위를 정형화된 표현까지 넓혀 보고 이와 관련된 연구를 살펴보았다. 3장은 어휘 교수 방법의 효과적인 논쟁과 관련된 연구들을 다루면서 어휘 교육 연구에서 효과적인 방법으로 제시하고 있는 방법들이 어떤 연구를 통해 나타난 결과인지를 살펴보는 작업을 하였다. 그리고 어휘 교수 방법을 사용하고 있는 학습자들의 변인에 따라 달라지는 전략의 사용을 살펴보았다. 마지막 장에서는 어휘 평가의 문제를 다양한 측면에서 다루어 보았다. 학습자의 어휘량을 측정하는 탐색적 시도로서의 연구를 하나 소개하였고, 학습자들의 어휘의 성격을 학습자의 언어 능력과 함께 살펴보려는 시도로 어휘 풍요도 측정의 방법을 살펴본다. 그리고 학습자의 어휘 지식의 본질을 측정하는 방법으로 이해 어휘와 표현 어휘의 측정의 문제를 학습자 변인에 따른 차이와 함께 살펴본 연구를 소개하였다.

이 책은 한국어 어휘 교육에 관심이 있는 대학원생들이나 연구자에게 도움이 되고자 하는 측면에서 집필하였다. 연구 주제에 따른 연구의 예는 지난 10년간 연구자로서 내가 어휘 교육의 관심에 따라 수행해 온 연구들을 재정리하여 넣었기에 중요한 연구 주제임에도 불구하고 아직 연구하지 못한 주제들은 빠져 있다. 지난 연구를 정리하면서 연구의 의의와 한계를 다시 살펴보는 작업을 하였고, 이를 바탕으로 향후 연구를 제안하는 내용을 다시 기술하는 작업을 하였다. 연구자로서 추후의 연구 거리에 대해 많은 생각을 할 수 있는 시간이었다. 이 책을 읽는 독자들이 연구의 방법과 내용을 비판적으로 바라보고 향후 연구를 계획하는 데에 도움이 되었으면 하는 바램이다.

목차

3장. 어떻게 가르칠 것인가:
어휘 습득 및 효과적인 어휘 교수에 관한 연구

4장. 어떻게 평가할 것인가:
학습자 어휘 능력 평가에 관한 연구

1장

어휘 지식이란 무엇인가:
어휘 능력과 어휘 지식에 관한 연구

1장. 어휘 지식이란 무엇인가:
어휘 능력과 어휘 지식에 관한 연구

1. 언어 교육에서 어휘 교육의 중요성

외국어 교육이나 제2언어 교육 혹은 습득 연구에 있어서는 문법 교육이나 다른 말하기, 듣기, 읽기, 쓰기와 같은 언어의 기능적 교육에 비해 어휘 교육에 대한 관심은 좀 더 늦게 출발하였으나 그 모든 교육의 기초에는 어휘 교육이 자리잡고 있다고 보아야 할 것이다. 언어 습득을 선천적인 언어 능력에서 출발한다고 보고 있는 촘스키안들의 경우에 문법의 중요성에 비해 어휘의 중요성이 상대적으로 소홀히 다루어졌던 경향이 있었지만 최근에는 어휘 학습은 언어 학습에 가장 중요한 부분이라고 주장하는 경향도 있다. Tomasello(2003)는 어휘 학습은 문법 구조 학습과 같이 종합 과정에서의 한 부분이라고 하였다.

언어 교육에 있어 어휘 교육이 중요하다는 근거는 많은 연구에 의해 뒷받침되고 있다. Johansson(1978)에서는 학습자의 언어를 이해하는 데 있어서 모국어 화자들은 문법 오류보다 어휘 오류가 더 지장이 된다고 하였으며 Gass(1988)에서도 문법 오류가 있을 경우에 대화를 이해할 수 있는데 비해 어휘 오류가 생기면 의사소통이 더 방해를 받는다는 점을 지적하였다. Politzer(1978)는 학습자가 모든 오류에서 어휘 오류가 제일 심각하다고 하였으며 Blaas(1982)에서도 역시 "문법 오류보다 어휘 오류 더 많은 비중이 차지하고 있고 학습자 말뭉치에서 3:1 비율로 어휘 오류의 비율이 높다."는 결과를 제시하였다. 즉 학습자가 범하는 오류 중에 어휘 오류가 상대적으로 큰 비중을 차지하고 있다는 점이다. 언어 교수 환경에서도 Williams(1999)는 외국어를 학습하는 학습자들의 질문의 80%는 어휘에 대한 질문이라는 점을 지적하였고, 교사들도 오류 수정을 할 때 어휘 오류에 대한 수정이 가장 많다고 보고되었다. 예를 들어 Lyster(1998)에서는 교사들이 학습자의 어휘 오류중의 80%를 수정 피드백을 주고 있지만 음운은 70% 그리고 문법 오류는 56%정도의 피드백을 준다고 하여 전체적인 오류 수정 비율을 놓고 보면 어휘 오류에 대한 수정 비율이 높으며, Ellis et al 에서도(2001a) 교사가 고쳐준 오류 중 거의 40%가 어휘라는 결과가 보고되었다. 이러한 현상은 교사들에게 어휘 오류가 의사소통을 가장 방해하는 오류로 인식되고 있음을 보여주는 반증이라 하겠다.

Levelt(1989)는 어휘는 문장 생산의 추진력이라고 보았고 그의 어휘적 접근 가설(lexical access hypothesis)에서 어휘 항목의 작동으로 문법적, 형태적, 음운적 부호화가 이루어진다고 보는 문장 생산의 공식화 과정(formulation process)을 주장했다. 다시 말하면 Levelt의 문장 생성 과정은 어휘적으로 주도되고 있음을 주장한 가설이다.

이런 점을 고려해 본다면 어휘 교육은 언어 교육의 본질적인 부분의 하나이며, 어휘 능력이 그 학습자의 언어 능력을 좌우하는 핵심임을 부인할 수 없다. 그러므로 한국어교육에 있어 어휘 교육의 중요성을 고려하여 이 장에서는 어휘 교육과 어휘 연구를 위한 기본 전제로서 어휘의 본질 및 어휘 지식이 무엇인가에 대해 먼저 살펴보고자 한다.

2. 어휘와 어휘 능력

어휘(vocabulary)가 무엇인가를 정의하는 것은 간단하지 않지만 김광해(2008: 21)에 따르면 어휘를 '일정한 범위 안에서 사용되는 단어(word)들의 집합'으로 정의하고 있다. 이러한 정의를 따르지 않더라도 어휘는 단어들의 집합이며 그래서 단어란 무엇인가 혹은 낱말이란 무엇인가라는 질문으로 들어가게 된다. 단어의 사전적인 정의는 '분리하여 자립적으로 쓸 수 있는 말이나 이에 준하는 말. 또는 그 말의 뒤에 붙어서 문법적 기능을 나타내는 말'(표준국어대사전)과 같이 간단하지 않게 정의되어 있다. 사전적인 정의로 보면 어휘와 단어를 형태인 측면에서 정의하고 있기에 어휘와 단어가 무엇인가에 대한 질문에 대답하기가 어렵다. 그러므로 이 장에서는 어휘의 정의에 매달리기 보다는 언어 능력의 기본으로서의 어휘 능력을 살펴보는 것으로 어휘가 무엇인가에 대해 접근해 보고자 한다.

어휘 능력(lexical competence)이란 교과서적인 정의에 의하면 단어를 정확하게 그리고 풍부하게 알아 사용하며, 이미 알고 있는 단어를 바탕으로 해서 모르는 단어의 의미를 추리해 내거나 지시적, 문맥적, 비유적 의미 등을 이해하고 표현하는 능력이다. 신명선(2008)에서는 어휘 능력을 어휘를 표현하고 이해하는 능력으로 구체적인 의사소통 상황에서 어떤 대상이나 일, 현상 등을 상황을 고려하여 적절하게 명명하거나 명명화된 것을 이해할 수 있는 능력으로 정의하였다. Chapelle(1994)은 어휘 능력을 언어에 대한 지식과 문맥에서 사용하는 지식으로 나누어서 설명하였는데 어휘 지식과 기본적인 처리 과정을 아는 것뿐만 아니라 어휘 사용 맥락에 대한 지식, 그리고 어휘 사용의 초인지적 전략에 대한 지식까지도 어휘 능력을 결정하는 것으로 보았다. Capelle은 어휘 능력을 결정하는 요인으로 어휘의 양과 단어의 특성에 관한 지식, 그리고 어휘 구성에 대한 지식, 기본적인 어휘 처리 과정에 대한 차이로 설명하였다. 그리고 어휘 사용 맥락을 안다는 것은 '결코'와 같은 부사는 항상 부정문과 함께 사용된다는 것을 알아야 하는 것뿐만 아니라 '잘하다' 같은 경우는 문장 안에서의 의미에 따라 반어적으로 잘하지 못한 경우에 '잘한다!'고 쓸 수 있다는 것을 알아야 하는 지식, 즉 사용 맥락에 대한 지식으로 보았다. 이런 맥락에 영향을 미칠 수 있는 요인으로 구어와 문어, 격식과 비격식, 일상적 용법과 학문목적 용법과 같은 차이뿐만 아니라 사회적 관점에서 맥락을 고찰하여 언어의 다양성에서 오는 해석이 차이 같은 것들도 고려하였고 예를 들어 세대 간의 차이와 같은 것들도 고려되어야 한다는 맥락 이론의 논의를 제시하고 있다.

이렇게 본다면 어휘 능력이란 결국 언어 능력 혹은 의사소통 능력을 좌우하는 가장 핵심적인 요소이다. 그러므로 다음 절에서는 이 어휘를 안다는 것을 설명할 수 있는 방법으로서의 어휘 지식에 대한 논의로 좀 더 나아가 보겠다.

3. 어휘 지식의 범위와 깊이

학습자들이 알아야 하는 어휘의 모든 것은 무엇일까? 어휘와 관련된 모든 지식을 어휘 지식(vocabulary knowledge)이라 말하는데, 어휘 지식이 무엇인가에 관한 논의 역시 그리 간단하지는 않다. 우선 어휘 지식과 관련된 논의를 살펴보면서 어휘 지식을 정의해 보기로 하겠다. Stahl(1983, 1986)은 어휘 지식을 정의하기 위해 어휘 지식의 형식을 두 종류로 나누어 설명했는데, 정의적 정보(definitional information)와 문맥적 정보(contextual information)가 그것이다. 정의적 정보는 한 단어와 이미 알고 있는 다른 단어 사이의 논리적인 지식으로 구성되어 있는 것으로, 다시 말하면 사전에 실려 있는 단어의 정의, 유의어, 반의어, 접사 등등의 정보를 말한다. 문맥적 정보라 함은 단어의 핵심 개념으로 정의되는 것으로, 이것이 다양한 문맥 안에서 어떻게 의미가 변화해 가는지를 포함하고 있는 정보이다. 어휘 지식을 획득한다는 것은 정의적 정보와 문맥적 정보가 함께 학습되어 질 때 제대로 이루어지는 것임은 두말할 나위도 없다.

Nagy & Scott(2000)의 연구는 어떻게 모국어 학습자들이 새로운 단어를 배우는가에 초점을 맞춘 연구이긴 하지만 어휘 지식이 무엇인지에 관해 체계적으로 설명하고 있다. 여기서 지적한 어휘 지식의 다섯 가지 특성을 살펴보면 다음과 같다. 첫째 어휘를 안다는 것은 정도의 문제이지 모두 알거나 전혀 모르거나 하는 문제가 아닌 문제가 아니므로 이런 측면에서 어휘 지식은 점진적으로 증가하는 지식이다. 어휘 지식의 점진적 증가에 대한 연구는 많은 학자들이 논의해 왔다. 먼저 Dale(1965)은 단어지식 정도를 4단계로 나누었는데, ① 한 번도 본 적이 없는 단어 ② 들어본 적은 있지만 무슨 뜻인지 모르는 단어, ③ 문맥 안에서 무슨 뜻인지 알 수 있는 단어, ④ 잘 아는 단어로 나누었다(재인용 Nagy & Scott, 2000). 그 후에 비슷한 연구들이 여러 학자에 의해 이루어져서 조금씩 단계가 추가되고 변형되었다. Drum & Konopak(1987)은 어휘 지식을 여섯 등급으로 나누어, ① 말로는 알지만 쓰기 형태는 모르는 단어, ② 의미를 알지만 표현할 수 없는 단어, ③ 의미를 알지만 그 개념에 맞는 단어를 모르는 단어, ④ 단어의 부분적 의미를 아는 단어, ⑤ 단어의 다른 뜻을 아는 단어, ⑥ 개념과 단어 둘 다 모르는 단어로 정리하였다.

Paribakht & Wesche(1993)는 보다 체계화된 설명으로 어휘 지식 척도(Vocabulary Knowledge Scale)의 다섯 단계를 설정하고 있다.

1단계: 전혀 익숙하지 않은 단어
2단계: 익숙하긴 한데 의미는 모르는 단어
3단계: 해석이 가능하고 적절한 동의어를 아는 단어
4단계: 문장 안에서 뜻에 맞게 사용하는 단어
5단계: 문장 안에서 의미뿐만 아니라 문법적으로 정확하게 사용하는 단어

어휘 학습을 점진적인 증가의 관점에서 보는 것은 어휘 지식이 어떻게 문맥 안에서 습득되어지는가를 설명할 수 있게 해주는 장점이 있다. 먼저 Dale의 어휘 지식의 단계는 어휘의 의미를 아느냐 모르느냐, 즉 어휘의 이해 영역에만 초점을 맞춘 단계 제시이고, Drum & Konopak의 어휘 지식의 단계는 어휘를 안다는 것을 어휘의 형태와 의미의 관계에 초점을 맞춰 제시한 것이다. Paribakht & Wesche의 단계는 표현의 영역을 사용에 초점을 맞춰 문법적인 정확성까지 이루었을 때 가장 높은 단계의 어휘 지식을 획득한 것으로 보고 있다. 위에 제시된 3개의 연구를 종합해 보면 학습자가 어휘 지식을 가지고 있다는 것은 하나의 단어의 경우에도 다양한 단계가 존재하며, 알거나 모르는 것이 아니라 어느 단계까지 아느냐의 문제이기 때문에 어휘를 안다 혹은 모른다는 판단이 여러 가지의 기준에 따라 가능함을 알 수 있다. 또한 단계적으로 누적적인 지식을 쌓는 것이 어휘 지식이라는 측면에서 본다면 어휘의 난이도에 따른 단계별 지식이 교과 과정 안에서 고려되어야 함을 시사한다고 하겠다. 예를 들면 모든 단어를 가장 높은 단계까지 알 필요는 없지만, 그렇다고 해서 모든 단어를 이해의 영역에만 놓아두어도 안 된다.

어휘 지식의 두 번째 특성은 다면성이다. 어휘의 다면성이란 단어 지식이 몇 개의 다양한 지식 형태들로 구성되어 있다는 말이다. Nation(1990)은 단어지식의 8가지 측면을 설명하면서, ① 단어의 말하기 형태, ② 단어의 쓰기 형태, ③ 단어의 문법 요소, ④ 단어의 연어 관계, ⑤ 단어의 빈도, ⑥ 단어의 문체적 기록의 제약, ⑦ 단어의 개념적 의미, ⑧ 다른 단어의 연상이라는 8가지 측면으로 나누어 하나의 단어를 구성하고 있는 다양한 측면을 논의하였다. Nation은 그의 후속 연구(2001)에서 이 논의를 보다 체계화하여 어휘 지식의 범위를 크게 형태와 의미와 사용으로 나누어 형태(form)를 안다는 것은 그 단어의 구어 형태(spoken form), 문어 형태(written form), 혹은 단어를 이루고 있는 각 부분(word parts)을 아느냐 하는 것으로 보았다. 의미(meaning)를 안다는 것 역시 형태와 의미(form and meaning)의 결합 관계, 개념과 지시대상(concepts and referents)의 결합, 그리고 의미 연상(association)을 아는 문제로 나누었고, 사용 영역(use)에 있어서도 문법적인 기능(grammatical functions)을 아느냐, 단어의 쓰임과 관련한 연어(collocations), 혹은 사용상의 제약(constraint on use)을 아느냐 하는 어휘의 다면적 지식에 대한 범주를 보여 주었다. 또한 이러한 범주를 아느냐 모르느냐의 문제에 있어서도 이해의 영역과 표현의 영역으로 나누어 어느 정도까지 아느냐의 문제로 각 범주별로 지식의 정도를 제시하고 있다. 구체적으로 표로 나타내보면 다음과 같다.

〈표 1〉 어휘 지식의 내용(Nation, 2001, 2013 : 49)

형태	구어 형태	이해 : 그 단어의 소리는 무엇인가
		표현: 단어의 발음은 어떻게 하는가
	문어 형태	이해: 단어는 무엇처럼 보이나
		표현: 단어의 쓰기와 맞춤법은 어떻게 되나
	단어의 각 부분	이해: 이 단어에서 각 부분을 인식할 수 있나
		표현: 이 의미를 표현하기 위해 단어의 어떤 부분이 필요한가

의미	형태와 의미	이해: 이 단어 형태가 의미하는 의미는 무엇인가
		표현: 어떤 단어 형태가 이 의미를 표현하기 위해 사용되는가
	개념과 지시 대상	이해: 이 개념에는 무엇이 포함되는가
		표현: 개념이 가리키는 것은 무슨 항목인가
	의미 연상	이해: 이 단어는 다른 무슨 단어를 생각하게 하는가
		표현: 이 단어 대신에 무슨 다른 단어를 사용할 수 있는가
사용	문법적 기능	이해: 이 단어는 어떤 패턴이 일어나는가
		표현: 이 단어는 어떤 패턴 안에서 사용되는가
	연어	이해: 이 단어에는 어떤 단어 혹은 어떤 형태의 단어가 함께 하는가
		표현: 이 단어와 함께 어떤 단어 혹은 어떤 유형을 사용해야 하는가
	사용상의 제약 (사용역,빈도 등)	이해: 언제, 어디서 얼마나 자주 이 단어를 만나는가
		표현: 언어 어디서 얼마나 자주 이 단어를 사용할 수 있는가

세 번째 특성은 다의성, 즉 한 단어는 하나의 의미만 있는 것이 아니라 여러 가지 의미가 있다. 개념적으로 한 단어가 여러 가지 의미가 있는 것을 다의어라고 하며, 단어에 따라서는 하나의 의미도 문맥 안에서 모두 같은 의미로 쓰이지 않는다는 것도 단어의 다의성에 대한 설명이될 수 있다. 즉, 단어의 의미는 융통성이 있기 때문에 문맥 안에서 약간씩 다른 느낌을 주며, 그래서 단어의 뜻은 문맥 안에서 유추되어야 한다는 어휘 지식의 특성을 설명한 것이다.

네 번째 특성은 상호 연관성이다. 한 단어에 대한 지식은 다른 것으로부터 독립되어 있는 것이 아니라 서로 연관이 되어 있는 것이어서 예를들어 '뜨겁다', '차갑다' 혹은 '시원하다'는 의미는 그 의미 자체로 독립되어 있는 것이 아니며 이미 '따뜻하다'라는 단어를 배우지 않았어도 '따뜻하다'라는 의미에 대한 지식이 있는 것으로 볼 수 있다는 점이다.

마지막으로 어휘 지식의 특성을 이질성이라는 측면에서 살펴보자. 이질성이란 우리가 말하는 단어의 뜻을 안다는 것은 기본적으로 단어의 종류에 따라서 다른 이질적인 지식일 가능성이 있다. 예를 들면 조사나 어미와 같은 기능 어휘에 대한 지식을 가지고 있는 것은 '인공' 혹은 '인공지능'과 같은 전문적인 영역에서 사용되는 개념에 대해서 알고 있는 지식과는 다르다. 이러한 하나의 어휘에 대한 다양한 차원의 지식은 부분적으로는 독립적이어서 같은 어휘라고 하더라도 학습자가 이미 알고 있는 어휘에 대한 지식에 의해서 다양한 유형의 지식을 요구하게 된다는 점 또한 어휘 지식의 복잡성에 대한 설명해 주는 요소이다.

이상에서 살펴본 Nagy & Scott(2000)의 어휘 지식에 대한 설명은 어휘 지식은 선언적 지식(declarative knowledge)라기 보다는 절차적 지식(procedural knowledge)이라고 보는 관점을 취하고 있다.

4. 이해 어휘와 표현 어휘

어휘 능력을 구성하고 있는 어휘 지식은 그 지식의 성격이 다면적이며 습득의 측면에서 볼 때 점진적으로 쌓아가는 지식이다. 이러한 어휘 지식에 대한 논의를 들여다보면 크게 두 가지의 지식으로 나누어지는데 이것이 흔히 이야기하는 어휘에 대한 이해 지식과 표현 지식이다(receptive knowledge and productive knowledge). Nation(2001)은 이해 어휘는 듣고 읽는 활동 중에 단어의 형태를 인식하여 그 의미를 알아낼 수 있는 것이고, 표현 어휘는 말하기나 쓰기 활동을 통해 그 의미를 표현하기 원할 때 적합한 형식의 말하기 쓰기 단어를 생산해 낼 수 있는 것이라 하였다. 이러한 개념적인 이분법에 대해 모든 학자들이 동의하여 같은 용어를 사용하고 있지는 않다. 능동적 어휘(active vocabulary)와 수동적 어휘(passive vocabulary), 혹은 이해(comprehension)대 생산(production), 이해(understanding) 대 말하기(speaking), 인식 어휘 (recognitional vocabulary)대 실제 사용 가능한(actual or possible use) 어휘라는 두 가지 대비되는 개념으로 설명해 보려는 시도들이 있어 왔다(Melka, 1997). 용어 사용의 다양함에도 불구하고 어휘 지식에 대한 이러한 이분법적 범주를 염두에 두고 두 종류의 어휘 지식의 특성을 살펴보겠다. 수용적인 어휘의 이해에 대한 지식은 앞의 〈표 1〉에서 제시하는 것처럼 일반적으로 어휘에 대해 인식할 수 있거나 알고 있는 지식인데 단어의 일반적인 의미뿐만 아니라 특정한 사용 맥락에서의 의미를 아는 것, 단어가 구어인지 문어인지 아는 것, 단어를 구성하고 있는 각 부분의 접사나 어근에 대한 지식, 반의어나 유의어와 같은 지식뿐만 아니라 그것이 내포적으로 가지고 있는 부정적인 의미라든지 긍정적인 의미를 아는 것과 같은 지식을 말한다. 생산적인 표현 어휘에 대한 지식은 한 단어를 정확하게 발음하거나 정확하게 철자법에 맞춰 쓸 수 있는 지식이다. 다양한 목록에서 정확한 의미를 알고 있으며 사용하는 데 있어 정확한 문맥에 맞게 사용할 수 있는 지식이다.

Melka(1997)는 이러한 두 개념 범주를 구분하는 요소로 친밀성(familiarity)과 지식의 정도성(degree of knowledge)의 문제를 들고 있다. 앞에서 논의한 어휘 지식의 습득에 대한 정도성의 문제는 명확한 지점을 나눌 수 있는 문제가 아니기 때문에 어휘 지식을 명백하게 나누는 것은 쉽지 않은 문제이다. 그럼에도 불구하고 수용적인 어휘(receptive vocabulary)가 생산적인 어휘(productive vocabulary)보다 훨씬 크고, 수용이 생산에 우선한다는 견해는 일반적으로 받아들여진다. 이런 견해가 가능한 이유는 어휘 지식을 두 종류로 나누고 측정하려는 연구들이 있어 왔기 때문이다. 두 종류의 어휘 지식을 측정한 연구들에 의하면

제2언어에 있어서 이해 어휘의 수가 표현 어휘의 수보다 배가 많거나 그보다 더 크다고 말하고 있는 연구가 있다(Clark, 1993). 그러나 다른 연구에 의하면 제2언어 학습 초기에는 이해 어휘가 빨리 발달하고 시간이 지남에 따라 표현 어휘의 발달이 상대적으로 빨라진다고 본 연구도 있고, 이와 반대로 표현 어휘와 이해 어휘의 격차가 그렇게 크지 않다고 하는 연구들도 있다. 즉 Melka(1997)의 정리를 인용하면 ① 이해 어휘의 수가 표현 어휘의 수보다 배 이상 많다는 연구, ② 이해 어휘와 표현 어휘의 격차가 학습이 진행됨에 따라 감소한다는 연구, ③ 이해 어휘와 표현 어휘의 격차가 없다는 연구가 존재함을 알 수 있다.[1]

5. 한국어 학습용 사전의 어휘 지식 정보

어휘 지식의 본질에 대해서 살펴보면서 학습자들이 어휘 능력을 확장한다는 것이 단순히 어휘의 뜻을 학습해가는 것은 아니라는 것을 확인하였다. 또한 어휘 지식은 하나의 뜻을 아는 것이 아닐 뿐만 아니라 하나의 어휘가 하나의 의미만 가지고 있는 것은 아니라는 것을 확인하였다. 가장 기본적으로 어휘의 지식을 제공하는 곳은 사전이다. 한국어 교육을 위한 사전은 어떤 정보를 제공하고 있으며 사전에서 학습 가능한 어휘 지식은 어떤 것인지 살펴보기 위해 〈한국어기초사전〉[2]의 미시

---

1 원미진(2013), '학문 목적 한국어 학습자의 어휘 습득 변인 연구:이해 어휘와 표현 어휘 관계를 중심으로'(언어와 문화)에서는 이해 어휘와 표현 어휘 능력의 관계에 대한 연구이다. 이 연구는 뒤의 어휘 평가 부분에서 다시 살펴보기로 한다.
2 〈한국어기초사전〉은 국립국어원에서 제공하고 있는 외국인을 위한 한국어 학습용 사전으로 약 5만 어휘가 넘는 수의 어휘가 제공되며 10개의 언어로 대역어를 제공하고 있는 웹사전이다. 2010년부터 연세대학교 언어정보연구원에서 용역 사업(연구책임자 강현화)으로 수주하여 2012년에 5만 어휘 집필을 끝냈고 필자는 사전 집필 당시에 실무연구원으로 사전 어휘 선정부터 집필 및 검토에 참여하였다.

구조에서 제공하고 있는 정보를 살펴보자.[3]

<표 2> 한국어 기초사전의 미시구조(강현화, 원미진(2015), 재인용)

표제어	정보 제공 항목		
표제어 정보	품사		
	원어		
	발음		
	활용 정보		
	파생어		
	가봐라		
	표제어에 대한 참고 정보		
의미항목 정보	관련어 정보		
	개별 의미 항목의 참고 정보		
	멀티미디어 정보(필요한 경우)		
	문형 / 문형 참고 정보		
	뜻풀이		
	용례(구용례 / 문장 용례 / 대화 용례)		
부표제어 정보	전체 정보	관용구/속담 표제어	
		관용구/속담 표제어의 참고 정보	
	의미정보	관련어정보	
		개별 의미 항목의 참고 정보	
		문형 / 문형 참고 정보	
		뜻풀이	
		용례	

    기초사전에서 제공되는 정보는 <표 2>에 제시하고 있는 것처럼 선정된 어휘에 대한 표제어 정보와 개별 의미 항목에 대한 정보, 부표제어 정보의 영역으로 구분된다. 먼저 표제어에 대한 전체적 정보에서는 어휘의 품사와 원어 정보, 발음 정보, 파생 정보가 제시된다. 발음 정보는 활용 정보와 함께 제시하고 있으며, 필요한 경우 표제어와 관련이 있는

3　강현화, 원미진(2015), '언어학습자를 위한 <한국어기초사전>편찬의 원리와 실제'(민족문화연구)에서 인용하였다.

파생어를 제시하고 있다. 어휘의 파생 정보에 대한 직관이 부족한 한국어 학습자의 편이를 위해 『표준국어대사전』과는 달리 파생어도 표제어로 다루고 있는데, 표제어가 파생어일 때는 '가봐라'를 통해 어근이 되는 어휘를 찾아가서 확인할 수 있다.

둘째, 해당 표제 어휘의 개별적 의미 항목에 대한 정보를 제시하는 부분에는 풀이와 용례뿐만 아니라 관련어 정보, 참고 정보, 멀티미디어 정보 및 문형 정보를 제시하는 부분이 있어 의미 항목에 따라 달리 나타날 수 있는 모든 정보를 의미 항목 별로 제시했다. 관련어 정보에서는 표제어의 유의어, 반의어, 큰말, 작은말, 센말, 여린말, 높임말, 낮춤말, 참고어 등을 제시한다. 참고 정보는 뜻풀이나 문형, 용례를 통해 제시할 수 없는 정보를 제시하는 데, 크게는 언어적 정보와 백과사전적 정보로 나누어 제시하고 있다. 언어적 정보로는 활용 제약, 결합 제약, 의미 제약, 통사 제약, 화용 제약을 제시하고 있고, 백과사전적 정보는 해당 표제어를 이해하는 데에 도움이 되는 경우, 필수적인 지식 정보에 한하여 제시해 주었다.

셋째, 부표제어에서 제시하고 있는 것은 표제 어휘가 포함된 관용구나 속담이다. 관용구는 형태면에서 항상 붙어 쓰이는 둘 이상의 단어 결합의 꼴들 중에서 통사적으로 독자적인 새로운 구성을 갖게 되어 외국인 학습자에게 관용구의 의미를 꼭 제시해야 한다고 판단되는 쓰임이 많은 것을 선정하여 제시했다. 둘 이상의 단어의 결합이 의미상으로 불투명한 것은 반드시 부표제어로 제시하고, 투명한 것은 구 단위 용례로 기술함을 원칙으로 하나, 의미적 투명성이 있더라도 고빈도로 사용되어 기존의 사전에서도 부표제어로 다룬 것들은, 부표제어로 선정했다.

위에서 제시하고 있는 정보는 앞에서 살펴본 어휘 지식의 내용에서 요구하는 정보와 거의 일치하는 것으로 볼 수 있다. 발음 정보, 형태 정보, 통사 정보, 의미 정보, 화용 정보, 관련 어휘 정보 및 용례 정보를 제공하고 있으므로 언어 교육에서 논의되고 있는 어휘 지식의 정보를 충분히 제공하고 있다고 볼 수 있다. 위의 어휘 지식과 관련된 연구로 사전의 뜻풀이 어휘와 사전의 용례에 관한 연구를 살펴보자.

☑ 사전 풀이말 어휘의 성격에 관한 연구[4]

한국어를 학습하는 사전의 풀이말은 몇 개의 어휘로 풀이 가능한지를 살펴본 연구이다. 보통 외국어 학습사전의 어휘가 2~3천개 내외라는 점을 고려하여 〈한국어기초사전〉 집필 과정에서 정의어(defining vocabulary)에 사용된 어휘의 개수를 살펴보고 이 어휘들의 성격에 따라 풀이말의 개수를 줄일 수 있는 방안을 모색하였다.

1. 학습 사전 뜻풀이는 몇 개의 어휘로 정의 가능할까?

한국어 학습자 사전은 한국어를 모국어로 하는 한국어 학습자를 위한 사전이 아니라 한국어를 외국어로 학습하는 한국어 학습자를 위한 사전이다. 한국어 학습자 사전이 모국어 화자를 위한 일반 국어 사전과 차이가 나는 점 중 하나는 뜻풀이가 한국어 모국어 화자를 위한 사전과는 다르다는 것이다. 다시 말해 한국어 학습자 사전이 모국어 화자를 위한 사전보다는 쉬운 말로 표제어를 정의해야 한다는 기본 전제를 내포하고 있는 것이다. 물론 쉬운 단어를 사용한다고 해서 그 표제어가 가장 적절하고 이해하기 쉽게 정의되어 있는가 하는 문제는 여전히 논란

---

4   원미진, 한승규(2011) '한국어 학습자 사전 뜻풀이 어휘 통제를 위한 기술 방법에 관한 연구'(한국사전학)의 내용을 재구성하였다.

의 여지가 남는다. 그러므로 학습자 사전에 맞는 뜻풀이 기술을 위해 먼저 풀이말의 성격과 특징을 살펴보는 작업이 필요하다. 학습자 사전의 풀이말의 특징을 알아보기 위한 작업의 하나로 우선, 풀이말에 사용된 어휘의 수가 어느 정도인가를 양적으로 평가하는 작업은 필수적인 작업의 하나일 것이다. 다수의 외국어 학습자 사전이 몇 개의 단어로 사전 전체 표제어의 뜻을 풀이했는지에 대해 명확한 어휘의 수를 제시하고 있는데 반면에 현재까지 발행된 한국어 학습자를 위한 사전에는 이런 제시가 나온 바가 없다.

그러므로 뜻풀이에 사용된 어휘의 개수를 비롯해 사전 뜻풀이용 어휘의 성격을 고찰해 보는 이 연구는 두 가지 목적을 가지고 있다. 먼저 현재 집필 과정에 있는 〈한국어기초사전〉의 풀이말에 대한 연구이므로 학습자 사전의 풀이말에 관한 특성을 밝히는 사전학과 언어학의 기초적인 연구가 될 것이다. 두 번째로 집필 과정에 나타난 풀이말의 문제점을 검토하면서 향후 집필 과정에 유용하게 사용하려는 성격을 가지고 있는 연구이기도 하다.

2. 풀이 어휘의 특징 및 규모

뜻풀이용 어휘 통제는 어휘의 성격에 대한 품사별 지침이나 풀이 방식에 대한 논의도 필요하지만, 쉬운 풀이를 위한 기초 작업으로 학습자용 어휘 풀이말에 적정한 뜻풀이용 어휘 개수를 확정하는 것도 필요하다.

풀이말에 관한 선행 논의를 살펴보면 쉽고 정확한 풀이가 되기 위해 조재수(1984)에서는 간단 명료하되 모호하고, 비유적이거나 부정적인 표현은 삼갈 것을 조건으로 삼았다. 거기에 더해서 품사에 따라서 풀이 방식이 달라질 것과 될 수 있으면 같은 종류의 어휘들은 같은 표현으로 끝나는 어휘를 사용할 것을 제안하고 있다. 강영환(1999)에서는 이러한 풀이말의 성격을 체계성, 정확성, 간결성, 그리고 용이성이라는 말로 정리하고 있다.

사전의 올바른 뜻풀이는 학습자 사전의 가장 핵심적인 작업이나, 모든 사전 작업이 그렇듯이 아무리 '뜻풀이 원칙'을 세운다 하더라도 그 원칙에 따라 일관성 있게 뜻풀이를 하는 것은 쉬운 일은 아니다. 뜻풀이에 있어 쉽고 정확하다는 말의 기준을 세울 수 없다면 무엇을 쉽다고 볼 것이며, 어떤 것이 정확한 표현 이냐 하는 데에 있어서 문제점이 끊이지 않을 것이다. 이 중의 하나로 기존의 사전 풀이의 문제점을 지적하고 있는 연구들은 기초 사전의 뜻풀이와 관련하여 표제어보다 그 뜻풀이에 쓰인 단어가 더 어려운 순환론적 풀이를 하고 있다는 점을 지적하고 있다(남기심·고석주, 2002). 학습자 사전에서 표제어보다 더 어려운 풀이말을 사용한다면 뜻풀이의 의미가 없어진다. 그렇다면 가능한 한 뜻풀이에 사용 가능한 어휘들의 범위와 규모를 정하여 그 안에서 풀이해 보려는 시도를 할 수 있다. 이미 외국어 학습자 사전에서는 기초어휘 개수에 맞추어 어휘 통제를 하는 것을 기본 전제로 집필된 사전들이 상당수 존재한다.

학습자 사전의 풀이말 어휘 통제에 관한 기초 자료로서 먼저 영어권 사전을 살펴보면, 먼저 옥스퍼드 워드파워(Oxford wordpower dictionary)는 표제어의 뜻풀이에 기본적인 단어 2,500개만 사용함으로써 중급자 정도의 학습자가 사용하기에 별다른 어려움이 없는 풀이말을 작성하였다고 밝히고 있다. 롱맨사전(Longman dictionary of American English)의 경우도 단어 풀이는 2,000개의 기본어만을 사용함으로써 초급 학습자도 쉽게 이해할 수 있게 하려는 목적으로 편찬하였다는 점을 지적하고 있다.

이미 정영국(2009)에서는 뜻풀이 어휘의 성격을 알아보기 위해 〈외국인을 위한 한국어 학습자 사전〉(2006)의 표제어 뜻풀이를 살펴봤는데, 이 가운데 이 사전 부록의 중요 어휘 목록에 들어가 있지 않은 단어들이 있음을 지적했다. 한국어 학습자가 3천 단어를 학습하기까지 걸리는 시간을 고려해 보면, 2~3천 단어로도 설명할 수 없는 사전은 쉽게 이해할 수 있는 사전이 아니라는 점을 지적하였다.

어휘 통제의 필요성을 강조한 Bauer(1989)의 연구는 기존 사전의 어휘 통제의 유형을 다섯 가지로 나누었다. 첫째, 어휘에 대한 통제를 전혀 하지 않은 경우, 둘째, 명확한 제약은 없으나 쉬운 말로 풀이하려는 전략을 채택한 경우, 셋째, 뜻풀이용 어휘는 통제된 DV(Definition Vocabulary)에서 골라 쓰도록 하나 일부 대치식 풀이용 표제어나 전문용어에서는 DV의 제약을 받지 않는 경우, 넷째, 사전에 열거한 통제된 DV 어형만으로 풀이하는 경우, 마지막으로 사전에 열거한 어형과 의미가 동시에 통제된 DV 만으로 풀이하는 경우이다(황은하 외, 2008 재인용). 이 연구에서 살펴볼 〈한국어기초사전〉의 경우는 일단은 통제된 DV를 제시하고 집필을 한 것이 아니기 때문에 세 번째 경우에 해당한다고 볼 수는 없다. 그러므로 통제된 DV의 제시의 수준으로 나아가기 위해 일단 집필이 1/5 정도 이루어진 현시점에서 풀이용 어휘의 개수를 알아보는 작업은 의미가 있을 것으로 생각한다.

황은하 외(2008)의 연구는 〈연세사전〉의 뜻풀이가 거의 이루어진 상태에서 사전의 뜻풀이용 어휘가 지침과 어느 정도 일치하며 그것을 바탕으로 어휘 통제 를 할 수 있는 방안을 모색해 봤다는 점에는 의의가 있다. 연구진이 지적했듯이 〈연세사전〉은 모국어 화자를 대상으로 한 연구이기 때문에 학습자 사전에서 이루어지는 것과 같은 어휘 통제를 필요로 하지 않는 성격의 사전이다. 그럼에도 불구하고 국어 사전이라는 성격 상 표제어에 없는 풀이말을 검토하여 그것을 교체하거나 저빈도의 뜻풀이용 어휘를 교체하여 뜻풀이용 어휘의 수를 줄여가려는 연구 방법을 제시한 것은 뜻풀이용 어휘 통제 연구가 나아가야 할 방향을 지적한 것이라 할 수 있다. 그러나 황은하 외(2008)의 연구는 연구의 성과를 뜻풀이 지침에 반영하기에는 늦은 시점에 시작하였고, 연구 대상으로 삼은 뜻풀이 어휘의 형태 분석도 1,000여 개의 어휘를 대상으로 한 것에 불과해 〈연세사전〉의 뜻풀이의 샘플로 삼기에는 미흡한 감이 있다.

따라서 본 연구는 학습자 사전이라는 특징을 고려하여 집필의 시작 단계에서 풀이의 문제를 보완하기 위해 뜻풀이에 관한 연구를 시도하려 한다. 이를 위해 5만 단어 집필 중에 1만 단어의 1차 집필이 끝난 상태에서 그 중에 고빈도어 6천에 속하는 표제어 중 무작위로 3천여 표제어를 선정한 다음 이 표제어들의 뜻풀이를 검토해 보려고 한다.

3. 〈한국어기초사전〉 뜻풀이 지침과 기술방법

〈한국어기초사전〉의 좋은 뜻풀이는 기초적인 어휘를 사용하여 쉽게 표제어를 풀이하는 것이다. 이를 위해 뜻을 정확하게 풀이할 수 있는 쉬운 말을 고르되 한자어와 고유어가 비슷하게 사용될 경우는 고유어로 풀이할 것, 어려운 한자어는 풀어서 풀이할 것, 〈표준국어대사전〉의 '~를 이르는 말', '~따위' 등의 표현은 가능한 가능한 한 피하도록 한다. 뜻풀이말의 성격을 알아보기 위해 기존에 존재하는 사전들과 풀이말을 비교하여 제시해 보면 다음의 예들과 같다.

예1) 작은어머니 : 아버지 동생의 아내를 이르는 말. 〈표준국어대사전〉
　　　　작은아버지의 아내. 〈연세초등사전〉
　　　　아버지 동생의 아내. 〈한국어기초사전〉

　예1)에서 보는 것처럼 학습자 사전에서는 되도록 이르는 말이라는 표현은 하지 않는다. 이르는 말이라는 표현은 다국어로 대역할 때도 언어에 따라 오역의 가능성이 있는 불필요한 말이다. '작은아버지의 아내'라는 〈연세초등사전〉의 풀이 역시 쉬운 풀이이기는 하나 '작은아버지'라는 개념을 모르는 학습자들을 위해서는 아버지와 동생이라는 기본적인 어휘만으로 풀이가 가능한 '아버지 동생의 아내'가 더 쉽고 정확한 풀이이다.

예2) 전쟁 : 국가와 국가, 또는 교전(交戰) 단체 사이에 무력을 사용하
　　　　여 싸움. 〈표준국어대사전〉
　　　　나라들이나 민족들이 온갖 무기와 물자를 써서 서로 싸우
　　　　는 것. 〈연세초등사전〉
　　　　나라나 민족들이 군대와 무기를 사용하여 싸우는 것. 〈한
　　　　국어기초사전〉

　전쟁을 풀이하는 말에 전쟁보다 더 어려운 '교전'이라는 표현은 학습자 사전의 풀이로는 적합하지 않다. '온갖'이라는 단어는 모국어 화자에서는 쉬운 관형사이지만, 외국인 학습자에게 설명이 필요한 단어이다. 그러므로 '온갖'보다는 더 많이 쓰이는 '여러'를 사용한다든가, 꼭 필요하지 않으면 사용하지 않는 방법으로 풀이말에 있는 기초어휘가 아니라고 생각하는 말들은 사용하지 않는 것이 적절한 풀이 방법이다.

예3) 죽다 : 생명이 없어지거나 끊어지다. 〈표준국어대사전〉
　　　 (생물이) 생명을 잃다. 살아 있지 않다. 〈연세초등사전〉
　　　 생명을 잃다. 〈한국어기초사전〉

　예3)에서 제시하고 있는 '죽다'의 〈표준국어대사전〉의 풀이는 천만
어절 균형 말뭉치에서 검토 결과, '생명이 없어지다'의 꼴로 쓰인 예는
없음을 확인했다. 이 풀이는 실제 쓰지 않는 연어로 구성된 풀이일 뿐
만 아니라 '생명이 끊어지다'의 '끊어지다' 역시 일차적 의미가 아닌 확
장된 의미를 쓴 것이기 때문에 뜻풀이 어휘로 적절하지 않다. 이 경우는
'생명을 잃다'라는 표현만으로도 대역을 고려한 명확한 뜻풀이가 될 수
있다.

　그러나 〈한국어기초사전〉의 뜻풀이 중에는 위와 같은 기준으로 집필
할 수 없는 어휘들이 존재한다. 고유명사나 동식물의 이름과 같은 어휘
들은 '쉬운 뜻풀이'라는 조건에도 불구하고 쉬운 어휘만으로 풀이할 수
없다. 이런 경우는 불가피하게 메타언어의 사용을 허용하되 국어 사전
의 백과사전식 풀이는 지양하고 대역을 하기 위한 기본정보를 제공한
다는 목적으로 집필할 수밖에 없다.

4. 〈한국어기초사전〉의 뜻풀이 어휘 검토 및 결과 분석

　검토 대상 표제어는 집필된 1만 여개 중에 고빈도 3천여 개를 대상으
로 하였다. 검토 대상에 포함된 3천여 개의 어휘는 다양한 품사 범주의
어휘이며 그 풀이는 다양한 품사의 기초어휘들의 풀이이기 때문에 이
들을 살펴보는 것으로 기초 사전의 표제어의 풀이에 쓰이는 어휘의 특
성을 파악할 수 있을 것이다.

　우선 뜻풀이에 쓰인 어휘의 규모와 유형을 살피기 위해 〈21세기 세

종계획 최종 성과물〉자료 중 지능형 형태소 분석기를 사용하여 형태소 분석을 시도하여 우선 분석을 한 뒤에 정확성을 위해 수작업으로 잘못된 부분을 바로잡았다. 총 어휘 2,941개를 대상으로 총 5,872개의 뜻풀이 문장을 분석하여 보니 35,627개의 어절로 분석되었다. 총 어절 수 대 문장의 수를 살펴보면 대체적으로 한 단어의 뜻풀이에 사용된 어절은 6.8개이다. 〈연세한국어 사전〉의 경우는 약 5만 어휘에 대한 뜻풀이 문장은 총 63,894개이고, 어절 수는 총 409,256개이며 문장 당 6.4어절이다. 학습자 사전의 최종 표제어 수가 5만이기 때문에 5만 표제어와 비슷한 수준의 연세 한국어 사전을 일단 비교해 보니 〈한국어기초사전〉의 어절이 연세 한국어 사전보다 아주 조금 늘 늘어난 것을 확인할 수 있었다. 이것을 바탕으로 형태 분석을 한 결과 어휘 항목이 모두 4,415개로 나타났다.

분석된 어휘 항목 중에 형식 형태소는 어휘수를 통제하는 연구에 큰 의미가 없는 숫자이기 때문에 이 연구에서는 문장 부호나 형식 형태소 (조사, 어미)로 분석된 항목은 제외하고 실질 형태소 이상의 항목을 가지고 풀이용 어휘 규모를 파악해 보려고 한다. 형태소 분석을 통해 나온 풀이용 어휘 상위 빈도 어휘 100개는 다음의 〈표 1〉과 같다.

〈표 1〉 풀이용 어휘의 상위 빈도 순위 100 목록

빈도	항목	형태 표지	빈도	항목	형태 표지
740	것	NNB	88	어떠하다	XR
645	사람	NNG	87	크다	VA
605	하다	VV	85	소리	NNG
598	등	NNB	83	음식	NNG
594	일	NNG	83	속	NNG
577	말	NNG	83	받다	VV
503	어떻다	VA	81	잘	MAG
452	않다	VX	81	매우	MAG
406	있다	VA	81	관계	NNG

369	지다	VX	81	같다	VA
332	하다	VX	75	현상	NNG
262	되다	XSV	75	뜻	NNG
248	있다	VX	74	없이	MAG
243	이다	VCP	74	상황	NNG
224	마음	NNG	72	시간	NNG
220	없다	VA	71	아주	MAG
208	다름	MM	71	따르다	VV
207	수	NNB	71	돈	NNG
205	물건	NNG	71	남	NNG
203	생각	NNG	70	생기다	VV
192	또는	MAJ	69	나라	NNG
179	한	MM	68	다르다	VA
177	때	NNG	68	그렇다	VA
161	어떤	MM	67	더	MAG
157	무엇	NP	67	대하다	VV
157	만들다	VV	67	대상	NNG
150	행동	NNG	66	힘	NNG
149	못하다	VX	66	주다	VX
140	몸	NNG	66	자리	NNG
139	그	MM	66	이루다	VV
137	좋다	VA	65	자기	NP
134	위하다	VV	65	어렵다	VA
131	나타내다	VV	64	내다	VV
128	쓰다	VV	63	작다	VA
127	상태	NNG	63	움직이다	VV
110	서로	MAG	63	놓다	VX
109	모양	NNG	62	대	NNB
108	들	XSN	62	내용	NNG
107	부분	NNG	57	경이	NNG
106	되다	VX	56	물건	NNG
106	곳	NNG	56	느낌	NNG
104	곳	NNB	55	함께	MAG
102	사물	NNG	55	사이	NNG
100	앞	NNG	54	자신	NP
99	사실	NNG	54	넣다	VV
99	가지다	VV	53	보다	VV
97	일정	NNG	53	많다	VA
96	정도	NNG	53	나오다	VV
90	여러	MM	52	이상	NNG

가장 많이 사용된 풀이말은 '것'으로 모두 740번이 사용되었고, 그 이외에 500번 이상 사용된 풀이말을 살펴보면 '사람', '하다', '등', '일', '말', '어떻다' 등이다. 빈도 10 이상의 항목은 모두 704개이며 빈도 5 이상인 경우까지 포함하면 1,305개이다. 빈도 3이상인 경우까지 포함하면 1,968개 정도이다. 빈도 3인 정도의 경우까지가 대충 한국어교육을 위한 기본어휘의 숫자에 근접하게 된다.

형태소 분석을 통해 나온 4,415개의 항목 중에 형식 형태소뿐만 아니라 고유명사도 포함되어 있다. 앞의 지침에서 살펴보았듯이 고유명사 풀이에 사용 할 수밖에 없는 고유명사들의 경우는 풀이의 성격상 사용이 불가피하기 때문에 사용할 수밖에 없다. 그러므로 고유명사나 형식 형태소를 제외하고 남아있는 실질적인 의미를 갖는 어휘로 이루어진 항목 4,047개 단어의 성격을 어떻게 규정할까 하는 문제가 남는다. 실질적인 의미를 갖는 단어 4,047개의 목록 중에는 사실상 하나의 단어족(word family)으로 묶어서 보느냐 개별적인 어휘로 보느냐 하는 것은 풀이용 어휘의 수를 측정하는 데에 상당한 영향을 미친다. 이 연구에서 제시해 보려고 하는 것은 풀이에 사용하는 어휘의 규모와 개수이기 때문에 한국어가 교착어라는 유형론적 특성을 고려하면 활용(inflection)이나 파생(derivation)의 형태를 각각의 단어로 인정하는 것보다는 한 개의 단어족으로 묶어 보는 것이 풀이용 어휘의 규모 제시에 타당한 방법이라 생각한다.

〈표 2〉 풀이용 어휘의 가나다 순 목록

1	가까이하다	VV	가깝다	34	가운데	NNG	
27	가깝다	VA	가깝다	11	가을	NNG	
1	가꾸다	VV		40	가장	MAG	
7	가끔	MAG		1	가장자리	NNG	
5	가난	NNG		4	가정	NNG	

3	가누다	VV			3	가져오다	VV	
8	가늘다	VA			4	가족	NNG	
8	가능	NNG	가능		3	가죽	NNG	
3	가능성	NNG	가능		35	가지	NNB	가지
34	가다	VV	가다		4	가지	NNG	가지
40	가다	VX	가다		99	가지다	VV	
1	가닥	NNB	가닥		2	가지런 (가지런하다)	XR	
2	가닥	NNG	가닥		2	가짐	NNG	갖다
8	가두다	VV			1	가책	NNG	
2	가느다랗다	VA			1	가축	NNG	
4	가득	MAG	가득		24	가치	NNG	
4	가득하다	VA			1	가파르다	VA	
2	가라앉다	VV			4	가하다	VV	
1	가락	NNG			8	각	MM	각
4	가래떡	NNG			2	각	NNG	각
1	가려내다	VV	가리다		3	각각	MAG	각각
1	가로수	NNG			12	각각	NNG	각각
20	가루	NNG			2	각본	NNG	
8	가르다	VV			8	각오	NNG	
14	가르치다	VV	가르치다		3	각종	NNG	
4	가르침	NNG	가르치다		2	간	NNB	간
1	가리개	NNG	가리다		2	간	NNG	간
28	가리다	VV	가리다		4	간격	NNG	
51	가리키다	VV			1	간단	NNG	간단하다
1	가마니	NNG			9	간단 (간단하다)	XR	간단하다
5	가만히	MAG			2	간단히	MAG	간단하다
2	가뭄	NNG						

〈표 2〉에서 제시하고 있는 목록은 뜻풀이에 사용된 어휘를 형태 분석을 통해 나타낸 가나다 순 목록의 첫 부분이다. 〈표 2〉에서 보고 있는 것처럼 '가깝다'와 같은 경우는 '가까이', '가까이하다'라는 각각의 경우로 제시되어 3개의 어휘로 나타나지만 사실 '가깝다'를 대표어로 하나의 단어족으로 묶일 수 있는 경우이다. '가능'과 '가능성', '가르치다'와 '가르

침', '간단', '간단하다'와 '간단히'의 경우도 이와 같이 하나로 묶일 수 있는 어휘들이다. 형태 분석에서 나온 4천개 가량의 항목들을 이와 같은 방법을 사용하여 각각의 단어족으로 묶어보니 상당수의 항목이 줄어들어 3,368개의 단어족으로 묶였다.

5. 〈한국어기초사전〉을 위한 어휘 통제 방법

〈한국어기초사전〉의 풀이말의 분석 결과 3,368개의 단어족이 사용되고 있음이 드러났다. 이 숫자는 2장에서 제시된 외국어 학습자 사전의 풀이말의 개수나 한국어 기초어휘로 제시되고 있는 어휘 목록의 개수에 비하면 기대를 약간 넘어서는 숫자이다. 예상보다 많은 단어족이 사용되고 있기 때문에 꼭 필요한 어휘인지 검토하는 작업이 필요할 수밖에 없다. 우선적으로 어휘 사용 빈도 1인 1,249개의 단어와 빈도 2인 828개의 단어부터 검토하여 쉬운 뜻풀이에 필요한 적당한 말인지 다른 표현이 가능한지 검토해 보니 사용된 풀이말 중에는 기초 단어라고 보기에 어려운 단어들도 눈에 띠었다. 이런 단어가 풀이말에 사용된 것은 집필자의 직관에 의한 판단이 잘못되었다는 것을 보여 주는 것이기 때문에 사용 빈도가 낮은 어휘들을 중심으로 어떻게 대체 가능한지를 보여 주는 지침을 만드는 것이 일관성 있는 뜻풀이를 위해 선행되어야 할 작업이다. 분석의 과정을 설명하기 위해 먼저 〈표 2〉에 제시한 풀이말에서 사용 빈도 1인 어휘 목록의 일부분을 살펴보자.

〈표 3〉 풀이말에 한번 사용된 가나다 순 어휘 목록과 조남호(2003)의 어휘목록 비교

가마니		건전하다	O	곱다	O
가수	O	걸쭉하다		공상	
가시		게다가	O	공신력	

가장자리		게임	O	공업	O
가책		겨를		공화국	
가축		겨자씨		과	O
가파르다		결함		과연	O
간식	O	결합		과자	O
간주		경고	O	관	
간행물		경과		관공서	
간혹	O	경력	O	관례	
갇히다	O	경마		관문	
갈가리		경솔		관할	
갈등	O	경찰	O	광물	
감돌다		경황		괜찮다	O
감싸다	O	계기		굉장히	O
감옥	O	계단	O	교섭	
감자	O	계량기		교실	O
감쪽같이		계열		교인	
강요하다	O	계통		교회	O
강인하다		고객	O	구	O
강황		고급	O	구김살	
개관		고독하다		구세주	
개방	O	고리		구수하다	
개월	O	고명		구슬리다	
거느리다		고발		구어	
거대하다	O	고상하다		국내선	O
거듭	O	고소		국력	
거르다		고용		국립	O
거무스름하다					

〈표 3〉에 제시된 어휘 중에는 꼭 사용되어야만 하는 어휘도 있지만 쉬운 어휘로 대체 가능한 어휘들도 상당수가 존재한다. 우선 이 단어들이 기초어휘인가 아닌가를 판정하기 위해서는 객관적인 기준이 필요한데 기본적으로 이 〈한국어기초사전〉이 5만 표제어 규모이고, 이 중에 조남호(2003)의 한국어 학습자를 위한 기초어휘 목록 6천 어휘는 기본

적으로 이 사전의 표제어에 모두 포함되어 있으므로 일단 이 어휘들이 조남호(2003)에서 제시하고 있는 학습자를 위한 기초어휘 목록에 들어 있는지 확인하는 작업을 하였다. 〈표 3〉에서 보는 것처럼 사용 빈도 1인 어휘들 중에 조남호(2003)의 목록에 있는 어휘는 동그라미로 표시하였다. 이런 과정을 통해 확인해 보면 '가락', '가마니', '감쪽같이', '계량기', '경황' 등과 같이 조남호(2003)에서 기초어휘로 보지 않았던 어휘들이 상당수가 존재한다.

출현 빈도가 1회이고 기초어휘 목록에도 들어있지 않은 이들 어휘들을 꼭 사용해야 하는지를 살펴보기 위해 어휘들의 유형을 나누어 보면, 첫째, 어려운 한자어여서 다른 어휘로 대체 가능한 경우가 있다. 예를 들어 '경황'은 기초어휘의 풀이로는 적합하지 않다. 이런 어려운 한자어는 '여유', '틈', '겨를'이라는 말로 쉽게 대체할 수 있다.

둘째는 기초어휘에 들어가지 않는 한자어인데 대체 어휘를 찾기는 어렵지만 상위어로 대체할 수 있는 경우가 있다. 이 표에서 보는 것 중에 경마와 같은 어휘는 굳이 풀이말로 사용하지 않는 것이 좋다.

> 예4) 코스 : 달리기, 경마, 수영 등의 경기에서 선수가 나아가는 길.
> (〈한국어기초사전〉 풀이.)
> 달리기, 수영 등의 경기에서 선수가 나아가는 길.
> (〈한국어기초사전〉 수정 제안.)

셋째, 기본어휘에 속하지 않는 복합어여서 기본어휘 두 개 이상으로 나눌 수 있는 경우가 있다. 예를 들어 '계량기'나 '간행물' 같은 경우는 '재는 기계'나 '출판되는(펴내는) 책 혹은 잡지'와 같이 다시 한 번 풀어 쓸 수 있는 어휘들이다.

예5) 호14 : 신문이나 잡지 같은 간행물의 순서를 나타내는 말.
(〈한국어기초사전〉 풀이.)
출판되는 책, 신문, 잡지 등의 순서를 나타내는 말.
(〈한국어기초사전〉 수정 제안.)

넷째, 모국어 화자한테는 어렵지 않지만 대역을 하거나, 한국어 학습자에게는 어려운 부사어나 색깔을 나타내는 어휘 사용의 경우이다. '감쪽같이'나 '거무스름하다'는 굳이 뜻풀이에 사용할 필요가 없는 어휘들인데 집필자가 별 자각 없이 사용한 어휘들이다.

예6) 갈색 : 마른 나뭇잎처럼 거무스름한 누런 색.
(〈한국어기초사전〉 풀이.)
검은 빛을 띤 짙은 노란색.
(〈한국어기초사전〉 수정 제안.)

다섯째, 사전 풀이에서 삭제해도 되는 유형이다. 보통 이런 어휘는 사전을 일차로 기술하였을 때 나타나며 교정 단계 중에 뜻풀이에서 삭제하여 고칠 수 있다. 위의 어휘 중에 '가마니'를 예로 들겠다.

예7) 짜다 : (실이나 끈 등을 엮어서)옷감이나 가마니 등을 만들다.
(〈한국어기초사전〉 풀이.)
실을 엮어 옷이나 옷감 등을 만들다.
(〈한국어기초사전〉 수정 제안.)

위에서 제시한 것과 같은 유형을 고려하여 뜻풀이 어휘를 통제하기 위해 세세한 지침을 마련하여 수정 과정에 반영한다면 상당한 양의 어휘수를 줄일 수 있다. 즉 풀이말의 어휘를 검토하여 기초어휘의 성격에 맞지 않는 말을 위의 유형을 고려하여 대체 어휘나 대체 표현으로 바꿔 준다면 3천개 내외의 어휘를 사용한 풀이가 가능할 것으로 기대된다.

6. 연구의 의의와 한계

이 연구는 〈한국어기초사전〉 집필 과정에서 학습자 사전의 성격이 드러나는 쉬운 풀이를 하기 위한 기초 연구로서 어휘를 통제하는 뜻풀이 기술 방법에 관한 논의다. 분석 결과 3천 개가 넘는 어휘가 사용되고 있었기 때문에, 이 중에 기초어휘의 뜻풀이에 적합하지 않은 풀이말은 대체 가능한 방법을 모색하였다. 이 연구에서 밝힌 뜻풀이 어휘의 목록을 가지고 풀이말에 사용할 수 있는 목록으로 제시하는 것은 아직까지 위험이 따른다. 어휘 풀이에 사용할 수 있는 확정된 어휘 목록을 제시하고 그 안에서 뜻풀이가 기술되도록 하는 방법이 학습자 사전의 기술에 있어 유용한 방법이라는 점에서 목록 확정을 뒷받침할만한 더 많은 근거와 체계적인 어휘 통제 방법이 제시되어야 할 것이다.

이 연구는 3천개 표제어의 풀이말을 대상으로 한 연구이기 때문에 뜻풀이용 어휘 목록의 확정을 위해서는 이보다 많은 수의 어휘 풀이를 대상으로 한 연구가 필요하다. 뜻풀이 또한 완결된 사전의 표제어들을 연구 대상으로 삼았을 때의 결과와 비교하는 작업이 필요하다. 뿐만 아니라 뜻풀이 어휘에 들어온 어휘군 혹은 단어족의 목록과 한국어 학습자를 위한 기초어휘 목록의 어휘들을 검토하여 차이 나는 부분이 없는지를 살펴보는 작업도 병행되어야 할 것이라고 생각한다. 이러한 비교 분석을 통해 사전 풀이말 어휘의 성격을 파악한 뒤에야 실제로 실현 가능한 학습자 사전의 뜻풀이용 어휘의 개수를 확정할 수 있을 것이다. 연구 결과를 통해 2천 내지 3천 어휘를 가지고 학습자용 사전 뜻풀이가 가능하다면 뜻풀이 집필을 위한 뜻풀이용 어휘 목록을 제시할 수 있을 것이다.

　그러나 본 연구는 형태 분석만을 실시하였기 때문에 의미 분석을 했을 경우 숫자에 차이가 날 수 있다는 점, 그리고 어휘의 뜻풀이 기술 방법에 있어 뜻풀이의 일관성이나 사례별 유형에 대한 구체적인 제시가 없었다는 점은 여전히 한계로 남는다.

향후 관련 연구를 위한 제언

〈한국어기초사전〉이 집필이 완료되었고 현재 사용되고 있으므로 본 연구의 추가 작업으로 어휘를 랜덤하게 선정하여 풀이말 말뭉치를 만들어 사용된 어휘의 개수를 조사해 볼 필요가 있다. 또한 가능하다면 어휘의 품사에 따른 풀이말의 종류와 개수를 조사해 볼 필요가 있으며 풀이말에 사용되는 어휘인데 한국어 '학습자를 위한 어휘 목록'에 빠져 있는 어휘가 있다면 어휘 선정 여부를 고려해 볼 수 있다. 이들 어휘 중에 일상생활에서 사용하지 않는 어휘여서 목록에 넣는 것이 불필요하다면 '어휘와 문법 설명을 위한 메타 어휘의 목록'을 작성해서 사전을 사용하거나 한국어를 학습하는 학습자들에게 제공한다면 사전을 사용하는 데에 도움을 줄 수 있을 것이다.

☑ 사전의 용례 작성 방법에 관한 연구[5]

어휘 지식의 내용이 형태, 의미, 사용의 측면으로 나누어 볼 수 있는 다면적인 지식이라면 사전의 용례는 어휘의 의미를 보완해줄 뿐만 아니라 사용의 측면에서 알아야 하는 내용을 제공하고 있는 영역이다. 본 논문은 학습자들을 위한 어휘 사용의 측면에서 사전의 용례 작성을 위해 고려해야 하는 사항을 연구한 논문이다. 본 논문을 사전의 용례 문제에 초점을 맞추지 말고 어휘 사용 맥락의 문제에 초점을 맞춘다면 어휘 지식을 다면성을 이해하는 데에 도움을 줄 것이다.

1. 사전의 용례에는 무슨 정보가 필요할까?

언어 사전 사용자의 성격을 고려하여 사전의 유형을 나누어 보면 모국어 화자를 위한 사전과 외국어 학습자를 위한 사전으로 나누어 볼 수 있다. 외국어 학습자를 위한 사전은 언어의 생산적인 측면이 모국어 화자를 위한 사전보다 중요하게 다루어진다는 점이 특징적이다. 언어 학습에 있어 단어의 이해뿐만 아니라 생산을 위한 세부적인 정보를 제공하기 위해서는 단어의 활용 정보, 문법 구조, 연어나 관용어, 용법에 대한 풍부한 정보를 제공하는 것이 중요한 문제이다. 특히 학습자 사전에서는 단순한 제공 자체가 중요하다기 보다는 학습자의 이해를 도와줄 수 있게 제공하는 방법이 더 중요한 문제라고 할 수 있다. 단어의 뜻풀이나 표현이 학습자들에게 도움이 되는 작업이 되기 위해서는 학습자들의 이해에 필요한 정보를 학습자들의 지식 안에서 이해할 수 있도록 도와주어야 한다. 이를 고려한 학습자 사전 편찬을 염두에 두고, 한국어

---

5 원미진(2011), '한국어 학습자 사전 용례 기술 방법에 대한 연구'(한국사전학)의 내용을 재구성하였다.

학습자를 위한 〈한국어기초사전〉[6]의 용례 제시 방법을 통해 학습자 사전에서 필요한 용례 제시 모형을 살펴보고 용례 선정 및 용례 기술 방법의 구체적인 문제들을 살펴보려고 한다. 학습자 사전에 요구되는 용례의 기능이라는 측면에서 용례 제시 유형과 유형에 따른 집필 원칙을 제시하여 학습자 사전에 적합한 용례 기술 방법을 논의해 보고, 이를 바탕으로 바람직한 한국어 학습 사전의 용례 모형을 탐색해 보고자 한다.

2. 인용례 대 작성례

사전의 용례에 대한 논쟁 중에 가장 대표적인 논쟁은 아마도 이미 존재하는 기록물이나 말뭉치에서 실제로 사용된 문장을 찾아와 사전에 넣는 인용례(Authentic Examples)가 좋으냐, 기존에 있는 문장을 수정하고 각색한 가공한 예(Adapted Examples), 혹은 집필자의 직관으로 창작을 더해 만든 창작례(Invented Examples)가 더 좋으냐 하는 논쟁일 것이다. 가공례건 창작례건 둘 다 실제로 존재하는 자료에서 가져온 인용례(Authentic Examples)와는 다르다는 점에서 작성례(Editorial Examples)로 볼 수 있다. 인용례와 작성례의 구분에 대해 Laufer(1992)는 용례의 출처를 기준으로 인용례(Corpus-based Examples)와 작성례(Lexicographer-written Examples)로 나누었다. 그러나 본 연구에서는 일반적으로 사용하는 인용 출처를 밝힌 용례는 인용례로, 그 이외에 인용례에 가공을 더한 용례는 작성례로 살펴보는 조금 일반적인 개념을

---

6 한국어기초사전은 국립국어원에서 웹사전 형식으로 제공하고 있으면 본 논문은 '한국어 기초사전 및 다국어 대역사업'을 진행할 때 작성한 것이다. 기초사전의 뜻풀이 부분이 여러 외국어로 대역이 되는 한-한-외 형태의 이중언어 사전이다. 이 사업 의 기초사전 부분은 2010년 시작하여 2012년 완성되었고, 그 이후 현재까지 다국어 대역사업이 진행되었는데 아직 용례는 대역되지 않았고, 대역어와 풀이말까지만 대역되어 제시되고 있다.

사용하는 방법을 선택하였다.

인용례와 작성례에 관한 논쟁은 학습자 사전이 아니라 모국어 화자를 위한 단일어 사전에 있어서도 마찬가지의 논쟁거리였다. 말뭉치 언어학에 기반한 사전 편찬자들은 이미 있는 말뭉치에서 선정한 인용례가 사전의 용례로 적합하며 얼마든지 실제적인 자료에서 좋은 용례를 선정할 수 있기 때문에 굳이 자연스럽지 않은 작성례를 만들어서 실제 언어 사용에서 멀어진 죽은 용례를 제시하는 것은 사전 사용자에게 잘못된 정보를 제공할 염려가 있다고 보았다(Fox, 1987: 148).

그러나 언어의 생산적인 측면을 고려한 사전이라는 성격을 염두에 두고 논의를 진행한 학자들의 경우는 작성례가 인용례보다 더 좋은 점이 많다는 점을 인정한다. 게다가 사전 편찬자의 직관이 가미된 작성례가 말뭉치에서 드러난 언어 사용자들의 직관에 비해 전혀 뒤떨어지지 않는다는 점에 주목한 학자들은 작성례의 실제성이 인용례와 크게 다를 바가 없다는 주장을 하였다(Laufer, 1992). Laufer(1992, 2007)는 작성례와 인용례의 교육적 효과를 알아보기 위한 실험 연구를 통해 둘 중의 어느 것이 더 효과적인가를 조사하였다. 이 연구는 집필자의 직관이 반영된 작성례가 인용례에 비해 단어의 이해에 도움을 줄 뿐만 아니라, 생산적인 측면에서 봤을 때에도 약간이나마 더 도움이 된다는 결과를 제시하였다. 무엇보다도 이 연구에서는 작성례는 언어 학습자의 어휘 수준과 지식에 덜 구애받는다는 결과를 보여 주었는데, 다시 말하면 학습자 사전의 사용자가 초급 학습자일 경우에는 인용례에 비해 작성례가 훨씬 효과적이라는 연구 결과를 보여 주는 셈이다.

최근 학습자를 위한 영어사전의 용례에 대한 연구에서도 대부분 말뭉치를 기반으로 편찬하고 있지만 용례 제시에 있어서 말뭉치에 나온 인용례를 그대로 싣기보다 사용자가 쉽게 이해할 수 있도록 손질을 하는 것이 일반적이라는 점을 밝혔다(정영국, 2008). 그러므로 한국어 학습자 사전이라는 측면을 고려한다면 〈한국어기초사전〉은 인용례에 비해 작성례의 장점을 살릴 수 있는 방향으로 나가는 것이 바람직한 방향임에는 두말할 여지가 없다.

3. 기존 한국어 사전의 용례 제시 지침 비교

이 장에서는 기존의 한국어 사전의 용례 제시 방법을 검토하여 〈한국어기초사전〉의 용례 제시 원칙과 비교하여 보겠다. 먼저 한국어 학습자 사전이라는 측면에서 〈한국어기초사전〉과 그 성격이 가장 유사한 서상규(2004,2006)의 〈한국어학습사전〉의 용례 제시 원칙을 살펴보겠다. 〈한국어학습사전〉은 거의 모든 표제어에 예문을 제시하였으나 고유명사, 문화 어휘, 가표제어, 잘못된 표현 등에는 예문을 제시하지 않았음을 밝히고 있다. 예문의 형식은 간단하고 평이한 문장으로 제시할 것을 원칙으로 하였고, 단어의 여러 가지 용법을 배울 수 있도록 예구를 풍부하게 보여 주는 것을 목표로 하였다. 예구로는 연어나 실제 언어생활에서 자주 쓰이는 표현, 한국어의 특이한 단어 결합 등을 주로 수록하였으며, 예문 앞에 기본형으로 제시하였다. 또한 단어에 따라 대화 형식의 용례를 제시하기도 하였다.

학습자 사전은 아니지만 〈표준국어대사전〉의 용례 제시에 대해 일러두기에서 제시한 지침을 살펴보면, 모든 표제어에는 실제로 쓰이는 모습을 알 수 있는 용례를 가능한 한 풍부하게 제시하는 것이 원칙이지만 용례를 제시하기 어려운 표제어에는 굳이 용례를 제시하려고 하지 않았다. 그래서 표준은 용례 제시 비율이 22% 정도에 머물고 있다. 용례 선정에 있어 표제어의 성격에 따라 짧은 구, 편찬자가 작성한 작성례, 문헌에 인용한 인용례 등 여러 유형의 용례를 제시하고 있다. 한영균(2006)에서는 표준의 현대국어 표준어 용언 중 표제항에 용례가 있는 것은 48.6%라 밝혔고, 용언 표제항의 용례 중 22.85% 인용례이고 77.15%가 작성례라 하였다. 표준에서는 방언, 비표준어, 어근, 속담에서는 용례를 제시하지 않았다.

〈연세한국어 사전〉의 경우는 표제어 선정에서부터 말뭉치의 빈도에 근거한 사전이기 때문에 가표제어를 제외한 모든 표제어에 용례를 제시하였으며, 용례는 말뭉치에서 골라 인용하되 수정하는 것을 원칙으로 하였다. 단 접사의 경우는 예가 되는 단어만 보여 주었다.

〈표 1〉 한국어 사전의 용례 제시 원칙 비교

	용례제시방법	선정참고자료	용례형식	용례집필원칙
한국어 기초사전	모든 표제어에 용례를 제공하되 고유명사는 용례 제시 안 함	세종말뭉치, 온라인 포털 사이트 자료를 이용한 가공	구, 문장, 대화	작성례
한국어 학습사전 (서상규 외)	거의 모든 표제어의 예문을 제시하였으나 고유명사, 문화어휘등에 용례 제시 안함	제시 안 됨	구, 문장, 대화	작성례
표준국어 대사전	모든 표제어에 용례를 제시하되 방언, 비표준어, 어근, 속담은 용례 제시 안함	국립국어원에서 확보한 문헌 입력 파일	구, 문장	인용례 작성례
연세 한국어 사전	모든 표제어에 용례를 제시하는 것이 원칙	연세대학교 말뭉치 자료	구, 문장	인용례 작성례

| 연세 초등 국어 사전 | 모든 표제어의 용례를 제시하되 고유명사, 구체명사, 동물명, 식물명 등의 표제항에서 용례 제시 안 됨 | 교과서나 기타 어린이를 위한 책에서 모범 예문 선정 | 문장 | 인용례 작성례 |

4. 학습자 사전의 용례 제시 원칙에 대한 선행 연구

학습자 사전 용례 제시 원칙과 관련하여 Drydale(1987)은 ① 정의에 대한 정보를 제공, ② 문맥 속의 표제어를 보여 주기, ③ 의미를 구별하기, ④ 문법적 패턴을 보여 주기, ⑤ 전형적인 연어를 보여 주기, 마지막으로 ⑥ 적절한 사용역이나 문체적 층위를 보여 주기는 것을 용례의 기능이라고 제시하였다(유현경·남길임(2009) 재인용). 정연숙(2009)은 한국어 학습자 사전의 모형을 제시하면서, 용례의 기본 형식을 정하는데 있어 형태적 측면과 내용적 측면에서 주의할 점을 제시하였다. 먼저 형태적 측면에서 단어족과 구, 문장 대화체의 용례가 제시될 것과 인용례는 삼갈 것을 언급하였다. 내용적 측면을 고려하면 단독형을 사용하기보다는 상황을 제시하거나, 새로운 정보를 추가하는 부가형의 용례나 화용 조건을 제시하는 대화체의 용례, 단어의 생산성을 고려한 보충형의 용례를 선정할 것을 지적하고 있다.

모국어 화자를 위한 언어 사전이 단어의 의미를 잘 드러내는 용례를 선택하여 보여 주는 것이 용례 제시의 첫 번째 목적이라면, 학습자 사전의 용례는 의미를 잘 드러낼 뿐만 아니라 단어가 쓰이는 환경을 보여 주어 실제로 어떻게 쓰이는가를 보여 주는 것이 우선적인 용례 기능의 하나이다. 다시 말하면, 모국어 화자들이 사전을 사용하는 것이 이해를 위한 목적에 주로 국한되어 있는 반면에 제2언어 학습자들이 사전을 사용하는 목적은 이해는 물론 그것들을 생산적 영역에서 사용하는 데 있다. 그러므로 학습자 사전에서는 더 많은 용례가 필요하며 Yong, H & Peng, J(2007)은 언어 사전에서 용례의 기능을 다음과 같이 다섯 가지로 나누어 제시하고 있다(Yong, H & Peng, J. 2007).

1) 의미적 기능(Semantic function): 개별 의미의 명료화, 관련 있는 어휘들의 의미 구별, 뜻풀이의 부가적인 정보 제공, 특별한 의미적 뉘앙스 정보 주기, 적용할 수 있는 의미 범위 제시 및 의미의 지역적 변이형을 제공하는 기능.
2) 문법적 기능(Grammatical function): 형태, 통사론적 사용 영역 제공(정확한 용법의 모델 제공)하고 어휘가 문장 안에서 어떻게 변화하는지를 보여 주는 기능.
3) 연어적 기능(Collocational function): 연어만을 제공하는 것보다 문장 안에서 연어 전체의 쓰임을 보여 주는 기능.
4) 문체적 기능(Stylistic function): 정확한 사용역, 용법의 수준, 문체적 수준, 지역적 다양성을 고려한 예문을 제공하는 기능.
5) 화용적 기능(Pragmatic function): 적합한 사용, 격식성의 정도, 정서적인 느낌, 다양한 문화 환경에서 사용하는 맥락과 어휘의 결합 양상을 제시하는 기능.

언어 사전에서 용례의 기능을 살펴본 Bo Svensen(2009)의 연구도 크게 다르지 않다. 여기서는 용례의 기능을 ① 의미적(semantic), ② 통사적(syntagmatic), ③ 함축적(connotative), ④ 백과사전적(encyclopedic), ⑤ 화용적(pragmatic), ⑥ 문서적(documentary) 기능으로 나누어 살펴보았다. 이 중에 학습자 사전이라는 측면을 고려했을 때는 의미적, 형태-통사적(혹은 문법적), 화용적 기능의 중요성이 더 강조될 수밖에 없을 것이다. 그러므로 위의 연구들에서 제시하고 있는 용례의 기능을 한

국어 학습자 사전에 맞게 적용하여 한국어 학습자 사전에서 용례가 수
행해야 하는 기능들로 다음과 같이 요약하여 〈표 2〉으로 제시하였다.
용례의 기능을 크게 의미적, 형태-통사적, 화용적 기능으로 나누었고,
각각의 영역에서 보여 주어야 할 중요한 항목을 세부적으로 기술하였
다.

〈표 2〉학습자 사전 용례의 기능

의미적 기능	1. 뜻풀이의 명료화 2. 뜻풀이에 부가적인 정보 제공하기 3. 관련된 어휘들의 의미 구별, 특별한 뉘앙스 주기
형태-통사적 기능	1. 문형이나 문법적 패턴을 보여 주기 2. 활용이나 곡용의 형태 및 사용역을 보여 주기 3. 전형적인 연어 보여 주기
화용적 기능	1. 적절한 사용역이나 문체적 층위를 보여 주기 2. 격식성의 정도(격식체 대 비격식체) 보여 주기 3. 문맥 안에서 단어 사용의 정서적인 느낌(구어 대 문어) 보여 주기 4. 다양한 문화의 맥락 안에서 어휘 결합의 양상을 제시하기

〈한국어기초사전〉은 모든 표제어에 용례를 제시하는 것을 원칙으로
하며 용례의 층위가 3개의 단위로 되어 있다. 용례의 유형은 구 단위, 문
장 단위, 대화 단위의 용례로 나누어 제시하고 있는데 대체적으로 모든
표제어에 이러한 3개 단위의 용례가 제시된다. 다만 감탄사나 접속부사
와 같이 구 단위 용례는 나오기 어렵고, 대화 단위 예문에서 그 쓰임을
잘 보여 줄 수 있을 경우 3개 층위의 용례 모두를 제시할 필요는 없다.
　구 단위 용례는 표제어가 전형적으로 결합하는 어휘를 보여 주는 구
를 제시하여 학습자의 이해뿐만 아니라 표현 사전으로서의 기능을 담
당하도록 의미가 투명하고 빈도가 높은 구를 선정하여 제시하여야 한
다. 선정 집필을 위해 말뭉치에 나타나는 빈도를 고려할 뿐만 아니라 집

필자의 직관에 비추어 가장 쓰임이 많고 결합 양상이 전형적인 것들을 선정하여야 한다. 구 단위 용례는 다양한 형태의 어휘 결합 양상을 보이는 연어를 보여 주기 위해 최소 5개를 이상을 제시함으로서 어느 정도 연어 사전의 역할을 수행할 수 있도록 구체적인 제시 순서에 맞춰 제시하는 것이 바람직하다. 또한 구 단위 용례를 통해 단어의 형태 통사적 기능을 잘 보여 주는 것이 목적이라고 하겠다.

현재 언어 교육에서는 정형화된 표현(formulaic language, 혹은 formulaic sequence)을 교육하는 것이 언어 능력을 향상시키는 데 중요한 요소라는 측면에서 점점 그 중요성이 더하고 있다. 정형화된 표현이란 연어나 관용어, 상투적인 표현을 포함하는 좀 더 큰 개념의 고정되어서 사용되는 2개 이상의 어휘의 결합을 말한다.[7] 언어 교육에서 덩어리 표현을 가르치는 것의 중요성과 고정된 덩어리 표현 능력이 언어 능력의 향상을 좌우한다는 점을 고려한다면 학습자 사전에서 제시하고 있는 구 단위 용례들은 학습자에게 고정적인 표현 사용 능력을 키워주는 중요한 자료가 될 수 있다.

문장 단위 용례의 경우는 단문과 복문을 골고루 넣어 2개 이상의 예문을 제시하고, 용언 표제어의 경우는 문형을 고려한 문장이 한 문장 이상 되도록 제시하여야 한다. 문장 단위 예문에서 한 문장은 단문으로 제

---

7 정형화된 언어표현(Formulaic language)이란 무엇이고 그것을 가르치는 것이 중요하다는 언급은 다음과 같은 논문의 내용을 참고하였다.

　Allison Wray(2000). Formulaic Sequences in Second Language Teaching:Principle and Practice, Applied Linguistics, 31(4), 487~512.

　Jiang, N & Nekrasova, T(2007). The Processing of Formulaic Sequences by Second Language Speakers, The Modern Language Journal, 91, 433~445.

　Simpson-Vlach & Nick C. Ellis(2010). An Academic Formulas List: New Methods in Phraseology Research. Applied Linguistic.

시하는 것은 한국어 학습자의 수준을 고려한 용례 작성을 위한 방법이다. 학습자 사전에서 용례의 수준별 제시가 최종적으로 학습자 사전의 용례 모형이 나아가야 할 방향이나 현실적으로 5만 표제어에 수준별 제시는 당장은 어려운 문제이다. 그러나 초, 중급 학습자를 위한 단문, 고급 학습자를 위한 복문으로 나누어서 제시하는 방법 정도가 현실적으로 가능한 방법이기 때문에 우선적으로 문장의 난이도를 고려한 제시를 기본으로 하였다. 그리고 문장 단위 용례에서는 용례의 기능 중에 형태, 통사적 기능과 의미적 기능을 제대로 수행하는지에 주로 초점을 맞춰 제시하되, 화용적 특징 및 뉘앙스도 구별해주는 용례가 되도록 제시되어야 한다.

대화 단위 용례는 감탄사나 접속부사와 같은 독립어, 속담이나 관용구, 어미 같은 경우에 그 용법을 더 잘 보여줄 수 있다는 장점이 있기 때문에 학습자 사전에서는 대화 단위 예문이 꼭 필요하다. 그 이외의 품사들의 경우에도 현대 구어 생활을 반영한 단어의 쓰임을 제시하기 위해 대화 단위 예문을 제공하고 있다. 〈한국어기초사전〉은 한국어 학습자들의 자연스런 의사소통 상황의 모습을 보여 주기 위한 목적으로 대화 단위 예문을 작성하고 있기 때문에 의미적 기능이나 형태-통사적 기능보다 화용적 기능에 초점을 맞춘 대화 단위 예문 작성을 요구하고 있다. 상황에 맞는 대화 상대를 설정하여 그 단어가 쓰이는 적절한 사용역에 따라 격식성의 정도와 구어 대 문어의 정도를 고려한 대화 단위 예문을 작성하는 것을 목적으로 한다.

5. 〈한국어기초사전〉용례 선정 및 작성의 고려사항

사전 용례 선정의 기본 원칙을 작성례로 하고 학습자 사전의 용례라는 사전의 성격을 고려할 때, 구체적이며 단계적으로 고려하여야 할 사항들이 많이 나타난다. 앞 절에서 살펴본 용례의 기능이 잘 수행되도록 용례를 작성하는 것은 뜻풀이의 내용을 완전히 이해하고 말뭉치를 검색하여 그 단어의 쓰임을 파악한다 하더라도 집필 과정에서 제대로 그 특징이 드러나도록 집필하는 것은 쉬운 일이 아니다. 표제어의 의미적, 형태-통사적, 화용적인 특징이 잘 드러나도록 하기 위해 집필 선정 과정에서 구체적인 지침에 따라 집필되지 않으면 용례로서의 기능을 다하기가 힘들다. 그러므로 이 절에서는 용례 집필 시에 고려해야 하는 점들을 실제 집필 과정에서 드러났던 구체적인 예를 통해서 문제를 살펴보면서 좋은 용례를 기술하는 방법을 모색해 보고자 한다. 용례의 기능이라는 측면에서 의미적, 형태 통사적, 그리고 화용적 기능으로 나누어 집필 시에 나타나는 문제점들을 살펴보겠다.[8]

1) 의미적 기능 고려

용례의 의미적인 기능은 뜻풀이를 더 명료화하고, 부가적인 정보를 제공할 수 있어야 한다는 점에서 문장 단위 용례를 제시할 때 몇 가지 고려해야 하는 점이 있다.

---

8 이 논문은 '한국어기초사전 및 다국어 대역사업'의 수행 시에 기초사전 용례 집필을 연구 대상으로 삼았다. 용례에서 제시된 예는 집필 수정 단계에서 용례의 기능을 고려한 용례 작성의 문제점을 부각시키기 위해 잘못된 예들을 선정하였거나, 작성한 것이다. 용례 기술 방법을 제시하는 방법은 잘 된 예를 보여 주는 것도 좋은 방법이지만, 잘못된 예를 보여 주고 잘못을 지적하여 좋은 용례로 수정을 하는 방법을 통해 집필자의 언어적 직관을 키우는 것도 하나의 좋은 방법이 될 수 있기에 잘못된 예들을 제시하는 방법을 택하였다. 여기에 제시된 용례는 이 사전의 실제 예가 아니라, 연세대학교 언어정보 연구원 기초 사전 연구실의 연구원들이 사전 워크숍에서 교육을 위하여 작성한 잘못된 예임을 밝힌다. 샘플로 제시한 용례를 제공해준 기초사전 박사 연구원들에게 감사의 말을 전한다.

첫째, 용례는 뜻풀이에 맞게 제시되어야 한다.

(1) 광란 **01** : 미친듯이 어지럽게 날뜀.
　　그녀의 {광란}의 바이올린 연주를 듣고 감동하지 않은 사람이 없었다.

(2) 가만히 **00** : 1. 움직이지 않고 <u>말 없이</u>.
　　우리집 강아지는 십 초도 {가만히} 있지 않고 방방 뛰고 소리를 낸다.
　　형은 다리가 부러져서 몇 달은 {가만히} 누워 있어야 한다.
　　개구리는 {가만히} 있다가 벌레가 가까이 오면 재빨리 혀를 날려서 잡아먹는다.

(3) 광분하다 **00** :어떤 목적을 이루기 위하여 미친듯이 날뛰다.
　　{광분한} 시위대로 인하여 유혈 사태가 벌어져 무력으로 진압되었다.
　　그는 아무도 자신의 말을 믿어주지 않자 소리를 지르고 울며 {광분하였다}.

　(1)은 뜻풀이와 전혀 의미가 맞지 않는 용례를 제시한 경우이고, (2)와 (3)은 뜻풀이를 지나치게 제한적으로 하거나 혹은 광범위하게 함으로써 풀이에 맞지 않는 예문을 제시한 경우이다.
　둘째, 맥락을 제시하여 뜻풀이가 용례 안에서 명료화될 수 있는 부가적인 정보를 주어야 한다.

(4) 하늘을 올려다보니 {검은빛} 구름이 낮게 드리워져 있었다.
　　→ <u>비가 오려는지</u> 하늘에는 {검은빛} <u>먹구름이</u> 낮게 드리워져 있었다.

(5) {금욕}을 하며 절제하는 삶을 살기는 쉽지 않다.
　　→ 그는 <u>술과 여자를 멀리하며</u> 철저하게 {금욕} 생활을 하며 지냈다.

(4)와 (5)를 보면 용례의 내용이 검은빛이나 금욕과는 아무 상관이 없지만 '비가 오려는지'나 '술과 여자를 멀리하며'와 같은 맥락을 제시하면 검은빛의 뜻풀이가 좀 더 명확해지는 것을 알 수 있다.

셋째, 단어가 사용되는 맥락이나 뉘앙스를 보여줄 수 있는 용례를 제시해야 한다.

(6) 지수의 생일 파티를 어떻게 할까 {모의} 중이야.

(6)의 용례는 '모의'가 주로 부정적인 의미 양상을 띠는 결합을 보여준다는 것을 드러내지 못한 잘못된 용례이다.

(7) 발신자 표시가 없는 문자를 받은 {수신자}는 발신자가 누구인지 궁금해졌다.

(7)의 경우는 '수신자'의 뜻에 어긋나지 않지만 이런 문장이 실제로 사용되고 있는지 생각해 볼 필요가 있는 예문이다. 이런 문제가 나타나는 이유는 표제어의 의미뿐만 아니라 그 단어가 실제로 쓰이는 상황에 이해가 부족하기 때문이다.

2) 형태-통사적인 기능 고려

첫째, 문법적 패턴이나 문형 정보를 제공해야 한다. 특히 용언 표제어의 경우에는 문형 정보를 생략 없이 보여 주는 문장이 적어도 하나는 있어야 하고, 문맥상 유추가 불가능한 경우에는 필수 논항은 생략할 수 없다.

(8) 우리는 한참을 {쏘다니다} 지쳐서 집으로 돌아왔다.

(8)의 문형 정보는 '1이 2에/로/를 쏘다니다' 이다. 여기에서 '2에/로/를'에 해당하는 필수 논항이 예문에 없고 이 예문의 경우는 필수 논항이 문맥상 유추가 불가능하므로 비문에 해당된다.

둘째, 문법적 제약이나 특정 결합형, 활용형을 보이는 것들의 문법적 특징을 보여 주어야 한다.

(9) {가뜩} 장사가 안 되는데 성실했던 직원마저 그만뒀다.
　　{가뜩이나} 집이 좁은데 살림이 점점 늘어간다.
　　→{가뜩} 장사<u>도</u> 안 되는데 직원마저 가게를 그만둬 가게가 더 어려워졌다.
　　→{가뜩이나} <u>집도</u> 좁은데 살림이 점점 늘어나 집이 더 좁아졌다.

셋째, 활용이나 곡용의 다양한 형태와 사용역을 보여 주어야 한다. 다양한 모습을 보여 주기 위해 부자연스런 활용 형태를 제시해서는 안 되지만 한 단어의 용례 여러 개가 다 같은 활용형의 모습을 해서는 안 된다. (10)에서처럼 3개의 문장 단위 용례가 제시된다면 각각 다른 활용형을 보여 주는 것이 바람직하다.

(10) 김 씨 아저씨는 가게 문을 열자마자 콩나물 천 원어치를 {개시하였다}.
　　경기 악화로 한복 한 벌 {개시하기}도 힘들다고 상인들은 어려움을 털어 놓았다.
　　오늘은 굳은 날씨 때문인지 배추 한 포기를 {개시한} 이후로 오후 늦도록 장사가 되지 않았다

3) 화용적 기능 고려

첫째, 자연스러운 용례를 제시하여 단어의 적절한 사용역을 보여 주어야 한다. (11)과 같은 대화 용례는 지나치게 작위적이고 부자연스런

용례이다.

(11) 가: 사진 속에 앳되어 보이는 {소녀}가 누구니?
    나: 우리 엄마야. 아기자기한 얼굴에 오밀조밀한 이목구비가 참 귀여우
    시지?

둘째, 화용적으로 의미 있는 주어 선정 및 주어 생략이 이루어져야 한
다. 작위적인 용례의 단점을 극복하기 위해 자연스러움을 강조하다보
면 과도한 주어 생략이나 불완전한 문장 구조를 보이는 문장들이 나타
나는데 이것 또한 지양해야 한다. 특히 학습자 사전이라는 특성상 주어
를 생략하지 않고 보여 주는 것이 주어가 생략된 문장보다 바람직한 측
면이 있기 때문에 구어와 문어라는 특성을 고려한 적절한 주어의 선택
이 필수적이다.

(12) 여러 차례의 {시행착오}를 거친 후에야 성능이 좋은 새로운 제품을 개발
    할 수 있었다.

(12)에서 보는 것과 같은 용례는 주어가 생략된 용례이다. 이 문장의
경우에는 주어가 필요하고, 주어 선택을 하는 데 있어서도 고려해야 할
사항들이 있다. 이 문장의 경우 '그'나 '그녀'와 같은 대명사를 선택한다
면 문장 자체가 작위적이 되어 버린다. 사람 주어가 필요한 경우에는 가
족 관계나 그 사람의 직업을 나타내는 말을 먼저 생각해 보고, 그래도
적절한 주어를 발견할 수 없을 경우 고유명사 이름을 선택하는 것이 바
람직할 것이다. 위의 (12)에서는 '우리 회사'라든지 '김 박사'와 같은 주
어를 선택할 수 있을 것이다.
셋째, 대화 용례의 경우 단어의 사용역을 잘 보여줄 수 있는 대화 상

대를 선택해야 하고 문장의 격식성도 결정해야 한다.

(13) 가: 엄마, 조선의 {배불}정책으로 달라진 게 뭐가 있어요?
　　나: 불교 문화와 관련된 것들, 예를 들면 불상 같은 것들이 활발하게 만
　　　 들어지지 못했어.

(13)을 보면 '배불'의 의미를 보여 주는 용례이기는 하지만 대화 상대
가 잘못 설정되었기 때문에 이 단어가 쓰이는 사용역이 전혀 진정성이
없는 용례가 되었다. 특히 구어의 특성을 보여 주는 목적이 강한 대화
예문이라고 하더라도 모든 대화가 반말로 진행되어서도 안 된다. '배불'
과 같은 표제어라면 수업이나 강의에서 보여줄 수 있는 대화 예문을 설
정하여 교수님과 학생, 혹은 전문가들 간의 토론의 상황을 제시하는 것
이 단어의 쓰임을 더 잘 보여줄 수 있을 것이다.

넷째, 언어의 현실성을 반영한다는 측면에서 실제적인 내용이 아니
거나 문화적인 다양성을 고려하지 않은 내용, 상식에 어긋나는 내용은
제시하지 않는다. 그렇다고 해서 현실성을 반영한다는 취지로 지나치
게 개인적인 내용의 용례를 제시하거나 교육적으로 부정적인 내용의
용례를 제시하는 것도 적절하지 않다.

(14) 군대 내에서 폭력을 행사한 병사의 계급이 병장에서 상병으로 {강등되
　　 었다}.
(15) 화장품을 개봉한 이후에는 {냉장} 보관하는 것이 오래 쓰기에 좋다.
(16) 가: 나는 내일 이탈리아로 떠나려고 해.
　　 나: 이탈리아에 가는 기차를 타려면 내일 {새벽길}을 나서야겠는 걸.
(17) {시쳇말}로 '부자는 망해도 삼 년 먹을 것이 있다'고 나는 부자이기 때문
　　 에 지금 당장은 사업에 실패해도 괜찮다.

위에 제시된 (14)는 상식에 어긋난 내용을 제시하고 있고, (15)는 맞는 정보이긴 하지만 지나치게 지엽적인 정보여서 오히려 '냉장'의 의미를 이해하는 데 어려움을 줄 수 있는 내용이다. (16)은 유럽에 있는 사람들이 주고받는 대화라면 큰 무리가 없겠지만 현재 한국어 사전의 사용자들의 국적을 고려했을 때 이탈리아라는 정보 때문에 {새벽길}의 내용 이해에 혼동을 줄 수 있다. 그리고 (17)의 내용은 비교육적인 내용으로 학습자용 사전에 적합한 내용이 아니다.

(18) 가: {순풍}이 분다더니 바람이 센데? 나: 일기예보가 또 틀렸네.

(18)과 같은 대화쌍은 실제로 많이 사용할 수 있는 내용이긴 하지만 이 역시 비교육적으로 판단되는 부정적인 예이다.

4) 기타 작성례의 기본적인 형식에 대한 고려

첫째, 학습자 사전의 특성상 문장을 최대한 간결하게 작성할 수 있도록 한다. 지나치게 길거나 어려운 용례는 피한다.

(19) 집값 하락을 규탄하는 문구가 적힌 현수막이 아파트 베란다에 {내걸렸다}.
(20) 자녀에게 유명 강사의 수업을 듣게 하기 위해 등록 전날, 밤새 줄을 서고 기다리는 등 한국 어머니들의 뜨거운 {교육열}은 엄청나다.

(19)는 '내걸렸다'에 제시되기에는 집값 하락, 규탄, 문구, 현수막 과같이 어려운 어휘가 계속해서 나오는 학습자 사전에 적합하지 않은 용례이며, (20)은 지나치게 길어 문장의 의미 파악에 시간이 걸린다.
둘째, 용례에 사용된 단어는 원칙적으로 〈한국어기초사전〉의 표제어로 등재되어 있어야 함을 원칙으로 한다. 이 사전의 표제어는 5만 항목이기 때문에 용례에 이 범위를 벗어난 어휘가 제시되는 것은 학습자 사전의 목적에 맞지 않는다.

셋째, 당위문, 정의문, 보고문, 회상문 형식의 예문은 될 수 있는 대로 피한다. 이와 같은 형식의 문장은 문장의 내용에 집중하게 되어 표제어에서 초점이 벗어나게 되므로 불가피한 경우가 아니라면 피하는 것이 좋다.

6. 연구의 의의와 한계

본고는 학습자 사전 용례의 기능을 의미적, 형태-통사적, 화용적 기능으로 나누어, 각 영역에 맞는 세부 항목을 제시하였고, 이를 바탕으로 한 구체적인 기술 방법을 모색해 보았다. 용례 기술의 좋은 예를 보여주기 위해 잘못된 용례의 문제점을 지적하는 방법을 취하였는데 작성례 집필에서 나타나는 오류를 줄이고 집필자의 언어적 직관을 키우기 위한 방법이었다.

본 연구는 〈한국어기초사전〉이 학습자 사전으로 갖춰야 하는 용례의 모형을 제시하고 구체적인 집필 방법상의 문제를 고려한 집필 원칙을 제시해 보았다는 점에 의의가 있다. 그러나 작성례의 장점이 있음에도 불구하고 모든 집필자들의 언어 직관이 갖는 한계 때문에 이상적인 용례 제시와 현실적인 수준에는 한계가 있을 수도 있음을 인정하고, 이를 극복하기 위한 연구가 계속되어야 할 것을 기대하는 것으로 마무리한다.

향후 관련 연구를 위한 제언

사전학의 연구로 어휘 제시의 문제에 접근한다면 예문의 의미적, 통사적, 화용적 측면에서 적절하게 제시되었는지에 대한 검토가 추후로도 논의될 수 있을 것이다. 또한 응용언어학적으로 학습자의 용례의 쓰임에 대한 연구로 확장시켜 본다면 어휘 학습의 효율성의 측면에서 어휘의 의미를 제시한 경우와 예문을 제시하되, 예문의 역할을 의미적, 통사적, 화용적으로 구분하여 제시했을 때 어휘 지식 습득의 정도성을 측정해 볼 수 있을 것이다.

2장

무엇을 가르칠 것인가:
어휘 교육의 범위와
교육용 어휘 목록 선정에 관한 연구

2장. 무엇을 가르칠 것인가:
어휘 교육의 범위와 교육용 어휘 목록 선정에 관한 연구

1. 한국어교육용 어휘 및 기초어휘에 대한 논의

어휘 교육은 언어 교육의 본질적인 부분의 하나이며, 어휘 능력이 그 학습자의 언어 능력을 좌우하는 핵심임을 부인할 수 없다. 이런 어휘 능력과 관련되어 있는 두 가지의 기본적인 문제는 '어느 정도의 어휘를 알아야 하는가' 하는 어휘량 혹은 어휘수(vocabulary size)와 그것을 '어느 정도까지 알아야 하느냐' 하는 어휘 지식의 깊이(vocabulary depth)의 문제로 정리될 수 있다. 영어의 경우 2,000개 정도의 기본어휘가 모국어 화자가 매일 일상생활과 일상 회화에서 사용하고 있는 어휘수이며, 이 정도의 어휘를 알아야 기본적으로 다음 단계로 나아갈 수 있는 기본적인 어휘의 수준(threshold level)으로 본다. 이 기본적인 2,000개의 어휘를 핵심 어휘(core vocabulary)라고 부르며, 실제로 이런 고빈도의 기본적인 2천 개의 어휘는 영어의 경우에 일반적인 대부분의 텍스트에서 87% 정도를 차지한다고 한다.

한국어의 경우에도 한국어 학습자를 위한 기본어휘의 개수에 대한 논의가 있어 왔다. 김광해(2003)에서는 모국어 화자를 위한 기초어휘의 개수를 1,845개로 잡고 있으며, 이 정도의 숫자가 한국어교육을 위한 초급 단계의 어휘 수로 제시되었다.

〈표 1〉 등급별 어휘수(김광해. 2003)

어휘량	누계	국어교육용		한국어교육용		
		등급	개념	4구분	6구분	개념
1845	1845	1	기초어휘	초급	1	
4245	6090	2	정규교육이전	중급	2	자국인과 어휘량을 일치시키는 방향으로 조절함
8538	14448	3	정규교육개시-사춘기 이전	상급	3	
					4	
19377	33825	4	사춘기 이후	고급	5	
					6	
32946	66751	5	전문화된 지적 성장 단계			
45569	112340	6	저빈도어: 대학 이상, 전문어			
125670	238010	7	누락어: 분야별 전문어, 기존 계량 자료 누락어휘			

한국어교육을 위한 기초 혹은 기본어휘수와 어휘 목록을 선정한 연구들에서는 대체로 1,000개에서 3,000개 내외의 어휘를 기본어휘로 잡는 경우가 대다수이다. 조현용(2000)은 한국어교육용 기본어휘 724개, 임칠성(2002)에서는 초급 한국어교육용 어휘 1038개, 서상규, 강현화, 유현경(2000)에서도 한국어교육을 위한 기초어휘 의미 빈도 사전 개발을 위한 표제어 수로 1,087개를 제시하고 있다. 최길시(1998)는 기본어휘 수를 2,000으로 정하였고, 서상규(2002, 2006)에서는 학습자 사전의 중요 표제어 수를 3,000개 정도로 선정하고 있다. 영어와 마찬가지로 한국어의 경우도 2천 개 정도의 어휘를 알면 기본적인 한국어 문장을 이해하는 것이 가능함을 알 수 있는데, 이 숫자는 대체적으로 80% 정도의 텍스트에서 사용되는 어휘의 수이다.[1]

---

1 강범모, 김흥규(2009)의 현대 빈도 조사에 의하면 11,950개의 실질 어휘가 한국어의 90%를 차지하고 문법 어휘까지 포함한 경우에 94%를 차지하는 어휘량이

한국어교육용 어휘 목록으로 가장 많이 사용되었던 조남호(2003)의 〈한국어 학습용 어휘 선정 결과 보고서〉는 150만 어절 규모의 말뭉치에 나타난 어휘 빈도 조사를 통해 선정한 6만여 어휘를 한국어교육 전문가 6인에게 어휘 평정을 의뢰하고 결과를 종합하여 최종 선정 어휘 목록 5,965개를 선정하였으며 이를 난이도에 따라 A,B,C로 등급화하였는데 A에 속하는 어휘는 천 개 이내이다. 〈국제통용한국어교육표준모형〉(2011)에서 1,683개 의 어휘를 초급으로 선정하여 조남호(2003)의 학습용 어휘 중에 A의 천여 개를 보완한 목록 작업이 이루어졌다. 이 국제통용 모형의 어휘 선정은 전 세계에 통용될 수 있는 범용의 교수요목을 목표로 어휘를 선정한 목록으로 단어족(word family)의 개념으로 접근하여 선정하였다. 중급의 경우에는 3,007개, 고급은 6,428개를 선정하여 총 11,118개의 목록을 제시하고 있다.

가장 최근에 이루어진 강현화 〈한국어어휘교육내용개발〉[2]에서는 초급 어휘 1,800여 개, 중급 어휘 3,800여 개, 고급 어휘 약 5천 개의 목록을 제시하였다. 이 연구에서 제시한 초급 어휘는 일반목적 과정의 초급 학습자를 위한 목록 선정으로 국제통용 모형의 범용성이 가진 한계를 극복하기 위해 일반 목적의 숙달도별 어휘 학습 목표를 고려하면서 선정된 목록이다. 아래 〈표 2〉에서 그간의 한국어교육을 위해 선정한 어휘 목록 연구를 정리하였다.

라고 한다.

2 2012년부터 2015년까지 〈국립국어원〉에서 발주한 한국어교육용 어휘 선정 및 선정 어휘에 대한 교육 내용을 개발한 사업이다.

〈표 2〉 한국어교육을 위한 어휘 선정 연구의 어휘 수 및 선정 방법

연구자(연도)	제목	어휘 특성	어휘수	선정방법
학술진흥재단 한국어 능력평가 위원회 (1997)	한국어 능력 평가용 기초어휘자료	한국어 능력 평가용 기초어휘	10740	연세대 언어정보연구원의 현대 한국어 총어휘 빈도목록의 빈도수 200이상 어휘
서상규, 남윤진, 진기호 (1998)	한국어교육 기초어휘선정	한국어교육용 기본어휘	5000	한국어교육용 말뭉치 100만 어절의 고빈도 어휘
최길시 (1998)	외국인을 위한 한국어교육의 실제	한국어교육용 기본어휘	2000	최길시(1994) 어휘 목록 1000개 +주관적 어휘 추가
서상규, 강현화, 유현경 (2000)	한국어교육 기초어휘 의미 빈도 사전의 개발	의미빈도사전 표제어 수	1087	한국어교육용 말뭉치 100만 어절의 고빈도 어휘
조현용 (2000)	한국어 어휘교육 연구	한국어교육용 기본어휘	724	최길시(1998), 서상규(1998) 연세대 한국어교재 색인 공통 어휘에 한국어교육 필수어휘를 주관적으로 추가
서상규 외 (2002)	외국인을 위한 한국어 학습 사전	중요표제어	2975	빈도에 근거하여 추출한 중요어
임칠성 (2002)	초급 한국어교육용 어휘 선정 연구	초급 한국어 교육용 어휘	1038	연세대 국어 사전 편찬 말뭉치 빈도 5000이상 어휘, 초급용 한국어교육용 교재
조남호 (2002)*	현대 국어 사용 빈도 조사 결과	어휘빈도목록	66751	1,531,966어절의 말뭉치 분석 어휘 빈도 자료
조남호 (2003a)	한국어학습용 어휘선정 결과 보고서	한국어교육용 기본어휘	5965	조남호(2002) 목록 + 한국어교육 전문가의 주관적 평정으로 등급설정

김중섭 외 (2011)	국제통용 한국어표준모형	표준 교육과정을 위한 교육용 어휘	11118	초급 1681, 중급 3007, 고급 6428
강현화 외 (2014)	한국어어휘교육 내용개발	한국어교육용 어휘	약 11,000	초급 1800여개, 중급 3800여개, 고급 5000여개

2. 제2언어 교육에서 어휘수와 관련된 연구의 경향

제2언어 교육에서 읽기 능력 혹은 이해 능력은 학습자의 어휘량에 달려 있다고 보는 것은 명백하다. 이와 관련하여 진행된 연구의 경향을 살펴보면 먼저 텍스트 이해를 위해 어느 정도의 어휘를 알아야 하느냐에 관심을 가진 연구들을 볼 수 있다. 보통 95% 정도의 어휘를 알면 이해할 수 있다는 주장(Laufer, 1989)에 비해 98~99%의 어휘를 알아야 한다는 연구(Hu& Nation, 2000)가 있으며, 문어 텍스트의 경우에는 적어도 98% 정도의 어휘를 알아야 이해가 가능하다는 정도의 일치가 이루어지고 있다. 구어 텍스트의 경우는 Bonk(2000)에서 실험한 바에 의하면 95% 정도의 어휘를 알아야 이해가 가능함을 보여 주고 있다.

어휘수와 이해 능력에 관한 연구를 뒷받침하려면 이해를 위해 기본적으로 알아야 하는 어휘수는 어느 정도인가 하는 문제이다. 〈표 3〉에서 제시하고 있는 것을 보면 구어 코퍼스를 대상으로 연구를 한 것들을 기준으로 살펴보면, 95%정도의 이해를 위해서 2,000~3,000 단어족이 필요하며, 문어 텍스트를 이해하기 위해서는 8,000~9,000 단어족이 필요하다는 결론에 도달하게 된다.

〈표 3〉 제2언어 학습자의 텍스트 이해를 위한 어휘수

Corpus	90%	95%	연구자
CANCODE (구어) (Cambridge and Nottingham Corpus of Discourse in English	800 word families (1400 individual words)	2,000 word families (4000 words)	Adolps & Schmitt (2006)
Wellington Corpus(구어)		3,000 word families	Nation(2006)
BNC(문어)		8,000~9,000 word families(98%)	Nation(2006)

어휘수와 관련된 또 다른 연구의 경향은 실제로 학습자들의 어휘 능력을 측정하여 학습 시간(혹은 언어 수준)에 따라 얼마나 많은 어휘를 알고 있는가를 측정하는 연구이다. 위에서 제시한 연구들이 텍스트 이해에 필요한 어휘수의 기준을 제시하고 있다면 실제로 학습자들이 알아야 하는 어휘의 양이 어느 정도인가를 결정할 수 있게 되고, 이를 통해 어떻게 효과적인 방법으로 이 어휘들을 지도할 것인가 하는 문제로 연결되기 때문이다.

3. 어휘 목록 선정 및 이의 활용에 관련된 논의

한국어교육에 있어 어휘수와 관련된 연구는 앞에서 살펴본 것처럼 한국어교육을 위한 기초어휘 선정과 학습용 어휘의 등급화를 시도하고 있는 다양한 연구가 있다. 한국어능력시험(TOPIK, Test of Proficiency in Korean)에서는 1급에서 약 800개의 기초어휘와 기본 문법을, 2급에서는 1,500에서 2,000개의 어휘를 이용하여 한국어를 사용할 수 있는

능력을 측정하고 있다. 또한 어휘 목록의 선정이 중요한 이유는 이것을 선정하고 등급화하는 것은 교재 편찬에서부터 평가에 이르기까지 광범위한 영역의 기초 자료가 될 수 있기 때문이다. 어휘 선정과 등급화된 자료를 놓고 교재의 어휘 통제나 평가의 도구로 구체적으로 활용되기 위한 기초작업은 어느 정도 이루어진 셈이다.

그럼에도 불구하고 상당량이 축적된 어휘 선정 작업을 바탕으로 하여 실제 학습자들의 어휘 능력을 어휘 선정 목록을 바탕으로 하여 이루어진 연구는 찾아보기 힘들다. 어휘수와 읽기 능력, 혹은 등급별 어휘수와 학습자의 숙달도의 상관관계에 관한 연구들이 진행되어 학습용 어휘수와 어휘수의 등급화에 대한 타당한 검증이 이루어질 수 있는 연구가 보충되어야 할 것으로 생각한다. 또한 학습자의 학습 목적에 따른 어휘수, 다시 말해 이해 어휘수와 표현 어휘수의 차이에 근거하여 실제로 개별 어휘의 선정과 단어족의 선정, 그리고 그것들에 대한 교수 방법의 차이로 나갈 수 있는 근거가 되는 연구들이 뒷받침되어야 할 것이다.[3]

본 절에서는 학습자가 알아야 할 어휘를 선정하기 위한 연구로〈한국어기초사전〉편찬을 위한 한국어 학습자의 어휘 목록을 선정한 '한국어 학습자 사전 표제어 선정을 위한 자료 구축 및 선정 방법에 관한 연구'와 특정 어휘군의 목록 선정을 위한 연구로 파생 접사와 외래어 조어소 목록 선정 연구를 살펴볼 것이다. 이를 통해 어휘 선정 절차와 선정의

---

3 앞에서 제시한 원미진 외(2011) '한국어 학습자사전 뜻풀이 어휘통제를 위한 기술 방법에 관한 연구'에서 사전의 뜻풀이 어휘를 단어족으로 묶어보는 작업을 해보았다. 영어 학습자 사전은 2,000~2,500개 정도의 어휘를 정의어(defining word)로 사용했다고 밝힌데 비해 한국어 학습자 사전에서는 이런 어휘 통제의 방법으로 집필한 학습자 사전이 존재하지 않고 있었기 때문에 시도해 보았던 연구이다. 이해 어휘와 표현 어휘의 측정과 이에 영향을 미치는 변인에 관한 연구는 원미진(2013)에서 수행되었고, 뒤의 어휘 평가 부분에서 다시 제시하였다. 학습자의 어휘 능력 측정 방법에 대한 연구도 뒤의 평가 부분에서 다루고 있다.

방법의 실례를 살펴보면서 어휘 선정 문제의 실제에 접근해 볼 수 있을 것이다.

☑ 어휘 목록 선정에 관한 연구[4]

본 연구는 국립국어원에서 제시하고 있는 〈한국어기초사전〉의 5만 어휘 선정 방법에 대한 제시이다. 본 연구는 대규모의 말뭉치를 통해 5만 어휘를 선정하는 연구였기에 개별 연구자 혼자 진행할 수 있는 연구 방법은 아니다. 그러나 어휘 선정의 절차를 익히는 것은 목적에 따라 말뭉치를 구축하고, 어휘를 선정하는 연구에 도움이 될 것이다.

1. 학습자 사전 어휘 선정을 위한 자료 구축 방법

한국어교육용 기초어휘나 기본어휘의 경우는 어휘 목록의 목적에 맞게 선정 방법을 정하여 그 기준에 맞는 어휘를 선정하는 경우가 대부분이었으나 본 연구의 경우는 학습자 사전의 어휘 규모를 5만으로 확정하고 어떻게 5만 어휘를 선정하기 위한 자료를 구축해 나가고, 어떤 선정 절차를 밟는 것이 학습자 사전의 규모에 맞는 타당하고 경제적인 방법인가를 고려하는 것이 주목적이다.

그러므로 학습자 사전의 어휘 선정을 위하여 본 연구에서는 기구축된 개별 자료들을 선정하고, 이러한 자료들을 객관적, 주관적, 절충적 방법을 사용하여 새로운 목록을 구축한다. 기존의 자료를 통합한 전체 목록

---

4 강현화, 신자영, 원미진(2010) '한국어 학습자 사전 표제어 선정을 위한 자료 구축 및 선정 방법에 관한 연구', 〈한국사전학〉을 발췌하였다.

을 구축하며, 기존의 어휘 목록의 한계점을 보충하기 위해 연구자의 판단에 따라 더 필요하다고 생각하는 어휘군을 첨가하는 주관적 방법을 사용한다. 또한, 기구축된 자료에 객관성을 더하기 위해 한국어 교재 목록과 토픽 시험 목록을 근거로 별도의 말뭉치를 구축하여 진행하였다.

1) 〈한국어학습사전〉을 위한 어휘 항목의 수

한국어 학습자 사전에 필요한 표제항의 어휘 목록의 규모는 어느 정도가 적합할까? 한국어 학습자를 위한 기초어휘나 기본어휘 혹은 학습용 어휘 목록에 대한 연구가 다양하게 존재하지만 그 목록의 수가 적게는 천 개 이내에서 많게는 만에 가까운 목록으로 한정되어 있다. 어느 정도의 규모를 학습자 사전의 어휘로 볼 것이냐 하는 문제는 학습자 사전의 목적과 그 사전을 요구하는 학습자 집단의 성격, 그리고 학습자 사전의 어휘가 사용되는 범위에 따라 결정되어야 한다. 대체적인 연구 결과를 종합해 보면 기초어휘나 초급 학습자용 기본어휘는 약 천개 내외, 한국어 학습자용 어휘는 6천개 내외의 목록이 제시되고 있다. 그러나 국어교육에서 제시하고 있는 어휘 규모와 비교해 보면 5~6천개의 어휘는 초등학교 입학 이전에 모국어 화자들이 습득한 어휘 수에 불과하다. 이것을 고려하면 한국어교육을 받는 외국인 학습자에게 필요한 어휘 규모는 다만 기초어휘나 기본어휘에 국한되는 것이 아니라 실제로 한국어를 배워 의사소통을 하고 한국어로 학문을 해 나가기 위해 필요한 정도의 어휘 규모로 확장될 필요가 있음이 명백하다. 더구나 5~6천개의 어휘는 이주나 학문 목적 한국어 학습자들의 필요량에는 상당히 부족하다.

김광해(2003)에서는 일반 모국어 화자의 어휘량을 대략 4~5만 선으로 보아 교육용이라는 취지에 맞춰 국어 교육용으로 필요한 어휘량을 약 6만 단어 선으로 잡았다. 제2언어 교육을 위한 국내외에서 출판된 영어 학습자 사전의 어휘 목록을 비교해 보면 특히 본 연구의 목적에 맞게 영어의 고급 학습자(Advanced learner)를 위한 대표적 사전들의 표제항 수를 살펴보면 다음〈표 1〉와 같다.

〈표 1〉 영어의 대표적 학습자 사전과 표제항 수

사전명	표제항수
금성출판사 뉴에이스 한영 사전(2006)	약 50000
Cambridge Advanced learner's dictionary(2nd ed. 2003)	45867
COBUILD Advanced Learner's English dictionary(4th ed. 2003)	36719
Longman dictionary of contemporary English(5th ed. 2009)	61200
Macmillan English dictionary(1.1. ed. 2008)	43088

영어 학습자 사전의 경우는 사전마다 표제항 수가 유동적이고 새로운 표제항이 지속적으로 추가되고 있음을 고려해 볼 때 적어도 학습자 사전의 어휘규모가 4만 내지 6만에 이르고 있다는 것을 볼 수 있다. 그러므로 위에서 살펴본 것처럼 모국어 화자의 경우 성인이 일상생활을 하면서 필요한 어휘가 대략 5만 안팎이고, 영어 학습자 사전의 표제항 수도 대략 5만 안팎인 것으로 미루어 보아 한국어 학습자 사전의 규모를 5만 어휘로 잡는 것이 타당할 것이다. 이 정도의 규모라면 고급 수준의 한국어 학습자들이 이주 목적으로 한국에서 일상생활을 영위하면서 살거나, 학문 목적으로 한국어를 사용하여 대학원이나 대학원에서 학습을 하는 데 필요한 기본적인 어휘량에는 크게 부족하지 않을 것으로 판단된다.

2) 기존 연구에서의 어휘 구축 방법론

학습자 사전의 어휘 자료를 어떻게 구축하고 어떤 선정 절차를 사용할 것이냐를 결정하기 위해 먼저 그간 이루어진 어휘 목록의 선정 방법을 비판적으로 검토해 보면 다음과 같은 장단점을 발견할 수 있다. 서상규(2009)에서 제시한 교육용 기본어휘 선정 기준 3가지는 다음과 같다. 먼저 언어 기술적 관점에서 어휘 선정은 사용 빈도나 사용범위 등의 객관적 기준으로 활용되는 언어 사실을 반영해야 한다. 둘째, 언어 규범적 관점에서 교육이라는 측면에 맞게 어휘를 선정하여 해당 언어 사회나 시대가 요구하는 어휘의 수준이 반영되어야 한다. 마지막으로 계량 기술적 관점에서 어휘 자료를 처리하고 계량하는 기술이 뒷받침 되어야 함을 교육용 기본어휘 선정의 기준으로 제시하고 있다.

서상규, 남윤진, 진기호(1998)는 한국어교육용 말뭉치를 구축하고 여기에서 고빈도 어휘를 추출하여 한국어교육을 위한 기본어휘 5,000단어를 제시하였다. 특히 말뭉치의 계량적인 분석을 통해 어휘를 선정하는데 있어서 객관성을 중심으로 했다는 점에 있어 그 전까지의 주관적 방법론의 한계를 어떻게 실질적인 자료와 방법론으로 극복할 수 있는지를 보여 주었다. 이 어휘 목록에서 뽑은 1,087개의 어휘를 대상으로 서상규, 강현화, 유현경(2000)에서는 한국어교육용 말뭉치에 의미 주석을 하고 세부적인 의미 항목 각각의 빈도를 계량적으로 분석하여 〈한국어교육 기초어휘 의미빈도 사전〉을 개발하였다.

최길시(1998)에서는 기존의 기초어휘 1,000개를 바탕으로 각종 어휘 빈도 조사 자료를 참고하고, 한국어교육 현장 경험을 바탕으로 기본어휘를 선정하면서 일상생활에서 자주 쓰이는 신생어, 외래어들은 빈도 조사 자료와 상관없이 첨가하는 절충적 방법을 채택하였다. 그러나 빈도 조사를 통해 선정한 1,000개의 목록만 제시되었고 선정 과정은 정확하게 나타나지 않았고, 현장 경험을 바탕으로 한 어휘 선정에 있어서도 기준이 제시되지 않음으로 인해 주관적 방법이라는 비판을 받을 여지를 남겼다.

이에 비해 조현용(2000)은 객관성을 좀 더 확보하기 위해 말뭉치에 근거한 자료와 교육 전문가의 경험적 방법을 절충한 방법을 택했다. 기존의 어휘 빈도 자료나 어휘 목록에 누락된 어휘를 첨가하였고, 특히 한국어교육용 어휘 목록 725개를 첨가하였다. 그러나 이러한 방법은 절충적 방법이라기보다는 주관적 선정 방법에 가깝다. 조남호(2003a)의 〈한국어 학습용 어휘 선정 결과 보고서〉는 150만 어절 규모의 말뭉치에 대한 빈도 조사를 통해 선정한 6만여 어휘를 한국어교육 전문가 6인에게 어휘 평정을 의뢰하고 결과를 종합하여 어휘 등급을 결정하는 주관적인 방법을 사용하였다. 최종 선정 어휘 목록 5,965개를 선정하였으나 스스로 지적하였듯이 전문가의 주관적 평정의 타당성이 확보되지 않은 문제를 드러냈다.

이상을 종합해보면 그간 이루어진 교육용 기본어휘 선정 방법은 첫째, 말뭉치 등의 어휘 빈도 정보를 비롯한 각종 계량적 정보를 적극 활용하여 선정하는 객관적 방법이 있고[5] 둘째, 말뭉치의 어휘 빈도 정보를 토대로 하여 한국어교육 전문가의 주관적 평정을 활용하는 절충적 방법[6], 그리고 기존 어휘 목록을 비교하면서 어휘 일부를 보충하여 선정하는 메타 계량 방법[7]으로 정리해 볼 수 있다.[8]

2) 학습자 사전 어휘 선정의 방법론

본 연구는 학습자 사전의 어휘 규모를 5만으로 설정한 뒤에 어떻게 5만 어휘 평정을 위한 자료를 구축하고 그 구축된 자료를 어떤 방법을

---

5 서상규, 백봉자, 남길임(2003), 서상규(2006)
6 조남호(2002)
7 김광해(2003)
8 서상규(2009)

이용하여 선정하느냐 하는데 초점을 둔 연구이다. 타당성 있는 선정 방법을 선택하기 위해 각각의 어휘 선정 방법의 장단점을 논의해 보겠다. 먼저 위에서 사용한 객관적 방법을 사용할 경우 어휘 선정 기준에 맞는 대규모의 말뭉치를 새로 만드는 작업을 하거나 기존에 있는 말뭉치를 보강하여 빈도 정보와 각종 계량적 정보를 이용하여 선정하는 방법을 사용할 수 있겠다.

그러나 이미 위에서 살펴본 것처럼 한국어 학습자용 어휘를 위한 대규모 말뭉치를 이용한 선정 작업이 진행되어있고(조남호, 2002), 말뭉치를 만들어 빈도를 만드는 작업에 드는 시간과 비용을 고려한다면 학습자 사전용 어휘를 선정하기 위해 가장 타당한 방법은 아니다. 이미 조남호(2002)에서 6만에 가까운 어휘 목록이 빈도순으로 나와 있지만 거기서 빈도순 5만 어휘를 놓고 보면 학습자용 사전에 불필요한 어휘가 지나치게 많다. 이 목록을 선정한 말뭉치의 한계를 지적하여 학습용 사전을 위한 대규모의 말뭉치를 다시 구축하고 그것을 통해 어휘를 선정할 수도 있겠지만 대량의 말뭉치를 구축하더라도 단순 계량적인 객관적인 방법은 본 연구에 타당하지 않을 것이다. 그러므로 말뭉치를 새로 만들거나 기존의 말뭉치를 보충하여 빈도로 선정하는 작업은 아니더라도 기존의 어휘 목록을 활용 가능한 만큼 이용하여 전문가의 주관적 평정 방법을 이용하거나, 어휘 목록을 비교하여 일부 어휘를 보충하는 방법이 본 연구에 더 적합할 것으로 여겨진다.

3) 한국어 학습자 사전의 기초 자료

어휘 선정 기준에 맞는 자료를 최대한 구축하기 위해 기존의 어휘 목록을 충분히 활용할 수 있는 선정 방법을 우선 고려하였다. 활용 가능한 어휘 목록은 첫째, 그간 이루어진 한국어교육용 어휘 목록이고, 둘째, 이미 출판된 학습자 사전의 목록이다. 그리고 이 두 가지 종류의 목록은 각각의 장단점을 가진 선정 방법으로 선정된 목록이기에 본 연구에서 선정하는 학습자 사전이라는 어휘의 특성을 고려한 최대한의 객관적 타당성을 갖기 위해 학습자 사전의 특성을 고려한 교재 말뭉치와 한국어 능력시험 말뭉치를 새로 구축하는 방법을 사용하였다. 기존의 목록이 방대한 양의 말뭉치에서 선정된 어휘 목록임에도 불구하고 말뭉치의 한계로 인해 혹시라도 빠져 있을지 모르는 학습자용 어휘는 교재 말뭉치나 한국어능력시험 말뭉치에서 보충이 가능하리라 본다.

(1) 기구축 목록 활용 및 신규 말뭉치 자료

학습자 사전 어휘 선정을 위한 기초 자료에 포함될 만한 어휘 목록은 다음 〈표 2〉에 제시한 것과 같다. 구축된 자료의 단순 총합은 약 19만 어휘가 된다.

〈표 2〉 학습자 사전 기초 자료 구축을 위한 기본어휘 목록

	자료유형	연구자(연도)	어휘 수
기구축 자료	학습용어휘목록	조남호 학습용 기초어휘(2003)	6,000
		조남호 보고서(2002)	59,000
		서상규(2004)	7440
	사전	신현숙(2000)	16,926
		김하수 외(2007)	2,000
		연세사전	50,000
		초등국어 사전	29,651
		한국어그림사전	3,985
		국립국어원 문법사전	1,385
신규구축 자료	말뭉치	한국어교재목록[9]	8,808
		TOPIK 시험 문제[10]	9,874
		계	195,069

(2) 새로운 어휘군 첨가

선정하려고 하는 어휘 규모가 워낙 대규모이고 〈표 1〉에서 제시하고 있는 목록들에 빠져 있을 수도 있는 어휘군이 있을 가능성이 존재한다. 더구나 학습자 사전이라는 특성을 고려하면 위에서 제시한 기초 자료 이외에 학습자들이 사전에서 찾아 볼 가능성이 있는 어휘군에 대한 첨가가 필요하다. 그러므로 기초어휘적 접근방법으로 한국어 학습자가

---

9 한국어능력시험(TOPIK) 어휘 수집을 위한 절차는 다음과 같다. 먼저 한국교육과정평가원 홈페이지에서 시험 파일 내려 받은 후에 시험 문제에 출제된 모든 어휘를 모아 목록으로 정리한 뒤 목록을 표제어의 형태로 분석한 후 최종 목록 확정지었다. 한국어능력시험 기출 문제 중 한국교육과정평가원 홈페이지(www.kice.re.kr)를 통해 열람이 가능한 7회부터 17회까지를 대상으로 하였다. 2003년도 제7회부터 2010년도 제17회까지 1급부터 6급(제7~9회), 또는 초ㆍㆍ 제10~17회)의 제1영역(어휘 및 문법)과 제2영역(듣기 및 읽기) 시험지, 듣기 대본, 정답표의 주관식 항목의 어휘를 수집하였다(내려 받은 파일 총 194개). 내려 받은 PDF 파일을 액셀을 이용해 어절별로 정리한 후 중복된 항목 제외 후 총 33,670어절을 표제어 형태로 분석한 후 표준국어대사전을 기준으로 취사선택한 뒤, 중복된 항목을 삭제하여 최종 목록을 확정하였다. 최종 목록은 총 9,874개(고유명사, 조사, 어미, 접사 포함). 말뭉치에 포함된 시험은 다음과 같다.

회차	시험 일시	회차	시험 일시
제7회	2003. 9.	제13회	2008. 4.
*제8회	2004. 9.	제14회	2008. 9.
*제9회	2005. 9.	*제15회	2009. 4.
제10회	2006. 9.	*제16회	2009. 9.
제11회	2007. 4.	제17회	2010. 2.
제12회	2007. 9.		

10 경희대학교 한국어교육부, 『한국어』1~6, 경희대학교 출판부. 서강대학교 한국어교육원, 『서강 한국어』1A~5B, 서강대학교 한국어교육원. 서울대학교 언어 교육원, 『한국어』1~4, 문진미디어. 성균어학원, 『재미있게 배우는 한국어』1~6, 성균관대학교 출판부. 연세대학교 한국어학당 편, 『한국어』1~6, 연세대학교 출판부. 이화여자대학교 언어 교육원, 『말이 트이는 한국어』1~5, 이화여자대학교 출판부.

알아야 하는 어휘군에 대한 접근을 시도하여 다음 〈표 3〉과 같은 어휘군을 보충하였다.

〈표 3〉 기초어휘적 접근을 위한 어휘군 목록

유형	어휘 수	비고
접사 목록	5,595	교재 추출 접사 및 파생어
개념어	1,078	(신체어 669 +색채어 200 +수량단위 209) 1077
본딧말/준말 큰말/작은말	588	표준 목록 중 기본어휘
문법용어	163	문법사전 표제어, 사전 목록
사고도구어	925	신명선 목록 정제
가표제어	9,442	표준의 가표제어 목록 중 조남호(2003)에 원표제어가 있는 것만 추출
계	17,791	

기초어휘군 선정의 근거와 절차를 각각의 어휘군에 따라 제시되었는데 자세한 절차는 원논문을 찾아보면 될 것이다. 선정을 위해 접사, 개념어로서의 신체어, 색채어, 수량 단위에 해당하는 어휘들을 다시 정리하였고, 관련어를 정리하기 위헤 본딧말과 준말, 큰말과 작은말을 맞추는 작업을 하였다. 또한 문법 용어로 필요한 어휘를 검토하였으며, 가표제어와 속담의 선정이 이루어졌다.

2. 어휘 선정 방법론

본 연구에서 어휘 선정을 위하여 사용된 방법론은 기구축된 자료의 장점을 충분히 살리고 이를 학습 사전의 목적에 맞게 보완하는 방법을 모색하였다. 학습자 사전의 어휘 선정을 위해 사용된 기초 자료들은 객관적 방법이나 주관적 방법 혹은 절충적 방법을 사용하여 선정된 어휘 목록이므로 어느 정도 객관적으로 타당한 자료이다. 그러나, 자료 구축의 방법론적인 측면에서 보면 기구축된 자료에 객관성을 더하기 위해 보완적 말뭉치를 구축이 필요하다. 따라서 본 연구에서는 한국어 교재 말뭉치와 TOPIK 시험 말뭉치는 본 연구를 위해 새로 구축하였다. 또한 기존의 어휘목록의 한계점을 보충하기 위해 기존 어휘 목록을 비교하면서 연구자의 판단에 따라 더 필요하다고 생각하는 어휘군을 첨가하였고, 한국어교육에 경험있는 9명의 연구자의 직관에 의해 세 단계로 나누어 판정하는 주관적 방법을 사용하였다.

본 연구에서 1차적으로 구축된 목록의 총 목록에서 중복적으로 존재하는 어휘를 삭제한 후 최종적으로 구축한 목록은 7만 7천여 개이다. 본 연구에서는 각각의 어휘 목록에서 몇 번 중복되는가를 측정한 중복도[11]는 고려하지 않고 자료에서 최소한 한번 이상 출현한 어휘의 총집합을 구축한 후 직관에 의한 판정을 내리는 방법을 사용하였다.

1) 1단계 판정절차 : 두 명의 연구자가 품사별로 나누어 5만 어휘에 필요한 항목은 A, 판단이 애매한 경우는 보류로 B, 불필요하다고 생각하는 항목에는 C라는 표지를 붙여 1차적으로 판정을 한다. 판정 결과 C의 항목이 만 개 정도였다.

2) 2단계 판정절차 : 1단계 절차를 통해 C 항목이 삭제된 7만여 어휘를 다시 8명의 연구원이 나누어 A,B,C 판정을 내리되, B항목에 중점을 두고 삭제할 것인지 선정할 것인지에 초점을 맞추어 선정을 했다.

3) 3단계 판정절차 : 판정된 C 항목 중에 필요한 항목이 없는지 다시 검토하

---

11 중복도를 이용하여 어휘목록을 선정하는 방법은 큰 목록들을 기초로 하여 작은 목록을 최종 선정할 때에는 유용하나 본 연구에서처럼 작은 목록을 근거로 큰 목록을 만들 때에는 적절하지 않다.

고, B 판정을 받은 어휘 목록을 모아 모든 연구자가 다시 판정을 내리는 2 단계 작업을 통하여 최종 판정을 내렸다. 동시에 의미적으로 관련된 쌍을 이루는 어휘나 파생관계에 있는 어휘 등을 최종적으로 검점, 보완하는 방법을 사용하여 사전항목의 최종 목록을 결정하였다.

기존의 어휘 선정 방법론 중에 여러 개의 목록을 놓고 그 중에 각 목록에서의 중복도를 고려하여 어휘를 선정하는 메타 계량적 방법은 어휘 목록의 어휘수가 선정하고자 하는 어휘수에 비해 상당히 많을 때는 비교적 효과적으로 중요 어휘나 기본어휘를 뽑는 데 사용할 수 있는 방법이다. 그러나 본 연구와 같이 5만 이상의 어휘 목록의 수가 2개에 그치고 대부분의 경우는 특수한 목적을 가진 기본어휘로 이루어진 학습용 어휘 목록들을 총괄하는 대규모 학습용 어휘 목록을 뽑는 방법으로는 사용할 수 없다. 즉 구축된 열 개 이상의 목록의 표제항이 대부분이 만개 이하인 목록을 놓고 중복도를 산정하여 그것을 근거로 5만 어휘를 선정할 수가 없다. 더구나 학습자 사전이라는 특성을 고려하여 기초 어휘 목록을 첨가한 자료를 구축했기 때문에 중복도를 산정하는 것은 이 목록 선정에서는 무의미하다. 결국 한국어 학습용 사전이라는 특수 목적을 고려한다면 중복도의 산정보다는 연구자의 직관이 더 의미 있는 결과를 낼 것이라 판단된다. 연구자의 직관에 따라 판단하는 주관적, 절충적 방식의 목록 선정의 어려움에 대해서는 이미 조남호(2003)에서 지적되었지만 대규모 어휘 선정 작업이라는 측면과 한국어 학습자 사전을 위한 목록이라는 어휘 목록의 특성상 이러한 절충적 방식의 사용이 불가피하였다.

3. 연구의 의의 및 한계

본 연구는 기존의 학습자 사전의 어휘 목록이 몇 천 개에서 만 개 정도로 한정되어 있는 것에 비해 한국어 학습자 사전의 규모가 5만 개의 어휘 규모로 확장되어야 함을 밝히고 현재까지 이루어진 학습자를 위한 어휘 목록의 작업을 총합하여 어휘 목록을 확정지었다는데 의의가 있다. 어떻게 5만 어휘를 선정하는 것이 타당한 방법인가에 대한 방법론적인 접근을 시도하면서 현재까지 이루어진 연구 업적을 근거로 삼아 5만의 어휘를 선정하였다는 점에 있어서 일정부분 의의가 있다.

그러나 방대한 규모의 어휘 선정에 치우치다보니 개별 품사나 형태소 혹은 어휘소의 성격을 고려한 선정 절차를 거치지 못했다는 점, 어휘 선정의 절차에 연구자 개인의 직관에 의존한 주관적 방법이 포함되었다는 점에서 한계가 있다. 그리고 확정된 목록이 고급의 학문목적 한국어 학습자들에게 꼭 필요한 어휘인가 하는 실제적 효용성의 측면에서 검증이 필요하다는 점을 연구의 한계로 지적할 수 있다.

향후 관련 연구를 위한 제언

학습자를 위한 사전의 표제항의 수가 5만이며, 이 5만 어휘의 성격에 대한 연구는 몇 가지로 접근이 가능할 것이다. 우선 개별 어휘수 5만을 단어족으로 묶었을 때 몇 개의 어휘로 줄어드는지에 대한 연구를 해볼 필요가 있다. 합성어와 파생어를 제외하고 단일어의 수를 알아 보는 것도 학습자들에게 학습하여야 할 어휘 의미의 범위를 한정해서 제시할 수 있다는 점에서 해볼 만한 연구이다.
어휘 선정의 방법을 달리하여 계량적으로 5만 어휘를 선정한 것과 주관적 절충적 방법을 사용한 목록을 비교해 보면 어떤 어휘들이 차이가 나는지를 알 수 있을 것이다.

☑ 학습자를 위한 파생 접사 선정에 관한 연구[12]

본 연구는 파생어 교육을 위해 〈한국어기초사전〉 표제항으로 선정된 파생어에 사용된 접사를 중심으로 교육용 접사를 선정하고 한 연구이다. 기초사전에는 접사가 450여 개 있으며 이 중에 중요하게 교육해야 할 접사를 우선 선정해 보고자 한 시도이다.

1. 파생어 교육의 중요성 및 파생 접사 선정의 범위

학문목적 고급 한국어 학습자가 증가하면서 어휘 교육의 중요성이 강조된 이유의 하나는 고급 단계의 언어 학습자로 넘어가기 위해선 어휘 확장이 필수적이기 때문이다. 어휘의 확장에 중요한 어휘 교수 방법의 하나는 한국어 조어법을 활용한 어휘의 교수 방법일 것이다. 단어 형성 원리의 측면에서 한국어 어휘는 파생이 활발하게 일어나는 어휘이기 때문에 파생어를 만드는 접사 목록을 선정하고 그 접사로 이루어진 파생어 어휘를 교수하는 방법을 모색하는 것은 어휘 확장에 필수적인 교수 방법이다. 이러한 점에 근거하여 한국어교육을 위한 파생 접사 선정 연구가 여러 방면에서 진행되었다.

〈표 1〉 한국어교육을 위한 파생어 선정 범위 및 연구의 예

연구	선정 대상	선정 근거 자료 및 방법	제시 방법
정윤주 (2005)	교육용 접사 및 파생어 목록	고영근(1989)의 638개 접미사 목록 기준으로 조남호(2003)의 어휘 중 접미사가 생산한 어휘	의미별, 품사전성별로 제시

---

12 원미진(2014) '한국어 학습자의 파생어 교육을 위한 접사 목록 선정 연구'(한국 사전학)를 재구성한 것이다.

서희정 (2006)	고유어 접두사 목록	교재 및 어휘 선정 목록의 접두파생어를 분석	난이도별로 제시
유미상 (2008)	한자어 접사 및 파생어 목록	300만 어절 말뭉치의 한자 어휘 빈도 500위까지 추출 생산성이 높은 접사 선정	한자어 접두사 27개를 의미 범주로 나누어 제시
이영희 (2008)	사람 표현 접미사	사람 표시 접미사를 사전에서 추출	
나은미 (2010)	사람 의미 접사와 파생어 목록	6개 대학 교재와 어휘 선정 목록의 복합어 목록 활용	
고주환 (2008)	교육용 접사와 파생어 목록	3종 한국어 교재의 접사 목록을 어휘 선정 목록의 어휘와 비교	접두사 32개 접미사 121개를 대상으로 교재에 수록된 파생어 제시

위에서 살펴본 연구들은 한국어교육용 파생어 선정을 시도하여 목록을 제시한 연구들이며 각각의 연구자의 목적과 관점에 따라 유용하게 사용할 수 있는 자료를 제시하고 있다. 그러나 목록 선정을 위해 대상으로 삼은 것이 교재에 한정되었을 경우는 그 교재들이 파생어를 고려하여 편찬한 것이 아니므로 정작 필요한 교육용 접사나 파생어가 누락될 가능성이 있다. 또한 약간 확장된 목록을 제시한 연구의 경우에도 접사 전체나 파생어 목록 전체가 아니라 고유어나 한자어, 혹은 특정 의미군 접사를 사용한 파생어에 머물고 있으며 파생어의 등급화 시도는 하지 않고 있다. 각 연구자들이 제시한 목록이 연구자의 목적에 따라 다르게 나타나고 있는 현실을 볼 때 가장 기초적으로 한국어교육용 어휘 목록에서 파생어의 목록을 선정하여 기초 자료로 제시할 필요성이 있다.

2. 〈한국어기초사전〉을 바탕으로 파생 접사 선정 방법

먼저 선정을 위한 기초 자료를 무엇으로 잡을 것이냐 하는 것이 중요한 문제이다. 한국어교육을 위한 선정이라는 문제를 생각해 보면 교재를 무시하고 한국인 모국어 화자의 말뭉치만을 이용하는 것도 문제가 있고, 그렇다고 해서 한국어교육에만 집중한 말뭉치 자료만을 사용한다는 것도 현실적인 언어생활을 고려하면 의미 있는 자료를 제시하기는 힘들다. 한국어의 어휘의 종류를 단일어와 복합어로 나누었을 때 복합어의 다양한 종류 및 전체 어휘에서 복합어의 비율, 그리고 그 복합어 중에 얼마나 많은 어휘가 파생 접사로 이루어진 어휘인가를 알 수 있다면 접사 교육의 의의를 계량화된 숫자로 제시할 수 있다는 측면에서 하나의 증거를 제시할 수는 있을 것이다.

Nage & Anderson(1984)에서는 American Heritage Corpus에 나타난 어휘 목록을 바탕으로 어휘군의 성격에 따라 접사 어휘의 비율을 연구해 본 결과 접미사(7.6%)나 접두사(4.0%)를 사용한 파생어가 모두 11.6%에 이르렀고, 굴절 활용이 사용된 어휘가 약 20%에 이르렀음을 밝혔다. 한국어의 경우에 아직까지 코퍼스에 나타난 어휘의 종류별 비율을 제시한 연구를 찾을 수는 없었다. 이의 명확한 측정을 위해서는 일련의 코퍼스에 나타난 어휘를 분석하고, 그 중 파생어의 비율을 계산하는 것이 더 일리가 있을 것이나 이 연구에서는 코퍼스에서 단어를 추출하여 계산하는 방법 대신에 사전에 등재된 어휘의 비율을 대신 사용하였다.

먼저 한국어 고급 학습자들이 알아야 하는 어휘의 규모를 확정하고 규모에 맞는 어휘 목록 선정 절차가 밟기 위해, 이 연구는 현재 한국어 학습자를 위해 선정된 가장 기초적이면서 광범위한 한국어 기초사전의

5만 어휘 목록을 대상으로 하였다. 〈한국어기초사전〉의 어 5만 어휘 목록[13]은 조남호(2003)과 한국어 학습자 사전의 목록 모두를 포괄하고 있으며 각 기관의 교재 말뭉치와 토픽의 어휘를 포괄하여 선정한 5만의 어휘 목록이다.

이 목록을 기초 자료로 한 한국어교육용 파생접사 목록의 선정 방법은 다음과 같다.

첫째, 5만 어휘 중에 접사 목록을 추출한다.[14]

둘째, 그 접사가 들어간 모든 파생어들을 추출한다.

셋째, 파생어의 숫자에 따라 파생 접사의 목록을 등급화하여 제시한다.

3. 선정 결과 제시

5만 어휘 목록 안에 제시되어 있는 접사는 접두사 149개 접미사 269개 포함하여 418개였다.[15] 이 목록은 품사 전성의 접미사를 제외한 목록으로 한자어와 고유어 접미사 모두를 포함하고 있다. 그리고 이 접사들로 이루어진 파생어는 5만 어휘 중 약 5천 개에 해당한다.[16] 이 숫자는

---

13 5만 어휘 목록은 앞에서 제시한 강현화, 신자영, 원미진(2010)에서 선정된 목록으로 한국어기초사전 5만의 어휘 목록이다. 이 목록은 기존의 한국어교육용 어휘 목록 중에 가장 큰 범위의 목록이다.

14 접미사 중에 -하다, -되다, -시키다와 같은 생산성이 강한 접사와 -이,-히,-리,-기,-우, -구, 추와 같은 문법적 역할을 담당하는 통사적 접사는 제외하고, 의미를 더하여 주는 접미사와 접두사만을 대상으로 선정하였다.

15 최종 목록에서의 숫자는 이 연구가 진행될 때와는 차이가 있음을 밝힌다.

16 5천개의 파생어에는 품사가 전성되는 접미사가 붙은 파생어들은 제외된 숫자이다. 실제로 품사 전성의 파생어를 모두 포함하게 된다면 그 숫자는 만 오천 개가 넘는 숫자라 여겨진다. 그러나 모든 접미 파생어의 개수를 헤아리지 못한 점을 연구의 한계로 밝혀 둔다. 또한 5천여 개를 눈으로 엑셀로 1차로 고르고, 다시

Nage & Anderson의 영어 코퍼스에 나타난 파생어 비율과 비슷한 비율임을 알 수 있다. 〈한국어기초사전〉의 5만 어휘 목록에서 품사 전성 접미사로 이루어진 파생어를 제외한다고 하더라도 약 5천개에 이르는 단어는 400여개의 접사에서 파생되어 나간 어휘들이다. 파생어의 생산성을 고려해 볼 때 평균적인 개수를 잡는 것은 의미 없는 일이지만 선정 기준을 잡고 파생 접사의 등급을 정해 보기 위해 평균적으로 하나의 접사 당 평균 10개 정도에 이르는 파생어를 생산하고 있는 것을 확인해보는 것은 어느 정도의 의미는 있다고 볼 수 있다. 평균값을 기준으로 해서 10개 이상의 파생어를 생산해 내고 있는 접사들은 한국어교육에서 의미 있는 파생어 목록이라고 생각되기 때문에 접사가 10개 이상의 파생어를 생산해 내고 있는 것을 기준으로 한국어교육용 접사 목록으로 선정하였다.[17] 10개를 기준으로 했을 때 접미사 102개, 접두사 40개가 교육용 목록으로 선정될 수 있다. 이는 〈한국어기초사전〉에서 제시된 파생 접사 418개의 약 3분의 1에 해당하는 숫자이며 이 정도의 목록은 학습자에게 제시하기에 적당한 목록의 규모라고 판단된다. 아래 〈표 2〉에 제시된 접미사 목록에는 8개의 고유어 접미사를 제외하고는 모두 한자어 접미사이다.

같은 의미의 한자어를 확인하는 수작업을 하였기 때문에 그 숫자에 있어 약간의 오차가 있음을 밝히지 않을 수 없다.

17 10개라는 개수가 크게 의미가 없어 보이기도 하지만 10개를 기준으로 했을 때 400여개의 접사 중에 150개 내외의 접사 목록을 우선적으로 중요한 한국어교육용 접사 목록으로 제시할 수 있을 것이라 판단하였다. 10개 이하로 파생하는 어휘들 안에 사용된 접사는 물론 접사를 아는 것도 중요하지만 하나의 어휘를 개별적으로 교육하는 것이나 접사를 교육하는 것이나 그 효과 면에서 큰 차이가 없을 것이라고 판단하였다. 그러나 숫자를 기준으로 하다 보니 9개나 8개의 파생어를 생산해 낸 접사들 중에 목록으로 선정하고 싶은 것들이 있었다는 것을 밝혀 둔다. 이런 경계선 상의 것들을 다시 재분류하고 검토하는 작업도 후속 연구로 보완되어야 할 것이라 생각한다.

〈표 2〉〈한국어기초사전〉 5만 어휘 중 10개 이상의 파생어를 생산한 접미사

	접미사[18]		풀이	파생어 수
1	-물 (09)	物	'물건' 또는 '물질'	105
2	-감 (19)	感	'느낌'	101
3	-품 (08)	品	'물품' 또는 '작품'	92
4	-기 (41)	期	'기간'이나 '시기'	76
5	-기 (43)	機	'그런 기능을 하는 기계 장비'	74
6	-가 (13)	家	'그것을 전문적으로 하는 사람'	73
7	-실 (12)	室	'방'	69
8	-지 (25)	地	'장소'	68
9	-질 (11)		'그 도구를 가지고 하는 일'	68
10	-권 (07)	權	'권리'나 '자격'	64
11	-비 (33)	費	'비용'이나 '돈'	62
12	-법 (03)	法	'방법' 또는 '규칙'	61
13	-소 (23)	所	'장소' 또는 '기관'	57
14	-학 (07)	學	'학문'	56
15	-심 (09)	心	'마음'	55
16	-국 (10)	國	'나라'	52
17	-식 (09)	式	'방식'	51
18	-장 (44)	場	'장소'	51
18	-생 (08)	生	'학생'	45
20	-기 (42)	器	'도구'나 '기구'	44
21	-꾼 (02)		'어떤 일을 전문적으로 하는 사람'	43
22	-전 (34)	戰	'전투' 또는 '전쟁'	42
23	-제 (20)	制	'제도' 또는 '방법'	40
24	-론 (03)	論	'그것에 관한 학문' 또는 '학문 분야'	39
25	-회 (14)	會	'단체'	39
26	-화 (16)	化	'그렇게 됨' 또는 '그렇게 만듦'	38
27	-단 (22)	團	'단체'	37
28	-인 (17)	人	'사람'	36
29	-체 (10)	體	'몸'	36
30	-계 (19)	界	'분야' 또는 '영역'	34
31	-곡 (08)	曲	'노래' 또는 '악곡'	33
32	-성 (17)	性	'성질'	33
33	-원 (17)	員	'그 일에 종사하는 사람'	33
34	-제 (24)	劑	'약'	33

18　접미사와 접두사 옆의 번호는 〈표준국어대사전〉의 번호이다. 각 접사 안의 다의
　　어는 하나의 접사로 처리하였다.

35	-자 (30)	者	'사람'	33
36	-업 (05)	業	'사업' 또는 '산업'	32
37	-층 (04)	層	'어떤 능력이나 수준이 비슷한 무리'	32
38	-관 (18)	官	'공적인 직책을 맡은 사람'	30
39	-복 (17)	服	'옷'	30
40	-용 (11)	用	'그것을 위해 쓰이는 물건'	30
41	-문 (11)	文	'글'	28
42	-도 (21)	圖	'그림' 또는 '도면'	27
43	-파 (12)	派	'어떤 생각이나 행동의 특성을 가진 사람'	27
44	-권 (06)	圈	'범위' 또는 '그 범위에 속하는 지역'	26
45	-액 (07)	額	'금액'	26
46	-지 (27)	紙	'종이'	26
47	-관 (20)	觀	'관점' 또는 '견해'	24
48	-점 (11)	店	'가게' 또는 '상점'	24
49	-객 (02)	客	'손님' 또는 '사람'	23
50	-률 (04)	率	'비율'	23
51	-부 (23)	部	'부분'	23
52	-살이		'어디에 기거하여 사는 생활'	22
53	-장 (38)	狀	'증서' 또는 '편지'	22
54	-님 (04)		'높임'	22
55	-범 (09)	犯	'죄지은 사람'	21
56	-사 (42)	師	'그것을 직업으로 하는 사람'	21
57	-석 (13)	席	'자리'	21
58	-장 (40)	長	'책임자' 또는 '우두머리'	21
59	-민 (07)	民	'사람', '백성' 또는 '민족'	19
60	-간 (16)	間	'동안'	18
61	-관 (19)	館	'건물' 또는 '기관'	18
62	-사 (38)	史	'역사'	18
63	-율 (04)	率	'비율'	18
64	-책 (09)	策	'방책' 또는 '대책'	18
65	-화 (17)	畵	'그림'	18
66	-일 (09)	日	'날'	18
67	-가 (16)	街	'거리' 또는 '지역'	17
68	-국 (09)	局	'업무 부서'	17
69	-권 (05)	券	'자격이나 권리를 증명하는 표'	17
70	-기 (39)	氣	'기운'이나 '느낌' 또는 '성분'	17
71	-쟁이(02)		'그 속성을 많이 가진 사람'	17
72	-류 (03)	類	'부류'	16
73	-사 (37)	士	'직업'	16
74	-과 (14)	課	'업무 부서'	15

75	-원 (18)	院	'공공 기관' 또는 '공공 단체'	15
76	-형 (07)	形	'그런 모양'	15
77	-아 (12)	兒	'어린아이'	15
78	-작 (10)	作	'작품', '제작'	15
79	-난 (12)	難	'어려움' 또는 '모자람'	14
80	-가 (18)	價	'값'	14
81	-선 (14)	船	'배'	14
82	-상 (28)	商	'상인' 또는 '상점'	13
83	-애 (12)	愛	'사랑'	13
84	-증 (12)	證	'증명서'.	13
85	-처 (06)	處	'곳' 또는 '장소'	13
86	-형 (08)	型	'그러한 유형' 또는 '그러한 형식'	13
87	-둥이(02)		'그러한 성질이 있는 사람'	12
88	-사 (41)	社	'회사'	12
89	-탕 (08)	湯	'국'	12
90	-진 (33)	陣	'사람의 무리' 또는 '집단'	11
91	-치 (18)	値	'값'	11
92	-보 (22)		'그것을 특성으로 지닌 사람'	11
93	-꾸러기		'그것이 심하거나 많은 사람'	10
94	-담 (16)	談	'이야기'	10
95	-림 (04)	林	'숲'	10
96	-사 (40)	事	'일'	10
97	-사 (44)	辭	'말'	10
98	-주 (32)	酒	'술'	10
99	-집 (06)	集	'모아 엮은 책'	10
100	-청 (11)	廳	'행정 기관'	10
101	-촌 (04)	村	'마을' 또는 '지역'	10
102	-수 (33)	手	'그것을 직업으로 하는 사람'	10

특히 -물(物), -감(感), -품(品), -기(期), -기(機), -가(家), -실(室), -지(地), -질, -권(權), -비(費), -법(法), -소(所), -학(學), -심(心), -국(國), -식(式), -장(場)의 열여덟 개의 접미사는 50개 이상의 파생어가 5만 어휘 목록 안에 선정되어 있다.

접두사의 경우는 접미사에 선정된 접사의 숫자도 100여 개 이상 적었을 뿐만 아니라, 접두사를 포함한 어휘의 개수도 1,100여 개로 접미사가 들어간 파생어 숫자에 비해 4분의 1 수준이었다. 고유어 접미사가 8개임에 비해 접두사는 오히려 맞-(01), 한-(13), 날-(05), 헛-(02), 큰-(03), 외-(06), 덧-(04), 맨-(05), 쇠-(06), 작은-(02), 휘-(09), 되-(06), 뒤-(03), 맏-, 들-(07), 풋-(02), 막-(07), 찰-(03), 참-(11) 등, 19개이기 때문에 선정된 접두사의 거의 반에 이르는 숫자이다.

〈표 3〉〈한국어기초사전〉 5만 어휘 중 10개 이상의 파생어를 생산한 접두사

	접두사		풀이	파생어수
1	재- (17)	再	'다시 하는' 또는 '두 번째'	42
2	불- (15)	不	'아님, 아니함, 어긋남'	36
3	고- (29)	高	'높은' 또는 '훌륭한'	29
4	맞- (01)		'마주 대하여 하는' 또는 '서로 엇비슷한'	27
5	생- (06)	生	'익지 아니한'	27
6	반- (17)	半	'절반 정도'	26
7	한- (13)		'큰'	25
8	소- (22)	小	'작은'	23
9	비- (32)	非	'아님'	22
10	날- (05)		'말리거나 익히거나 가공하지 않은'	22
11	헛- (02)		'근거 없는', '보람 없는'	21
12	친- (03)	親	'혈연관계로 맺어진'	20
13	신- (15)	新	'새로운'	18
14	외- (08)	外	'어머니 쪽으로 친척인'	18
15	최- (03)	最	'가장, 제일'	17
16	큰- (00)		'맏이'	17
17	연- (23)	軟	'옅은' 또는 '엷은'	17
18	여- (26)	女	'여자'	16
19	외- (06)		'혼자인' 또는 '하나인' 또는 '한쪽에 치우친'	15
20	총- (09)	總	'전체를 아우르는' 또는 '전체를 합한'	15
21	덧- (04)		'거듭된' 또는 '겹쳐 신거나 입는'	15
22	맨- (05)		'다른 것이 없는'	14
23	쇠- (06)		'소의 부위'나 '소의 특성이 있음'	14
24	작은- (02)		'맏이가 아님'	14
25	부- (22)	副	'그 직업이나 직책에 버금가는'	13
26	저- (11)	低	'낮은'	13
27	휘- (09)		'마구' 또는 '매우 심하게'	13
28	급- (05)	急	'갑작스러운'	13
29	되- (06)		'도로'	12

30	뒤- (03)		'몹시' 또는 '마구' 또는 '온통'	12
31	맏-		'맏이'	12
32	들- (07)		'야생으로 자라는'	11
33	초- (23)	超	'어떤 범위를 넘어선' 또는 '정도가 심한'	11
34	풋- (02)		'처음 나온' 또는 '덜 익은'	11
35	반- (15)	反	'반대되는'	10
36	백- (09)	白	'흰'	10
37	막- (07)		'거친' 또는 '품질이 낮은'	10
38	본- (07)	本	'근본이 되는'	10
39	찰- (03)		'끈기가 있고 차진'	10
40	참- (11)		'진짜' 또는 '진실하고 올바른'	10

또 하나 제시해야하는 접사 목록은 파생어 개별 어휘의 수는 많지 않거나 거의 없어서 어휘로 선정된 목록에서는 그 파생어들을 찾아볼 수 없지만 주로 특정 명사나 명사구 뒤에 붙어서 많이 쓰이는 접미사들이다. 이런 접사들은 한국어교육에서 많이 제시되고 있으나 의존명사와 그 형태나 의미상 유사성이 많기 때문에 학습자들이 어려움을 느끼는 형태이다. 그 의미와 사용의 중요도를 고려했을 때 앞에서 제시한 접사 목록보다 그 쓰임이 뒤지지 않는다고 판단되어 기타 목록을 〈표 4〉19에 제시하였다.

〈표 4〉 사전에 등재된 어휘가 아닌 형태로 파생어를 만드는 접미사 목록[20]

	접미사		풀이
1	-가량 (06)	假量	'정도'
2	-경 (24)	頃	'그 시간' 또는 '그 날짜에 가까운 때'

---

19 실질적으로 한국어교재에서 이들 접사가 들어간 어휘가 어떻게 사용되고 있는가를 밝힐 수 있다면 이 접사들의 유용성을 밝힐 수 있을 것으로 생각되는데 이 연구는 추후 연구로 미룬다.

20 〈표 3〉에 제시한 접사들은 접사의 성격상 개별 어휘로 선정될 수 있는 어휘들을 생산하지 않기 때문에 파생어의 수를 고려한 접사 목록 선정에서는 포함될 수 없었다. 그러나 그 의미의 중요도를 고려할 때 한국어교육용 접사 목록에 포함되어야 한다고 판단되는 것들이다.

3	-께 (05)		'그 시간 또는 장소에서 가까운 범위'
4	-꼴 (05)		'그 수만큼 해당함'
5	-끼리		'그 부류만이 서로 함께'
6	-당 (16)	當	'마다'
7	-들 (09)		'복수'
8	-짜리(02)		'그 만한 수나 양을 가진', '그만한 가치를 가진'
9	-류 (02)	流	'그 특성이나 독특한 경향'
10	-발 (15)	發	'그곳에서 떠남' 또는 '그 시간에 떠남'
11	-생 (07)	生	'그때에 태어남'
12	-손 (12)	孫	'자손'
13	-씨 (09)	氏	'그 성씨 자체', '그 성씨의 가문'
14	-여 (27)	餘	'그 수를 넘음'
15	-정 (37)	整	'그 금액에 한정됨'

마지막으로 선정된 목록에서 빠진 접사를 제시하자면 5만 어휘 목록에 없는 고유명사나 고유한 이름 뒤에 붙어서 고유명사를 선정해 내는 접사들 몇몇이 있다. 예를 들어 '-각(閣)', '-사(寺)', '-암(庵)', '-좌(座)', '-천(川)'과 같은 접사들이 있다. 이들은 이름을 만들어 내는 접사들이기 때문에 어휘 목록 안에서 많은 파생력을 가질 수는 없지만 그렇다고 해서 다른 것과 비교해서 다섯 개 모두가 사용이 적다고 말할 수 없기 때문에 추가로 언급하고자 한다. 위와 같은 목록과 〈표 3〉에서 제시한 접사 목록은 이 연구에서 선정한 교육용 접사 선정 방법으로는 선정될 수 없는 목록이라는 점에서 어휘 목록을 사용한 선정 방법에 한계가 있음을 밝혀 둔다.

4. 연구의 의의와 한계

이 연구는 기존의 연구들이 한계로 남겨두었던 목록 선정의 객관적 자료를 무엇으로 볼 것이냐는 문제에서 출발하여, 대량의 어휘 선정 결과로부터 귀납적으로 파생어의 숫자를 계량하여 생산성이 가장 높은 파생 접사를 제시했다는 점에서 기존 연구들과는 다른 선정 방법을 취하고 있다. 이 연구에서 선정한 확장된 목록은 연구자의 주관이 개입할 여지를 최대한 줄인 목록임으로 그간 일부 연구들이 보여준 개별적인 기준에 의해 선택된 교재에 나온 파생어라든지, 하나의 주제와 관련 있는 접사 선정 및 어휘 목록 연구가 남겨둔 파생어 선정의 한계를 극복한 확장된 파생어 목록의 제시하는 점에서 일정 부분 의의가 있을 것이다.

이 연구를 바탕으로 하여 같은 접사를 사용한 파생어 목록을 기초어휘와 확장 어휘로 등급화하여 자신의 요구와 필요에 따라 어휘 확장의 범위를 결정할 수 있도록 제시하게 된다면, 학문 목적 학습자들의 자가 학습에 활용할 수 있을 뿐만 아니라 고급 과정의 어휘 교육 시간에도 활용할 수 있는 목록이 될 것이다. 또한 접사 목록을 사용하여 선정된 파생어의 제시를 등급별로 고려한다면 한국어교육을 위한 파생어 교육 어휘 자료집 발간에 기초 자료가 될 수 있다고 생각한다.

이 연구는 이러한 전제의 기초 자료가 되는 일차 자료로 접사 목록을 선정하는 데까지만 이루어 졌고, 각 접사별 어휘의 제시와 그것의 등급화는 후일의 연구로 남겨두었다. 또한 접사 선정과 어휘 제시에 머물 것이 아니라 기존의 연구에서 제시한 파생어 교육 방안을 종합하여 선정된 어휘를 접사별, 접사 구조별, 의미별, 주제별로 나누어 제시 가능한 교육 방안이 마련된다면 확장된 어휘 교수의 요구가 높은 고급 학습자들의 요구에 맞게 파생어 교육의 체계적인 자료로 나가기 위한 기초 자료로 활용할 수 있을 것으로 기대한다.

향후 관련 연구를 위한 제언

본 연구는 사전 등재어에 사용된 접사를 위주로 선정한 목록이어서 사전 등재 어휘의 학습을 위한 객관적인 목록 선정 방법이나, 연구의 한계로 명확한 것은 생산성이 높은 접사들이 배제되었을 가능성이 있다는 점이다. 즉 모든 파생어가 사전에 실려 있지 않으며, 오히려 생산성이 높은 접사가 들어간 어휘는 표제항으로 선정하지 않았을 가능성이 많기 때문이다. 향후 연구는 모든 접사를 대상으로 〈표준국어대사전〉이나 〈우리말샘〉에 실린 어휘들을 대상으로 해볼 필요가 있다. 또한 외국어로서의 한국어교육이라는 측면에서 본다면 학습자에게는 접사와 비슷한 한 글자의 한자어들의 역할 또한 크게 다르지 않으며. 최근에 신어를 만드는 과정에서 사용되는 외래어 조어소들 역시 접사와 비슷한 역할을 수행한다는 점을 고려하면 파생어 교육을 위해 접사를 다루는 범위를 어떻게 봐야 할 것이냐에 대한 지속적인 논의가 필요하다고 본다.

☑️ 외래어 조어소 선정에 관한 연구[21]

최근에는 본 연구가 진행될 때는 생각하지도 못했던 방법으로 날마다 새로운 어휘가 생성되고 있다. 본 연구는 새로 생겨나는 외래어의 조어소 중에 교육용으로 가르쳐야 하는 것들은 무엇일까에 대한 관심에서 출발하였고 교육용이라는 목적으로 매우 보수적으로 선정 작업을 진행하였다. 아직 10년도 지나지 않았는데 여기에서 선정된 것들은 이제는 신어라는 생각이 들지 않지만 당시에는 신어 목록을 가지고 선정해 본 연구이다.

1. 신어 교육을 위한 외래어 조어소의 중요성

사회의 변화 속도가 빠를수록 우리 언어의 어휘 체계 안에서 신어가 차지하는 비중은 늘어나고 신어가 유입되는 속도 또한 빨라진다. 인터넷과 소셜 미디어의 발달은 다양한 형태와 다양한 방법으로 만들어진 신어의 수가 기하급수적으로 늘어나게 하였다. 특히 모국어 화자의 일상에서 자연스럽게 사용되는 어휘들이 외래어에 기원한 것이 상당수 발견된다는 것을 생각해 보면, 한국어 학습자에게 이런 어휘를 교육해야 할 것이냐에 대한 긍정적인 논의는 일면 타당하다.

예를 들어 외래어 '호텔(hotel)'이 차용되어 쓰인 이후에 마지막 음절인 '-텔(-tel)'은 마치 접미사처럼 기능하여 '고시텔', '휴게텔', '민텔' 등의 어휘를 생산해 내는데 이러한 결합 현상이 다양하게 나타나 외래어는 단지 차용 외래어에 머물러 있지 않고 기존에 국어 어휘부에 등재되어 있던 고유어나 한자어, 혹은 다른 외래어의 일부 혹은 전부와 결합하면서 다양한 혼종어를 생산적으로 만들어내고 있다. 한국어 학습자들에

---

21 남신혜, 원미진(2011) '한국어교육을 위한 외래어 조어소 선정에 관한 연구'(이중언어학) 의 논의를 재구성하였다.

게 이러한 것들을 교수하지 않는다면 학습자 스스로 그 의미를 파악하기가 어렵다. 이러한 관점에 입각하여 한국어교육 현장에서도 교수되어야 할 교육 대상 어휘를 선정하는 작업을 진행하려고 한다. 여기에서는 파생어와 합성어를 '복합어'로 통칭하고, 파생어를 만드는 접사와 합성어를 만드는 어근을 '조어소'로 통칭하기로 한다.[22]

2. 한국어교육을 위한 외래어 조어소 선정 방법

1) 후보 목록 선정

본 연구는 목록 선정을 위해 국립국어원의 〈신어〉를 대상으로 하여 후보 목록을 선정하되,[23] 여기에 모국어 화자의 실제적 언어생활을 반영하여 어떤 것까지를 한국어교육을 위한 어휘 목록에 포함시킬 것인가를 결정하기 위해 두 번째 단계로 모국어 화자를 대상으로 설문 조사를 실시하여 최종 목록을 선정하는 방법을 사용하였다.

최종 목록 선정을 위한 1차로 선정된 후보 목록은 국립국어원에서 편찬한 신어 자료집[24] 중에서 외래어에서 기원된 것으로 보이는 조어소를 포함한 복합어를 선정하였다. 더불어 국립국어원 목록에 포함되지 않

---

22 여기에서 다루는 어휘들의 접사와 어근은 아직 국어학계에서 접사 혹은 어근으로 체계적으로 분리되어 있지 않다. 따라서 본고에서는 우선 일반적으로 접사와 어근을 구분할 때 쓰이는 기준인 '자립성'에 근거하여 자립적으로 사용이 가능한 것은 '어근'으로, 그렇지 못한 것은 '접사'로 처리하였으며, 양자를 모두 포괄하는 개념으로 '조어소'를 설정하였다.

23 국립국어원 〈신어〉가 더 이상 발간되지 않은 2005년 이후의 신어를 포함하기 위하여 연구자의 직관으로 몇몇 어휘를 후보군에 추가하였다.

24 신어(2001), 신어(2002), 신어(2003), 신어(2004), 신어(2005), 〈사전에 없는 말 신조어〉 태학사.

은 단어를 포함시키기 위하여 포털 사이트를 통해 인터넷 뉴스를 검색하여 몇 가지 어휘를 추가하였다. 국립국어원 〈신어〉 목록에서 추출한 것과 포털 사이트 검색을 통해 추출한 것 모두 비교적 높은 공시적 생산성을 보이는 것을 우선으로 선정하였으나 '명품백', '중고백'의 '백'과 같이 해당 조어소의 생산성은 높지 않더라도 그 조어소를 통해 형성된 어휘의 사용 빈도가 높을 가능성이 있는 것은 목록에 포함하였다. 이렇게 선정한 후보 목록에 포함된 조어소는 26개이며, 해당 조어소를 포함한 복합어는 244개로 다음 표와 같다.

〈표 1〉 외래어 조어소 목록 선정을 위한 1차 후보군 목록(괄호 안은 연도)

조어소	원어	어휘 목록[25]
-가스	カツ	김치가스(02), 김치치즈가스(02), 생선가스〈92〉, 치킨가스〈93〉
걸	girl	비걸(03), 애교걸(03), 이미지걸(02), 이슈걸(03), 파파걸(02)
골	goal	결승골(02), 골가뭄(02), 골대〈90〉, 골맛(02), 골망(02), 골문〈90〉, 골세레(02), 골잡이〈90〉, 골폭풍(02), 선취골(01), 쐐기골(02), 역전골(02), 추가골(04)
-깡	かん	게임머니깡(05), 골드깡(02), 금깡(03), 명품깡(02), 쌀깡(05), 카드깡〈90〉, 쿠폰깡(05), 할인깡(03), 현물깡(04), 회사채깡(02), 휴대폰깡(03)
데이	day	다이어리데이(04), 로즈데이(02), 무비데이(04), 블랙데이〈99〉, 빼빼로데이〈96〉, 사과데이(04), 삽겹살데이(03), 실버데이(04), 오삼데이(05),

---

25 ( )안은 국립국어원 신어 목록에 제시된 최초 출현 연도, 〈 〉안은 포털 사이트 '네이버'를 통해 인터넷으로 검색된 기사의 최초 출현 연도를 표시하였다. '네이버'의 경우 1990년도 이후의 기사만 검색 서비스에 포함시키고 있으므로 표에서 〈90〉으로 표시된 어휘 중에는 실제 최초 출현 연도는 이보다 더 앞설 가능성이 있다.

		와인데이(04), 육아데이(05), 젓가락데이(05), 치킨데이(03), 키스데이(04), 파파데이(05), 포토데이(04), 화이트데이⟨91⟩
-돌	dol	개념돌⟨09⟩, 생계돌⟨09⟩, 시크돌⟨09⟩, 예능돌⟨09⟩, 짐승돌⟨09⟩
-드	d	영드⟨07⟩, 라드, 미드, 일드, 한드
룸	room	룸까페⟨08⟩, 룸살롱⟨90⟩, 미니룸(02), 원룸⟨95⟩, 채팅룸(01), 투룸⟨00⟩, 패닉룸(02)
맨	man	능력맨(02), 라인맨(04), 만능맨(04), 목청맨(05), 보안맨(04), 봉고맨, 빅맨(05), 셔터맨, 작업맨(04), 푸시맨(04), 패밀리맨(02), 시범맨(03), 건실맨(03), 진지맨(00), 버터맨(02), 경품맨(03)
백	bag	명품백⟨02⟩, 중고백
벨	bell	벨소리(01), 목소리벨(02), 라이브벨⟨02⟩
송	song	가나다라송(04), 고백송⟨02⟩, 곱등이송⟨10⟩, 러브송⟨94⟩, 로고송⟨91⟩, 싸가지송(04), 올챙이송(04), 우유송⟨03⟩, 원츄송(04), 월드컵송⟨00⟩, 이사송⟨10⟩, 캐롤송⟨90⟩, 캠페인송⟨92⟩, 허무송(04)
-(이)즘	ism	귀차니즘(02), 대처리즘(04), 마오이즘(02), 스노비즘(04), 언니즘(03), 우리나라리즘(05), 현대이즘(05)
짱[26]	ちゃん	겜짱(04), 공부짱(04), 뇌짱(04), 돈짱(04), 디카짱(04), 맘짱⟨03⟩, 맞짱(01), 먹짱(05), 몸짱(03), 속짱(04), 수학짱(04), 승짱(04), 쌈짱(04), 얼짱(02), 엉덩이짱⟨09⟩, 엉짱(04), 올짱(04), 요리짱(04), 인기짱⟨00⟩, 춤짱(04)
-카	ca	디카(02), 몰카⟨98⟩, 셀카(02), 폰카(02), 필카⟨03⟩
-테크	tech	건테크(05), 금테크(03), 땅테크(04), 오일테크(05), 이자테크(06), 재테크⟨90⟩, 주테크(02), 직테크(05), 차테크(02), 카테크(05), 혼테크(04), 환테크(02)
-텔	tel	고시텔(02), 골프텔(04), 노래텔(06), 미니텔(01), 민텔(04), 벤처텔(01), 스키텔(06), 아파스텔(02), 아파텔(01), 콘도텔(01), 휴게텔⟨99⟩

---

26 '짱'에 대해서는 그 어원에 대해 다양한 견해가 있지만 여기서는 일본어 'ちゃん' 에서 유래한 것으로 본다.

-티즌	tizen	노티즌(04), 멀티즌(01), 메가티즌〈01〉, 모티즌(01), 뮤티즌(00), 색티즌(04), 섹티즌(02), 아티즌(01), 악티즌(03), 액티즌(04), 엽기즌(01), 욕티즌(03), 유티즌(04), 폰티즌(04)
-틱	tic	공주틱, 소녀틱, 시골틱, 아동틱, 유아틱
팀	team	소속팀〈90〉, 이적팀〈93〉, 최강팀(01), 최약팀(01), 친정팀(01)
-팅	ting	눈팅〈01〉, 땅팅(04), 미팅〈90〉, 바캉스팅(02), 번개팅〈00〉, 번팅(04), 소개팅(96), 책팅(02), 헌팅〈91〉
-파라치	parazzi	과파라치(03), 네파라치(02), 대파라치(02), 보파라치(04), 부파라치(05), 성파라치(04), 신파라치(05), 실파라치(05), 쌀파라치(05), 엘파라치(05), 의파라치(02), 카파라치(02), 폰파라치(02), 표파라치(02)
파티	party	개강파티〈91〉, 생일파티〈90〉, 자선파티〈90〉, 종강파티〈95〉, 쫑파티〈92〉
팬	fan	골수팬〈97〉, 광팬〈03〉, 드라마팬(04), 만화팬(04), 사생팬〈07〉, 아저씨팬〈00〉, 안방팬(01), 안티팬〈01〉, 팬까페〈02〉, 팬미팅〈99〉, 팬사인회〈91〉, 팬생팬사(03), 팬질〈05〉, 팬픽〈00〉, 홈팬〈90〉
폰	phone	공짜폰〈00〉, 구석기폰(04), 당뇨폰(04), 대포폰(02), 브릿지폰(03), 비화폰(04), 쇼핑폰(05), 스트레스폰(04), 쌍둥이폰(03), 엠피쓰리폰〈04〉, 임대폰〈99〉, 전용폰〈00〉, 최신폰〈04〉, 폰뱅킹〈94〉, 폰사진(03), 휴대폰〈91〉
-플	ple	리플〈01〉, 무플〈05〉, 베플〈06〉, 악플〈02〉
26개		244개

2) 설문 조사 실시

1차로 선정된 후보군 어휘 목록 중에서 실제 모국어 화자의 언어생활에 정착되어 사용되는 어휘만을 추출하여 최종 교육용 어휘 목록으로 선정하기 위하여 설문 조사를 실시하였다. 또한 동일한 설문 조사를 국내에 거주하는 외국인 학습자를 대상으로도 실시하여 모국인 화자 집단과 외국인 학습자 집단[27] 간의 차이를 밝혀 보고자 하였다. 설문지에는 조어소는 제시하지 않고 낱낱의 어휘들만 제시하였으며, 〈표 1〉에서 보인 총 244개의 후보 어휘군을 모두 포함시켰다.

설문에는 응답자의 이해 어휘를 알아보기 위한 인식 척도와 응답자의 표현 어휘를 알아보기 위한 사용 척도를 포함하여, 설문 참여자들이 각각의 어휘들에 대해 인식 정도와 사용 정도를 5점 척도로 응답하도록 하였다. 따라서 인식 점수의 평균이 3점 이상이면 응답자가 해당 어휘를 실제로 알고 있으며, 사용 점수의 평균 역시 3점 이상이면 응답자가 해당 어휘를 실제 언어생활에서 사용하고 있는 것으로 판단할 수 있다고 보았다.

설문 조사의 결과, 모국어 화자들이 실제 언어생활에서 인식하고 있는 어휘는 전체 244개 어휘 중 118개였으며 이 중 외국인 학습자 역시 인식하고 있는 어휘는 49개에 불과하였다. 전체 244개 어휘 중 나머지 126개 어휘는 평균 3점 미만의 점수를 받아 언중의 언어생활에 정착되었다고 보기 어려웠다. 이에 비해 외국인 학습자들이 실제 언어생활에서 인식하고 있는 어휘는 전체 244개 어휘 중 55개로 나타나 그 수에 있어서 한국인과의 차이가 확연하였다.

또한 학습자 집단 간의 인식의 차이를 알아보기 위해 두 그룹 간에 차이를 t검증을 통해 살펴보았다. 한국인 집단이 실제로 알고 있다고 응

---

27 설문에 응답한 외국인 학습자는 모두 연세대학교 국어국문학과 대학원에서 한국어교육을 전공하고 있는 석,박사 과정의 학생들로, 최고급 수준의 학습자이다. 설문 응답자 특성은 다음과 같다.

집단	A : 한국인 (52)					B : 외국인 (15)
직업	대학생	대학원생	직장인	전문직	무직	대학원생
	22	12	13	1	4	15
평균연령	25.5					26.0

답한 어휘 중에서 외국인 학습자 집단과의 점수 차이가 통계적으로 유의미한 차이가 나는 어휘는 118개 중 87개로 나타났다. 이 어휘들은 한국인들은 정확하게 알고 있음에 비해 실제로 외국인 학습자들은 인식하고 있건 인식하지 못하고 있건 간에 한국인 학습자와는 다른 인식의 정도를 보여 주고 있다는 점이다. 이 결과는 결국 외국인 학습자 집단은 118개의 어휘 중에 30여개를 제외하고는 인식의 차이가 확연하다는 것을 증명한다.

아래의 표는 모국어 화자들이 실제 언어생활에서 사용하고 있는 어휘를 제시한 것으로 알고 있다고 응답한 어휘 118개의 약 50%에 해당하는 54개이다.

〈표 2〉 모국어 화자의 사용 빈도 점수가 3 이상인 것

순위	어휘	평균	표준편차	외국인 목록과 비교	순위	어휘	평균	표준편차	외국인 목록과 비교
1	휴대폰	4.52	0.73	O	28	미팅	3.64	1.24	O
2	리플	4.50	0.64	X	29	쫑파티	3.64	1.19	X
3	디카	4.44	0.78	O	30	몸짱	3.60	1.30	O
4	셀카	4.29	0.87	X	31	역전골	3.58	1.18	X
5	악플	4.25	0.76	X	32	얼짱	3.58	1.26	O
6	생일파티	4.19	1.01	O	33	소속팀	3.58	1.21	X
7	벨소리	4.10	0.91	O	34	빼빼로데이	3.56	1.13	O
8	폰카	4.10	1.00	X	35	재테크	3.48	1.39	X
9	폰사진	4.06	0.96	X	36	추가골	3.44	1.20	X
10	미드	4.02	1.06	X	37	명품백	3.42	1.38	X
11	골대	4.00	0.97	X	38	자선파티	3.42	1.24	X
12	귀차니즘	3.90	1.11	X	39	캐롤송	3.37	1.47	X
13	소개팅	3.90	1.09	O	40	광팬	3.37	1.25	X
14	치킨가스	3.87	0.86	O	41	최강팀	3.35	1.20	X
15	베플	3.85	1.26	X	42	팬까페	3.31	1.20	X
16	화이트데이	3.81	1.10	O	43	안티팬	3.29	1.27	X
17	결승골	3.79	0.94	X	44	골문	3.23	1.11	X
18	폰뱅킹	3.75	1.33	X	45	팬사인회	3.23	1.18	X
19	생선가스	3.73	0.87	O	46	팬미팅	3.21	1.23	X

20	공짜폰	3.73	1.22	O	47	헌팅	3.19	1.30	X
21	개강파티	3.71	1.24	O	48	선취골	3.17	1.23	X
22	종강파티	3.71	1.14	O	49	유아틱	3.17	1.17	X
23	원룸	3.67	1.32	O	50	골수팬	3.14	1.37	X
24	무플	3.67	1.20	X	51	이적팀	3.12	1.26	X
25	최신폰	3.65	1.39	O	52	아동틱	3.02	1.21	X
26	일드	3.64	1.16	X	53	최약팀	3.02	1.26	X
27	몰카	3.64	1.16	X	54	눈팅	3.02	1.34	X

이에 비해 외국인 학습자들이 실제 언어생활에서 사용하고 있는 어휘는 19개로, 한국인 집단과의 사용 어휘 수 차이가 상당히 큰 것으로 나타났다. 또한 외국인 학습자의 이해 어휘 중 약 35%만 실제로 사용되는 표현 어휘로 나타났다. 이해 어휘 대비 표현 어휘 비율이 모국어 화자에 비해 외국인 학습자의 경우가 현저히 낮다는 사실은, 비록 예상 가능한 일이긴 하나, 외국인 학습자의 표현 어휘를 확장해 주는 교수 방법에 대한 후속 연구가 필요하다는 점을 시사해 준다.

〈표 3〉 외국인 학습자의 사용 빈도 점수가 3 이상인 것

순위	어휘	평균	표준편차	한국인 목록과 비교	순위	어휘	평균	표준편차	한국인 목록과 비교
1	휴대폰	4.33	1.18	O	10	미팅	3.33	1.45	O
2	원룸	3.87	1.25	O	11	치킨가스	3.27	1.44	O
3	벨소리	3.87	1.46	O	12	몸짱	3.27	1.49	O
4	공짜폰	3.87	1.46	O	13	생선가스	3.20	1.42	O
5	화이트데이	3.53	1.41	O	14	고시텔	3.20	1.15	X
6	디카	3.47	1.77	O	15	소개팅	3.20	1.52	O
7	생일파티	3.47	1.46	O	16	종강파티	3.20	1.52	O
8	빼빼로데이	3.40	1.30	O	17	투룸	3.07	1.71	X
9	얼짱	3.40	1.64	O	18	최신폰	3.07	1.67	O
					19	개강파티	3.00	1.56	O

3. 조어소 목록 확정

후보 목록을 대상으로 개별 어휘에 대한 인식과 사용의 점수를 토대로 하여 조어소 차원에서의 계량적 분석을 실시한 결과 후보군으로 선정되었던 전체 26개 조어소 가운데 모국어 화자들이 실제 언어생활에서 알고 있다고 나타난 조어소는 다음 〈표 4〉과 같이 17개였다. 이들 조어소 중에서 외국인 학습자들 역시 알고 있는 것으로 나타난 조어소는 '파티', '-카', '백', '벨', '-가스', '룸' 등 6개에 불과하였다.

〈표 4〉 조어소에 대한 모국어 화자의 인식 점수가 3 이상인 것

순위	조어소	N	평균	표준편차	외국인 목록과 비교
1	파티	52	4.954	.151	O
2	-플	52	4.894	.303	X
3	-카	52	4.769	.357	O
4	백	52	4.558	.916	O
5	팀	52	4.538	.736	X
6	-틱	52	4.531	.738	X
7	골	52	4.459	.726	X
8	벨	52	4.372	.774	O
9	팬	52	4.021	.678	X
10	-돌	52	3.962	1.146	X
11	-드	52	3.962	1.146	X
12	-가스	52	3.942	.838	O
13	룸	52	3.626	.744	O
14	-팅	52	3.440	.578	X
15	폰	52	3.183	.424	X
16	짱	52	3.065	.817	X
17	송	52	3.033	.615	X

<표 5> 조어소에 대한 외국인 학습자의 인식 점수가 3 이상인 것

순위	조어소	N	평균	표준편차	한국인 목록과 비교
1	백	15	4.200	1.424	O
2	-가스	15	3.933	1.100	O
3	벨	15	3.489	1.246	O
4	룸	15	3.400	1.290	O
5	파티	15	3.400	1.318	O
6	-카	15	3.267	1.416	O

<표 6> 조어소에 대한 모국어 화자의 사용 빈도 점수가 3 이상인 것

순위	조어소	N	평균	표준편차	외국인 목록과 비교
1	-플	52	4.067	.778	X
2	-카	52	3.873	.842	X
3	파티	52	3.735	1.008	X
4	팀	52	3.138	1.059	X
5	골	52	3.046	.889	X
6	백	52	3.019	1.163	X

　　그러나 외국인 학습자의 경우 실제 언어생활에서 사용하고 있는 것으로 조사된 조어소는 단 하나도 없었다. 외국인 학습자의 사용 점수에서 가장 높은 점수를 받은 조어소인 '백'의 경우도 그 점수가 2.8점에 불과하여서 3점에는 미치지 못하였다.

　　그러므로 외국인 학습자들에게 적어도 한국인이 쉽게 사용하고 있는 조어소와 그것을 포함하고 있는 신어에 대한 교육이 이루어져야 한다는 전제를 바탕으로 우선적으로 사용 어휘의 측면에서는 6개, 이해 어휘의 측면에서 17개의 조어소가 우선 선정될 수 있겠다. 그러나 이들이 일시적인 유행어일 위험을 배제할 수 없으므로 마지막 단계를 추가하여, 이렇게 선정된 조어소에 해당하는 각 어휘의 최초 출현 연도를 검증해 보았다. 그 결과 해당 어휘들의 최초 출현 연도가 모두 2009년으로 최근에 가까운 '-돌'을 제외하고는 모두 지속 연도가 십 년 안팎을 보여 유행어의 단계는 지난 것으로 판단하였다. '-돌'을 제외한 조어소 중 지속 연수가 가장 짧은 것은 '-플'로 평균 약 8년이었으며 가장 긴 것은 '파티'로 평균 19년 남짓이었다. 높은 점수를 받았지만 출현 연도가 근래여서 유행어나 임시어의 단계를 지나 정착되었다고 보기 어려운 조어소 '-돌'과, '-돌'에 해당하는 어휘를 최종 목록에서 제외하였다.

최종적으로 사용 어휘의 측면에서 6개, 이해 어휘의 측면에서 16개의 조어소를 선정하였다. 한 편 이렇게 선정된 조어소를 포함하는 어휘의 목록은, 위에서 보인 바 있는 한국인의 이해 어휘와 사용 어휘 목록을 참조하였다. 따라서 어떤 어휘가 최초 244개의 후보군 목록에 포함되어 있었고 그것이 포함하고 있는 조어소가 최종 교육용 목록에 선정되었다 하더라도 그 어휘 자체는 모국어 화자가 잘 알고 사용하는 것이 아니라면, 최종 목록에서 제외하였다. 이렇게 선정된 교육용 조어소와 그것을 포함하고 있는 어휘 목록을 제시하면 다음과 같다.

〈표 7〉 표현 어휘 확장을 위한 교육용 목록

순위	조어소	어휘 목록
1	-플	리플, 악플, 베플, 무플
2	-카	디카, 셀카, 폰카, 몰카
3	파티	생일파티, 개강파티, 종강파티, 쫑파티, 자선파티
4	팀	소속팀, 최강팀, 이적팀, 최약팀
5	골	골대, 결승골, 역전골, 추가골, 골문, 선취골
6	백	명품백, 중고백

〈표 8〉 이해 어휘 확장을 위한 교육용 목록

순위	조어소	어휘 목록
1	파티	종강파티, 쫑파티, 생일파티, 개강파티, 자선파티
2	-플	리플, 악플, 무플, 베플
3	-카	디카, 셀카, 폰카, 몰카, 필카

4	백	명품백, 중고백
5	팀	소속팀, 최강팀, 이적팀, 최약팀, 친정팀
6	-틱	유아틱, 아동틱, 시골틱, 소녀틱, 공주틱
7	골	골대, 역전골, 결승골, 추가골, 골세레, 골문, 선취골, 골잡이, 쐐기골, 골망, 골맛, 골가뭄, 골폭풍
8	벨	벨소리, 라이브벨, 목소리벨
9	팬	안티팬, 팬까페, 팬미팅, 팬사인회, 광팬, 골수팬, 드라마팬, 만화팬, 아저씨팬, 팬픽, 안방팬
10	-드	미드, 일드, 영드, 한드
11	-가스	생선가스, 치킨가스, 김치치즈가스
12	룸	원룸, 룸살롱, 투룸, 채팅룸, 미니룸, 룸까페
13	-팅	소개팅, 미팅, 헌팅, 눈팅, 번개팅,
14	폰	공짜폰, 최신폰, 폰뱅킹, 폰사진, 임대폰, 대포폰, 전용폰, 엠피쓰리폰, 구석기폰
15	짱	얼짱, 몸짱, 인기짱, 쌈짱, 맞짱, 춤짱, 공부짱, 겜짱, 요리짱
16	송	캐롤송, 올챙이송, 로고송, 캠페인송, 월드컵송, 러브송, 우유송

4. 연구의 의의 및 한계

이 연구는 한국어 학습자를 위한 외래어 조어소를 선정하기 위해 기존에 제시된 외래어 신어목록을 바탕으로 한국인 집단과 외국인 학습자 집단의 신어 어휘에 대한 인식과 사용상의 차이를 알아보고 그것을 바탕으로 교육용 어휘목록을 선정해 보려고 시도한 연구이다. 대부분의 신어들이 짧은 생명력을 가지는 경향이 있기 때문에 본고에서 신어목록을 기본 바탕으로 하여 선정한 교육용 어휘 역시 유행어에 지나지 않을 위험이 전혀 없는 것은 아니다. 그러나 최종 목록에 선정된 조어소들은 대부분 적어도 십 년에서 많게는 이십 년에 이르는 기간 사용되어 왔기 때문에 유행어의 단계를 지나 이제는 실제로 언중의 국어 생활에 정착되어 쓰이고 있는 어휘라고 예상해 볼 수 있다. 그럼에도 불구하고 이 연구는 많은 신어들 중에서 국립국어원 신어 자료집만을 중점적으로 살펴보았다는 한계가 있다. 본고는 기본적으로 조어소의 선정을 위한 방법 마련을 위한 탐색적 연구였기 때문에 보다 많은 어휘를 대상으로 한 연구는 뒤로 미룬다. 외래어 조어소라는 특수성으로 인해 외국어 학습자 중에서 한국어 고급 학습자만을 대상으로 설문 조사를 실시하였고 외국인 설문 참여자를 한 집단으로 설정하였는데 이것 또한 설문 조사 방법의 한계가 있음을 밝혀둔다. 좀 더 많은 한국인 학습자들을 대상으로 한 설문 조사를 실시할 때 연구의 객관성이 높아지리라 생각한다.

향후 관련 연구를 위한 제언

모어 화자의 예측과는 달리 외국인 학습자들은 외래어 학습을 어려워한다. 한글로 쓰인 외래어의 발음이 낯선 이유도 있겠고, 외래어와 한자어, 혹은 외래어와 고유어의 결합으로 만들어진 혼종어들이 학습자들의 어휘 확장 범위를 벗어난 탓도 있을 것이다. 본 연구의 확장이 가능하다면 최근의 신어 자료집을 대상으로 같은 방법으로 연구를 하고 어떤 결과가 나타나는지를 확인해 보고 싶다. 또한 신어에 많이 쓰인 외래어 조어소 뿐만 아니라 고유어와 한자어 조어소도 함께 선정해 보는 작업이 필요할 것이다.

학습자들에게 신어 교육이라는 측면으로 접근해 본다면 신어 형성 방법을 중심으로 어휘 생성의 양상에 대한 인식과 사용 양상을 파악해 보는 것도 의미 있을 것이다. 신어 사용의 문제는 비단 학습자의 문제만은 아닐 것이다. 신어 능력에 영향을 주는 변인을 탐구해 보는 것도 현재의 사회 문제를 어휘 문제와 함께 다루어 볼 수 있는 의미 있는 주제라 하겠다.

4. 어휘 교육의 범위에 대한 논의

어휘 교육의 대상이 되는 범위는 하나의 단어를 말하는 것만은 아니다. 관용어는 하나의 의미를 나타내지만 두 단어 이상으로 구성되어 있고, 이에 대한 교육은 어휘 교육의 범위에 속한다. 관용어나 연어를 포함하여 관용 표현이나 상투적인 표현과 같이 특정 장르에서 자주 사용되는 상용어구와 같은 표현을 정형화된 표현이라고 부른다. 정형화된 표현이라는 용어는 아직까지는 확정되어 사용되는 용어라고 보기 힘들지만 최근에는 이 용어가 주로 사용되는 것을 확인할 수 있으며 이 책에서도 이 용어를 사용하고자 한다. Wray(2000)[28]는 정형화된 연쇄(formulaic sequence)의 정의를 하면서, 언어학적인 문법의 분석이나 문법에 따른 생성보다 실제 사용할 때 머릿속에 저장되어진 이미 만들어져 있는 단어들의 연속적, 혹은 비연속적 연쇄라고 정의하였다. 이러한 개념을 표현하는 말로 영어에서도 여러 단어가 사용되고 있는데,[29] 여기서는 이런

---

28 Formulaic sequences의 정의를 다음과 같이 하고 있다. "a sequence, continuous or discontiuous, of words or other meaning elements, which is, or appears to be, prefabricated: that is, stored and retrieved whole from memory at the time of use, rather than subject to generation or analysis by the language grammar."(Wray, A(2000), Wray, A & Perkins, M(2000).)

29 한국어로도 하나의 단어로 사용하기 어려운 것처럼 영어도 마찬가지로 비슷한 개념의 여러 단어들이 존재하고 있다. Wray, A(2000)에서 제시된 비슷한 개념의 영어 단어들은 다음과 같다. amalgams, automatic, chunks, cliches, co-ordinate constructions, collocations, composites, conventionalized forms, Fixed Expressions including Idioms, fixed expressions, formulaic language, formulaic speech, formulas/formulae, fossilized forms, frozen metaphors, frozen phrases, gambits, gestalt, holistic, holophrases, idiomatic, idioms, irregular, lexical(ized) phrases, lexicalized sentence stems, multiword units, non-compositional, non-computational, non-

표현들을 포괄하는 개념으로 정형화된 표현(formulaic expressions)을 넓은 의미로 사용하고자 한다.

정형화된 표현의 사용 능력은 문법 능력이 아닌 일종의 어휘 능력이라고 볼 수 있으며 학자에 따라서는 이를 잘 사용하는 능력을 의사소통 능력의 하나로 보고 있다. Celce-Muricia(2007)에서는 의사소통 능력의 하나로 정형화된 표현을 사용하는 능력을 넣었다. 정형화된 표현 능력(formulaic competence)이란 언어적 능력(linguistic competence)이 문법 규칙에 따라 언어를 사용하는 능력과 달리 일상적인 언어생활에서 이미 만들어 진 말 덩어리를 사용할 수 있는 능력이다. Celce-Muricia 에서는 의사소통 능력의 요소를 6가지로 나누었는데 이는 언어적 능력, 사회문화적 능력, 담화적 능력, 전략적 능력, 상호작용 능력과 함께 정형화된 표현 능력을 들고 있다. 정형화된 표현 능력이란 굳은 표현(routines)이나 숙어(idioms), 연어(collocation)뿐만 아니라 어휘적인 틀(lexical frames)과 같은 것을 사용할 수 있는 능력을 말한다. 이 능력은 학습자의 어휘 수준을 결정하는 또 다른 언어 능력이기 때문에 현대 언어 교육에서는 이와 같은 표현들을 가르치는 것이 중요한 요소라고 보고 언어 능력에서 분리하여 하나의 능력으로 독립해서 제시하고 있다. 다시 말하면, 언어 능력(linguistic competence)이라 함은 기본적으로 발음, 어휘, 문장 수준의 문법 능력(grammar competence)을 말하지만 정형화된 표현 능력(formulaic competence)은 문법적인 요소로

---

productive, non-propositional, petrifications, praxons, preassembled speech, prefabricated routines and patterns, ready-made expressions, ready-made utterances, recurring utterances, rote, routine formulae, schemata, semi-preconstructed phrases that constitute single choices, sentence builders, stable and familiar expressions with specialized subsense, stereotyped phrases, stereotypes, stock utterances, synthetic unanalyzed chunks of speech

설명할 수 없지만 일상생활에 늘 사용되는 표현들이며 문법 지식에 따라 결정되는 것이 아니라 그 자체를 하나의 덩어리도 인식해서 사용하는 것들이기 때문에 문법 능력과는 다른 차원의 능력이다. 정형화된 언어(formulaic language)의 교육이 중요하다는 논의는 한편으로는 이들 교육의 효과를 살펴보는 논의와 이러한 표현이 무엇인가를 선정해 보고자 하는 연구들로 나타났다. 먼저 교육적 효과에 대한 논의는 Willis(1990), Nattinger & DeCarrico(1992)나 Lewis(1993)에서 보고되어 있다. 이들의 연구는 일련의 다중 어휘(multi-word strings)를 어떻게 가르치느냐 하는 문제가 언어 학습자의 문법적 지식 및 어휘적 지식의 축적과 관련되어 있다고 보았다.

다른 한편으로는, 정형화된 표현을 선정하는 연구도 진행되었다. 이 선정 목록은 학문 목적 연구에서 진행되었는데, 학문 목적 학습자를 위한 사고 도구어(Academic Word List) 선정 작업(Coxhead, 2000)이 이루어졌을 뿐만 아니라. 학문적 정형화된 표현 목록(Academic Formulas List: AFL)의 선정 작업도 진행되었다(Simpson-Vlach, R & Ellis, N. 2010). 이 AFL은 문어와 구어의 학문적인 담화로 이루어진 코퍼스에서 반복적으로 높은 빈도로 사용되는 정형화된 순서의 표현들을 선정하였다. 더불어 이 표현들이 주로 사용되는 영역을 화용적인 기능에 따라 분류화하여 제시함[30]으로써 학습자들에게 유용한 정보를 제공하였다는 의미가 있다고 하겠다.

한국어교육에서는 이 분야의 연구들은 코퍼스 언어학쪽에서는 한국

---

30 Simpson-Vlach, R & Ellis, N.(2010)의 목록을 정리하여 이 절 끝에 〈부록1〉로 제시하였다. 이 연구에서는 표로 제시되어 있지 않으나 이를 기능으로 묶어 살펴보는 것이 분류틀을 파악하는 데에 도움이 될 것 같아서 표로 정리해 보았다. 선정된 정형화된 표현들의 형태를 한 번 살펴봄으로써 한국어교육 연구에서 선정된 일부 목록들과 비교 가능할 것이라는 생각에서이다.

어의 정형 표현들이 어떤 것들이 있는가를 코퍼스에서 나타난 빈도를 중심으로 정해 보는 연구들이 있고[31] 학문 목적 학습자를 위한 특정 장르의 글쓰기에 나타난 표현 문형에 대한 일련의 연구[32]들이 진행되고 있다. 그러나 한국어교육을 위한 어휘 선정 연구가 다수 진행되었고 선정 목록이 공개되어 있는 데에 반해 정형화된 표현이라는 범위로 선정된 교육용 목록은 아직 없다. 어미나 어미 결합형의 목록, 조사와 의존 명사까지 포함된 목록은 문법 항목이라는 이름으로 많은 연구가 있지만 여기에서 말하고 있는 정형화된 표현과는 조금 개념이 다르다. 이 절에서 논의하고 있는 정형화된 표현의 범위에 넣을 수 있는 한국어 표현 단위에 대한 연구의 진행이 문법적인 측면의 접근뿐만 아니라 어휘 측면의 의미 단위를 포함한 목록으로 확대되어 연구될 필요가 있다.

---

31 이와 관련된 연구로는 남길임(2013), '한국어 정형화된 표현의 분석 단위에 대한 연구'. 최준(2010)'한국어 정형화된 표현 연구'. 남길임(2014), '학술 텍스트에 나타난 핵심 구문의 추출' 등과 같은 연구에서 이러한 시도들이 진행되었다.
32 손연정(2014), '한국어교육을 위한 표현문형에 관한 연구'. 허희정(2016), '학술 텍스트 정형 표현 연구'. 홍혜란(2016), '한국어교육을 위한 복합 연결 구성 연구' 등과 같은 연구에서 두 단어 이상이 표현 문형을 선정해 보려는 연구들이 진행되었다.

〈부록1〉 Simpson-Vlach, R & Ellis, N. (2010)의 목록

Group				
A. Referential expressions	(1) Specification of attributes	(a) Intangible framing attributes	Core AFL (written & spoken)	[a/the] form of, (in) such a (way), the distribution of, the problem of, (as) a function (of), (in) terms of (the), the existence of,the process of, based on [a/the], in which the, (the) extent to which, the question of, focus on the, is based on (the), (the) fact that (the), the role of, form of the, nature of the, the idea that, the structure of, (from) (the) point of, of the fact the issue of the study of, view (of) (on) the basis (of) the meaning of (the) way(s) in (which), in relation to, the ability to, the nature of (the), the way that, in response to, the concept of, the notion of, the work of, (in) the case (of), the context of, the order of, the use of, in the context (of), the definition of, the presence of (a), with respect to (the), in the sense (that), the development of
			Primarily spoken	it in terms of, the idea of, the kind of, this kind of
			Primarily written	an attempt to, in accordance with (the), in the course of, on the basis of the, [are/was] based on, (in) such a way that, in the form of, on the part of, by virtue of, in terms of a, in this case the, to the fact that, degree to which, in the absence of, insight into the, with regard to, depend([ing/s]) on the
		(b) Tangible framing attributes	Core AFL (written & spoken)	(as) part of [a/the], the change in, (the)part(s) of the, (the) size of (the), the amount of, the frequency of, the rate of, (the) value of (the), the area of, the level of, the sum of
			Written AFL	an increase in the, High levels of, over a period of
		(c) Quantity specification	Core AFL (written & spoken)	a list of, [a/large/the] number of, both of these, of the second, a series of, And the second, each of [the/these], the first is, a set of, of [the/these] two, there are three
			Primarily spoken	all sorts of
			Primarily written	a high degree, little or no, in some cases, there are no, a large number (of), in a number of, (the) total number (of), there are several, (a) small number (of), in both cases, (there) are a number (of), two types of,(a) wide range (of), in most cases

(2) Identification and focus	Core AFL (written & spoken)	a variety of, is for the, it is not, that this is, [an/the] example of (a), is not [a/the], means that the, that we are, as an example, is that [it/the/there], referred to as, there is [a/an/no], different types of, is the case, such as the, this is [a/an/not],here is that, is to be, that in [a/the], this type of, if this is, it can be, that is the, this would be, it does not, that there [are/is (a)], which is [not/the]	
	Primarily spoken	[has/have] to do with, how many of you, so this is, this is the, it's gonna be, nothing to do with, the best way to, this is this is, and this is, one of these, there was a, those of you who, for those of you (who)	
	Primarily written	(as) can be seen (in), it has been, that there is no, this does not, does not have, none of these, there has been, this means that, has also been, that it is not, they [did/do] not, which can be, his or her	
(3) Contrast and comparison	Core AFL (written & spoken)	and the same, different from the, is much more, (the) difference between (the), as opposed to, exactly the same, related to the, the relationship between, associated with the, have the same, the same as, between the two [in/of/with] the same	
	Primarily spoken	(nothing) to do, with (the), the same thing, to each other	
	Primarily written	be related to the, (on) the other (hand), the difference between, (the) same way as, is more likely, (the), the, to distinguish between, similar to those	
(4) Deictics and locatives	Core AFL (written & spoken)	a and b, the real world, of the system	
	Primarily spoken	(at) the end (of) (the), (at) (the) University of in Ann Arbor, piece of paper,at this point, Michigan	
	Primarily written	at the time of, at this stage, b and c, the United Kingdom	
(5) Vagueness markers	Core AFL (written & spoken)	and so on	
	Primarily spoken	and so forth, and so on and so, blah blah blah	

B. Stance expressions	**(1) Hedges**	Core AFL (written & spoken)	(more) likely to (be) [it/there] may be may not be to some extent
		Primarily spoken	a kind of, it could be, it might be, might be able (to),a little bit about, it looks like, little bit about, you might want to, in a sense
		Primarily written	appear(s) to be. at least in. is likely to (be). it is likely that. are likely to. does not appear. it appears that. less likely to. as a whole
	(2) Epistemic stance	Core AFL (written & spoken)	according to the, assume that the, to show tha,t we can see, be the case, out that the
		Primarily spoken	[and/as] you can (see), how do we, trying to figure (out), what do you mean, do you know what, how do you know, to figure out (what), what does that mean, (does) that make sense, I think this is, you think about it, (you) know what I, okay I don't know , (mean)
		Primarily written	assumed to be. be seen as. be considered as. is determined by. be argued that, been shown to, have shown that, we assume that, be explained by, can be considered, if they are, we have seen, be regarded a
	(3) Obligation and directive	Primarily spoken	do you want (me) (to), I want you to, tell me what, you don't need to, doesn't have to be, it has to be, (to) make sure (that), you need to (do), don't worry about, keep in mind, we have to, you want me to, has to be, take a look (at), we need to, you want to
		Primarily written	(it should) be noted, need not be, should also be, take into account (the), (that), needs to be, should not be, to ensure that (the)
	(4) Expressions of ability and possibility	Core AFL (written & spoken)	can be used (to), to use the
		Primarily spoken	(gonna) be able (to), that you can, (you) can look at, you could you could, so you can (see), to think about, you can see ([that/the]), you're trying to
		Primarily written	allows us to, be used as a, can easily be, it is possible ([that/to]), are able to, be used to, can be found (in), most likely to, be achieved by, can also be, could be used, their ability to, [be/been/was] carried out, can be achieved, has been used, to carry out, carried out [by/in], can be expressed, (it) is not possible (to)

B. Stance expressions	**(5) Evaluation**	Core AFL (written & spoken)	the importance of
		Primarily Spoken	it doesn't matter
		Primarily written	important role in, it is important (to), it is necessary (to), (it) is clear (that), is consistent with, it is impossible to, it is obvious that, the most important, it is difficult, it is interesting to, it is worth
	(6) Intention/ volition, prediction	Primarily spoken	I just wanted to, if you wanna, if you were (to), I'm not gonna, I wanted to, if you want(ed) (to), I'm gonna go, let me just, um let me
		Primarily written	to do so, we do not
Group C: Discourse organizing functions	**(1) Metadiscourse and textual reference**	Primarily spoken	come back to, I'm talking about, we talk(ed) about, We've talked about, go back to the, talk a little bit, we were talking (about), what I'm saying, gonna talk about, talk(ing) about the the, We'll talk about, what I'm talking about, I was gonna say, to talk about, We're gonna talk (about), what you're saying, (I) was talking about, wanna talk about, We're talking about, You're talking about, I'll talk about
		Primarily written	as shown in, in the next section, (in) this paper (we), shown in table, at the outse,t in the present study, shown in figure, the next section, in table 1, in this article
	(2) Topic introduction and focus	Core AFL (written & spoken)	For example [if/in/the], what are the
		Primarily spoken	a look at, if you've got, wanna look at, when you look at, first of all, let's look at, we look(ed) at, you have a,,I have a question, look at [it/the/this], we're looking at, you look at (the),I'll show you , looking at the, what I mean, you're looking at, if you have (a), to look at (the), what I want to, you've got a, if you look (at) (the
	(3) Topic elaboration	**(a) non-causal**	Core AFL (written & spoken)	But this is
			Primarily spoken	any questions about, I mean if (you), see what I'm saying, what happens is, came up with, (it) turns out (that), so if you, you know what I'm, come up with (a)
			Primarily written	are as follows, in more detail, see for example, such as those, factors such as

Group C: Discourse organizing functions	(3) Topic elaboration	(b) Topic elaboration: cause and effect	Core AFL (written & spoken)	[a/the] result of, due to the, so that the, the reason for, (as) a result (of), in order to, the effect(s) of, whether or not (the), because it is
			Primarily spoken	End up with, in order to get, the reason why
			Primarily written	as a consequence, for the purposes of, give rise to, it follows that, as a result of the, for this purpose, is affected by, to determine whether, due to the fact (that), for this reason
	(4) Discourse markers		Core AFL (written & spoken)	and in the, as well as, at the same (time), (in) other words (the)
			Primarily spoken	and if you, but if you, no no no (no), oh my god, and then you, by the way, thank you very (much), yes yes yes
			Primarily written	even though the, in conjunction with

이 연구는 어휘 교육을 넘어선 정형화된 표현을 아는 것이 학습자의 언어 능력과 어느 정도 관련이 있는가를 연구해 보고자 한 연구이다. 학습자의 쓰기 교육을 위해 정형화된 표현의 사용이 필요함을 증명하기 위해 정형화된 표현을 사용한 글과 사용하지 못한 글의 특성을 학습자의 언어 능력과 함께 살펴보고자 하였다.

1. 정형화된 표현의 사용은 학문 목적 학습자의 쓰기 능력의 향상에 도움을 주는가?

학문 목적 한국어 학습자를 위한 수업의 목표는 기본적으로 학습자들이 한국어로 진행되는 수업을 이수하는 데 필요한 과제를 수행하기 위해 스스로 적합한 문장을 생성해 낼 수 있는 능력을 키워주는 것이 시급한 과제라 할 수 있다. 학문적 글쓰기에 어려움을 느끼는 학습자들의 쓰기의 문제점은 다양하지만 몇 가지로 정리해 보면 다음과 같다.[34]

(1) 글쓰기 내용에 대한 학습자 지식의 부족

---

33 원미진(2015), 학문목적 한국어 학습자를 대상으로 정형화된 표현을 사용한 쓰기 교육의 효과 연구(언어사실과 관점)의 내용을 재구성하였다.

34 2012년 가을학기에 K대학교 외국인 글쓰기 수업을 수강하는 학생들을 대상으로 한국어 글쓰기를 할 때 가장 어려운 부분은 무엇인가를 묻는 설문 항목을 조사하였는데 약 150여 명의 학생들 중에 14명은 글의 구조나 형식을 몰라서, 31명은 주제에 대한 내용을 모르거나 지식이 부족해서라고 답하였다. 96명의 학생들은 주제에 대한 내용이나 지식은 있지만 한국어 표현이 어려워서라고 답하였다. 실제로 글쓰기를 좋아하지 않거나 기타 이유를 선택한 사람은 16명에 불과하였다. 이 설문의 내용을 바탕으로 설문 대상자들의 주관식 답에 나타난 어휘지식 향상에 대한 요구를 반영하여 위의 4가지 항목을 한국어 학습자가 글쓰기에 어려움을 느끼는 이유로 정리하였다.

(2) 글쓰기 장르 및 그 구조에 익숙하지 않은 문제
(3) 글쓰기 장르에 사용되는 문장의 유형 및 특징에 대한 인식 부족
(4) 문장 안에 사용되는 어휘 지식의 부족

　그러므로 이러한 문제점을 극복하기 위한 글쓰기 수업이 되기 위해서는 어휘 능력을 키우고, 모국어 화자들이 사용하는 문장 구조를 사용한 실질적인 연습이 필요하다고 생각한다. 대부분의 글쓰기 수업은 다양한 학습자의 목표에 따라 구체적인 방법은 달리하겠지만 대부분은 학습자의 필요에 따라 글쓰기 장르의 특징과 장르에 따른 글쓰기 방법을 가르치기 위해 내용 구조를 익히고 이를 위해 문장을 조직하는 방법을 지도하는 것까지는 모국어 화자를 지도하는 방법과 크게 다르지 않다. 한국어 학습자를 위한 쓰기 수업은 글의 구조에 대한 지식을 가르치는 것 이외에 문장을 구성하는 문법과 적절한 어휘를 사용을 가르치는 것이 반 이상 중요한 요소이기 때문에 수업을 진행하고 결과물을 수정 평가하는 과정에서 틀린 문장이나 어휘를 수정하는 작업도 병행된다. 그러나 글의 장르별 특징을 설명하고, 학생들이 흥미를 느끼는 내용을 위주로 쓰기 수업을 계획해도 학생들의 문장은 여전히 학문적인 글쓰기와는 거리가 먼 것을 확인할 수 있다. 이런 문제가 발생하는 이유가 여러 가지가 있겠지만 우선적으로 학생들의 문장은 어휘적 문법적 실수뿐만 아니라 학문 목적 글쓰기 영역에서 사용하고 있는 어휘와 문장 구조가 모국어 화자와 현격히 다르기 때문에 글의 내용의 진지성 여부와 상관없이 비모국어 화자의 글이라는 한계를 드러내 보인다. 다시 말하면, 모국어성과 비모국어성은 단순한 문법 능력이나 어휘 능력을 벗어나 정형화된 표현을 얼마나 사용할 수 있는가에 일정 부분 기댈 수밖에 없는 만큼 이런 방법의 사용이 제2언어 교육에서 정형화된 표현을 가르쳐야 하는 이유가 될 것이며 이 방법이 효과가 있다면 학문 목적

학습자를 위한 정형화된 표현 목록들을 마련하는 것이 필수적인 작업
이 될 것이라 판단된다.

그러므로 연구의 대상은 한국의 대학에 재학 중인 학문 목적 한국어 학
습자이다. 대학 교양 과정의 쓰기 시간에 같은 주제의 글을 자유롭게 쓴
글과 정형화된 표현을 뼈대로 주고 그것을 글쓰기 구조틀(template)로 사
용한 글을 비교하여 학습자의 수준에 따라 정형화된 문구를 제시하는 것
이 글쓰기 능력의 향상에 얼마나 기여하고 있는지를 알아보겠다.

2. 연구 도구 설계 및 연구 절차

연구 대상 학습자는 한국에서 대학에 진학한 한국어 학습자로 실제
로 대학의 교양 수업으로 한국어 쓰기 수업을 듣고 있는 학습자들을 대
상으로 실시하였다. 학습자들을 두 집단으로 나눠 같은 주제의 글을 쓰
게 하는데 한 집단의 학습자들은 자유롭게 글을 쓰게 하고, 다른 집단의
학습자에게는 정형화된 표현을 제시하여 그것을 뼈대로 글을 쓰도록
하였다.

실험을 위해 우선적으로 텍스트의 구조를 알려주는 정형화된 표현
을 선정하는 것이 중요하다. Hyland(2008)는 이런 정형화된 표현을 의
미 묶음(lexical bundles)이라는 용어로 사용하였으며 특별히 연구보고
서를 작성하는 데 있어 이런 의미 덩어리들의 기능을 살펴보기 위한 범
주를 세 가지의 영역으로 나누었다. 첫째 영역은 쓰기 학습자가 자신이
하는 활동이나 경험을 구조적으로 만들기 위해 시간, 범주, 수량화, 기
술, 화제에 대한 표현들을 사용하는 연구 지향 범주를 가리킨다. 둘째
는 텍스트 지향으로 내용이나 논의 전개를 위한 텍스트의 조직에 관심
을 갖게 하는 것으로 이 안에는 접속 신호(transition signals), 결과 제

시 신호(resultative signals), 구조 신호(structuring signals), 그리고 틀 짜기 신호(framing signals)와 같은 하위 범주들이 있다. 마지막으로 참 여자 지향의 표현들을 제시하였는데 이것은 작자나 텍스트의 독자에 초점을 맞춘 것으로 작자의 태도나 평가를 포함하는 자세 요소(stance features) 그리고 참여 요소(engagement features)가 포함된다. Hyland 의 기준으로 아래 〈자료1, 2〉에서 제시하고 있는 보고서 구조틀을 살펴 보면 이 연구에서 제시된 표현들을 연구 지향 범주, 텍스트 지향 범주, 참여자 지향의 표현들로 살펴볼 수 있다. 우선 연구 지향 범주에 속하는 '이 보고서는' 이라는 표지와 '-는 데 목적이 있다' 와 같은 화제에 대한 표현, 그리고 첫째, 둘째, 셋째와 같은 신호들이 사용되었다. 그리고 텍 스트 지향 신호라 할 수 있는 접속 신호로 '이상으로', '그럼에도 불구하 고'와 같은 것들이 사용되었다. 그리고 결과 제시 신호라 할 수 있는 '이 상을 정리하면 다음과 같다'와 같은 표현이 사용되었으며, 마지막에 '- 한계를 지닌다'와 같은 작자의 평가를 포함하는 요소를 넣었다.

---

1. 서론 쓰기의 정형화된 표현 구조틀

이 보고서는_____.
_____는 데 목적이 있다.
_____을/를 통하여 _____고자 한다(- ㄹ 것이다).

2. 결론 쓰기 정형화된 표현 구조틀

이상으로 _____을/를 살펴보았다.
(지금까지 _____에 대해서 논의하였다.)
이상을 정리하면 다음과 같다. 첫째,_____,
둘째, _____.
마지막으로 _____.
그럼에도 불구하고 이 연구는 _____한계를 지닌다.

〈자료 1〉 실험에 사용된 보고서 구조틀(template)

1. 영화 감상문[35] 쓰기를 위한 정형화된 표현 구조틀

영화 〈_____〉는_____영화이다.
〈_____〉의 줄거리는 _____(으)ㄴ/는 내용이다.
주인공 _____역의 연기는 _____기가 이를 데 없다.
_____평가를 받고 있다.
〈_____〉은 _____ _____이 돋보이는 영화이다.
_____감동적으로 형상화했다.

〈자료 2〉 실험에 사용된 감상문 구조틀(template)

이 연구의 효과를 알아보기 위해서는 한 종류의 글만 가지고 평가할 경우 글의 종류에 따라 그 효과가 크거나 작을 수 있기 때문에 두 종류의 글을 각각 다른 네 집단에 사용하였다. 글의 종류는 보고서 쓰기와 감상문 쓰기로 결정하고 각 과제에 사용할 정형화된 표현을 선정하기 위해서는 우선적으로 가장 일반적인 보고서 형식의 서론과 결론에 사용하는 표현을 선정하였다.[36] 영화 감상문 쓰기 역시 감상문에 많이 쓰이는 정형화된 표현을 제시하여 그 표현 안에 학습자들이 자신의 생각을 전개시킬 수 있도록 하였다. 연구 절차를 구체적으로 제시하면 다음과 같다.

① 정형화된 표현이 들어 있는 글쓰기 구조틀을 만든다.
② 교양 글쓰기 수업의 감상문 쓰기와 보고서 쓰기 시간을 활용하여 두 반들 대상으로 실험을 진행한다.

---

35 모국어 화자의 영화 감상문 쓰기에 나타나는 정형화된 표현을 찾기 위해 〈유학생을 위한 대학한국어1〉 P 184의 모범글에 사용된 표현을 기초로 하여 만들었음을 밝힌다.
36 실험에 사용된 정형화된 표현의 구조틀 중에 보고서의 구조틀은 〈자료 1〉로 제시되어 있고 감상문은 〈자료 2〉로 제시하였다.

③ 첫 번째 영화 감상문 쓰기의 경우 두 반의 학습자들에게 한 반은 정형화된 표현의 구조틀을 보여주고 쓰게 하고 다른 반은 자유롭게 쓴 감상문을 제출하도록 한다. 수업 시간에 제출한 글을 분석하였다.

④ 두 번째 보고서 쓰기는 두 반 모두에 보고서 쓰기 구조틀을 제시하고 이를 이용하여 쓰고 싶은 사람들은 이 형식으로 글을 쓸 것을 제안하고 자유롭게 보고서를 제출하도록 한다. 보고서는 집에서 써 온 것을 수거 하였다.

⑤ 분석틀을 마련하고 각각의 글에 사용된 정형화된 표현의 양상을 살펴본다.

3. 연구 결과 분석

3.1. 평가 분석틀 작성

글쓰기 평가 기준을 마련하는 데 있어 전체적인 글의 질을 향상시키는 데에 영향을 미친 요소를 중점적으로 평가할 수 있는 기준을 마련하고자 하였다. 그러나 학습자의 개별적인 글의 길이, 글의 내용의 상이함 때문에 단순한 오류 여부를 평가하는 양적 방법으로는 실질적인 글쓰기의 문제를 파악할 수 없었다. 또한 교양 글쓰기 수업을 수강하는 학습자들의 글쓰기는 모든 학습자들의 고급 학습자임에도 불구하고 이들은 같은 급이라고 판단하기 힘들만큼 글쓰기 능력의 차이를 보였다. 그러므로 단순한 오류 유형의 빈도를 계산하는 방법에서 벗어나 글의 내용과 글의 논리적 흐름을 평가할 수 있는 기준을 마련하고자 하였다. 그러므로 개별적인 글의 질적 평가 그리고 문장 단위의 비료 평가를 통해 오류문이 생성된 문장과 잘 사용된 문장의 특성을 분석하기로 하였다. 구체적인 평가 영역 및 항목은 다음 〈표 1〉과 같다.

〈표 1〉 글쓰기 평가 영역 및 분석틀

평가 영역	평가 내용
형식적인 개선	정형화된 문장 사용 여부
	정형화된 문장 오류 여부
	사용하지 않은 문장과 연결
	사용하지 않은 문장의 오류 여부
	기타 형식상의 오류문의 특성
내용적인 개선	논리적 일관성
	내용의 독창성
	내용의 전달성

3.2. 분석 결과 요약

학습자의 보고서 쓰기 실험에서 서론과 결론만을 연구 대상으로 하였기 때문에 서론과 결론을 분석하였고, 감상문은 따로 평가하였다.

1) 보고서 서론 시작 부분의 정형화된 표현 사용 양상

이 부분에서는 정형화된 표현의 사용오류를 사용하지 않은 문장의 오류와 함께 파악하면서 사용 문장의 특성을 분석하였다. 첫 문장의 정형 표현 '이 보고서는 --'이며, 이어 이 문장이 '-데 목적이 있다'와 잘 연결되었는가를 평가하였는데, 서론의 경우 모두 48개의 글 중에 31개의 글이 이 표현으로 시작하였는데 이중에 20개는 오류 없이 잘 사용되었지만 11개의 글에서는 정형 표현의 오류가 드러났다. 정형 표현이 있는 경우에 사소한 서술형의 오류나 어휘 오류, 조사의 오류가 있긴 하지만 문장의 길이라든지 문장의 내용이 더 풍부하게 기술되어 있었다.

2) 보고서 서론 마지막 부분의 정형화된 표현 사용 양상

서론의 마지막 문장 '--를 통하여 --하고자 한다'의 사용 여부를 평가하였다. 마지막 부분에 이런 문장을 사용한 글은 생각보다 적었는데 반 정도의 글에서 이런 표현이 나타났으나 그 문장들도 문장의 주술관계가 종결형의 오류가 많이 나타나서 학습자들이 이 표현을 사용하는 데에 어려움이 있음을 보여주었다. 이는 마지막 문장이 길어지고 자신의 말을 덧붙이다 보니 오히려 정형 표현 사용이 방해를 준 것일 수도 있고, 보고서 자체에 익숙하지 않은 학습자들이다 보니 연구의 목적을 한 문장으로 적는 것에 내용적인 어려움이 있어 오히려 내용상 논리적으로 이해할 수 없는 문장을 생산해 낸 학습자들의 글이 많이 나타났다. 특히 '--를 통하여'라는 표현은 연구 자료나 구체적인 연구 방법을 적어야 하고, '--고자 한다'는 이 글의 목표를 제시해야 하는데 글의 내용을 살펴보면 자신이 앞으로 할 계획을 적거나 앞으로 글을 쓸 때 주의할 점을 적었기 때문에 연구 서론의 내용을 잘 파악하고 있는 것으로 판단하기가 어려웠다.

3) 보고서 결론의 정형화된 표현 사용 양상

실험을 할 때 결론은 좀 더 구체적으로 문장을 제시하여 세 단계로 나누어 쓸 것을 설명하여, 먼저 요약을 시키고, 요약하기 위해 사용할 수 있는 문장을 한 문장으로 제시해 보았다. 그 뒤에 연구의 한계를 제시하고 앞으로 필요한 것을 쓰도록 제시한 뒤에 서론에 비해 구체적인 정형 표현을 사용한 템플릿을 제시하였다. 이 결론 역시 46개[37]의 글 중

37　글을 제출한 48명 중에 2명은 결론을 쓰지 않아 결론의 글은 46개를 분석 대상

에 28개만 사용하였고, 18명의 학습자는 이런 템플릿을 사용하지 않은 결론을 제출하였다. 결론에 정형 표현을 사용한 학습자들은 결론에 제시된 정형 표현을 한 개 사용한 것부터 4.5개 모두 사용한 것까지 양상이 다양하여, 양적인 오류율을 평가하려고 한다면 오히려 많이 사용할수록 오류율이 늘어날 수도 있었기 때문에 결론은 글의 내용과 질을 상, 중, 하로 평가하여 보았다. 그 결과 정형표현을 사용한 학습자들은 상대적으로 중상의 평가를 보였는데 비해 이런 표현을 사용하지 않은 학습자들은 중하의 평가를 줄 수 있는 글이 많았다.

한편으로는 결론의 경우에는 서론의 표현들보다 쉽게 적용이 가능하였던 것 같은데 하나의 이유는 내용상으로 서론 쓰기에 비해 결론 쓰기의 부담이 없었다는 점에 있다. 다시 말하면 이미 앞에서 쓴 내용을 요약하고, 한계를 지적하는 부분에 있어서 써야할 내용이 상대적으로 쉬웠던 점도 고려해야 할 사항이다. 그래서 결론에 정형 표현을 사용한 사람들의 경우에 상대적으로 글의 내용이 조직적이기도 하고, 표현이 매우 자연스러운 글이 많았다.

4) 영화감상문 쓰기의 정형화된 표현 사용 양상

영화 감상문의 구조틀을 제시하고 정형 표현을 사용한 글과 아무런 제약 없이 영화 감상문을 쓰도록 한 글을 제출받은 결과를 분석한 것이다. 이 글쓰기의 경우에는 수업 시간에 쓴 글을 제시받았기 때문에 완성되지 않은 글이 많아서 완성되지 않은 글을 제외하고 21 편의 글만 분석 대상으로 하였다. 분석 결과를 보면 정형 표현의 문장이 너무 문장의 특색이 강한 '--기가 이를 데가 없다'를 사용하여 이 문장의 경우는 좋은 결

으로 하였다.

과를 보여주지 못했다. 그러나 먼저 영화 소개, 영화 줄거리 소개, 영화 배우 소개를 구조틀로 생각하고 쓴 글들의 경우에는 오류 문장이 생각보다 적었다. 또한 템플릿에 맞춰 쓰지 않은 글들이 주로 줄거리 요약에 많은 부분을 할애한 반면에 이 템플릿을 염두에 두고 쓴 학습자들의 경우에는 글의 내용을 두 세 부분으로 나눠서 쓰면서 조금 내용 조직에 있어 향상된 글을 보여주고 있다. 그럼에도 불구하고 두 집단의 글이 크게 질적으로 차이가 난다고 보기가 어려운데, 정형 표현을 사용하지 않은 집단에서도 감상문의 수준은 자신의 글쓰기 수준에 따라 맞춰 쓸 수 있는 내용이어서 오히려 오류문을 생산하지 않고 쓴 글들이 다수 있었다.

3.3. 분석 결과 논의

이 연구에서는 쓰기 평가틀을 기준으로 하여 학습자의 글을 정형 표현 문장의 사용 여부 및 오류 여부가 글쓰기 능력 향상에 어떤 영향을 주는 지를 살펴보기 위해 단순한 양적 분석이 아니라 사용 양상의 특성이 드러나도록 분석을 하였다. 그러나 처음 연구를 계획할 때와는 상당히 다른 결과가 나타났다. 처음에 기대하지 못했던 결과를 요약하여 제시하면 다음과 같다.

① 한 반에서 수강하는 학문 목적 학습자의 수준 차이가 있고, 실제로 한 학기 동안 수업에서 정형 표현 사용 방법의 처치를 한 것이 아니라 단순하게 글쓰기 한 시간 안에 이런 방법을 사용하여 써볼 것을 제시한 것만으로는 학습자들이 이런 표현을 글쓰기에 직접 적용시켜 사용하기가 힘들다.
② 정형 표현의 의미를 알고 있다고 하더라도 직접 사용해 본 적이 없거나 글쓰기 능력 수준이 좀 낮은 학습자들은 오히려 이런 표현 사용이 글쓰기에 방해를 주기도 하였다.

③ 어떤 표현을 선정하여 주느냐 하는 것이 사용 양상의 선택 여부와 오류 여부에 상당한 영향을 미친다. 이 실험에 사용한 정형 표현 중에는 서론의 표현은 크게 영향을 주지 못한 반면에 결론의 표현은 상대적으로 글쓰기의 내용을 조직하는 것을 도와주어 전반적인 글의 질을 향상시켰다.

④ 글의 종류에 따라서는 템플릿의 사용이 글쓰기의 창의성을 방해할 수도 있어 감상문의 경우에는 오히려 잘못 된 문장을 생산하거나 혹은 그 사용을 기피하게 하기도 한다. 특히 글쓰기 수준이 높은 학습자들에게만 사용이 가능한 표현도 있었는데 이런 경우에 쓰기 수준이 높은 학습자에게 이런 표현을 주는 것은 오히려 글의 독창성을 해치는 것으로 작용할 수 있다.

⑤ 정형 표현을 사용하려면 내용에 대한 명확한 인식이 없으면 사용하기가 힘들다. 보고서 쓰기의 경우에 학습자들이 상대적으로 서론에서 사용이 불명확하고 결론에서 더 사용 양상의 효과가 좋은 것은 서론에서 무엇을 해야 할지 명확한 생각을 가지고 있지 못한 점을 반영한다. 상대적으로 결론은 본론의 내용을 요약하고 한계를 제시하면 된다는 점에 있어서 쓰기 내용을 생각하기가 수월했을 것으로 평가된다.

⑥ 전반적으로 학문 목적 보고서를 평가했을 때는 정형 표현을 잘 사용한 학습자의 글이 형식 없이 쓴 글보다는 질이 좋은 것으로 평가받았다. 사용을 하지 못한 학습자들은 아직 글쓰기 수준이 낮은 학습자라는 점에서 일정 수준 이상의 학습자들에게 글쓰기 능력을 향상 시킬 수 있는 방안으로 정형 표현을 제시할 수 있겠다.

4. 연구의 의의와 한계

이 연구는 한국어 학습자의 글쓰기에 있어 내용 지식에 대한 이해도 충분하고, 문법적으로 적절한 어휘와 문장을 사용했음에도 문장에서 드러나는 비모국어 화자성을 수정할 수 있는 하나의 방법을 마련하기 위한 것에서 출발하였다. 이러한 문제를 해결할 수 있는 글쓰기 능력을 향상시킬 수 있는 방법으로 각각의 글의 장르에서 많이 사용되는 정형화된 표현을 사용하는 것이 효과적일 것이라 생각하고 사용 효과를 측정해보는 연구를 시도하였다. 그러나 연구 결과와 같이 사용 효과의 측정이 간단하게 이루어지기 힘든 부분이 있었고, 학습자의 수준과 글의 종류에 따라 정형 표현 사용 효과에 대한 결과가 다를 수 있음을 확인하였다. 그럼에도 불구하고 이 연구에서 한계로 지적했던 표현 목록의 부정확성 및 연구 대상자의 수준에 맞는 제시가 이루어진다면 학습자의 글쓰기 능력의 향상에 기여할 수 있을 것이라는 점을 알 수 있었다.

그러므로 유용한 표현 목록의 확보를 위해서는 학습자들의 글쓰기 장르의 특성을 드러낼 수 있는 쓰기 자료 말뭉치를 통한 목록 개발이 필요하다. 이미 말뭉치 주도 접근법(corpus-driven approach)을 사용하여 한국어의 정형화된 표현을 찾아보고, 그 표현들의 장르에 따른 빈도와 분포를 분석하여 한국어의 형태 담화적 특징을 밝혀 보려는 연구(최준, 송현주, 남길임, 2010)들이 시도되고 있으므로, 구체적인 목적을 가진 표현 목록 선정이 이루어지고 이를 통한 쓰기 교육 방안의 효과를 다시 측정하는 것은 후속 연구로 미룬다. 이 연구의 한계에도 불구하고 구체적인 쓰기 교육 방안의 효과를 측정해보려는 시도로서 구체적인 작문 자료를 정형 표현의 사용 여부를 놓고 분석해 보았다는 점에서 의의를 찾을 수 있을 것이며, 향후 학문 목적 학습자를 위한 사고도구어(Academic Word List)뿐만 아니라Academic Formulas List(AFL)의 선정을 촉진할 수 있는 근거를 제시할 수 있는 연구가 되었기를 희망한다.

향후 관련 연구를 위한 제언

위의 연구는 정형화된 표현의 사용을 학습자의 쓰기 교육에 적용시켜 보려고
한 연구로 학문 목적 쓰기를 대상으로 하였다. 위 연구의 의의와 한계에서도
제시했는데 아직까지 위의 지적이 유효하다고 본다. 모어 화자의 쓰기 자료
말뭉치에서 주로 나타나는 정형화된 표현의 목록을 만들어 보는 것이 필요하며,
앞의 선행 연구에서 살펴본 것처럼 구어 말뭉치를 대상으로 한 연구도 필요하다.
교육을 위한 표현 목록의 선정을 위한 연구뿐만 아니라 실제로 한국어 학습자의
글에서 모어 화자와 차이가 나는 부분이 어휘 사용의 차이인지 정형 표현
사용의 차이인지에 대한 비교 연구도 수행되었으면 한다. 이것은 의사소통
능력으로서의 정형 표현 사용 능력이 얼마나 언어 능력을 평가하는 데에 중요한
역할을 하고 있는가를 살펴보기 위한 근거가 될 것이다.

3장

어떻게 가르칠 것인가:
어휘 습득 및 효과적인 어휘 교수에 관한 연구

3장. 어떻게 가르칠 것인가:
어휘 습득 및 효과적인 어휘 교수에 관한 연구

어휘 습득과 교수에 있어 가장 큰 논쟁은 그것을 의도적이고 직접적으로 가르쳐야 하느냐, 우연적이고 내재적으로 가르칠 때 더 효과가 있을 것이냐에 관한 상반된 논쟁이다. 이 논쟁은 학습 이론과 언어 교수법의 발전 역사에 따라 자연스럽게 중요성이 강조되어 어휘 교수의 이론적 근거를 담당하여 왔기 때문에 여기서는 몇 가지 어휘 교수의 쟁점들과 어휘 교수의 효과에 관한 논의들을 살펴보겠다.[1]

1. 의도적 어휘 학습과 우연적 어휘 학습

언어 교육의 추세가 형태 중심에서 의미 중심의 학습(meaning-based learning)으로 넘어오다 보니 언어 형태를 강조하기 보다는 그것이 사용되는 언어 환경에 초점을 맞춰야한다는 논의가 지배적으로 된 경향이 있어 의도적이고 직접적인 어휘 학습의 가치에 대한 평가가 무시되는 경향이 있다. 그러나 어휘 학습에 있어서 의도적인 직접적 방법의 효

---

1 이 장의 큰 틀은 원미진(2011)의 '한국어 어휘교육 연구의 방향 모색'에서 제시하고 있는 어휘 교육의 쟁점에 대한 정리의 틀을 따라 재구성하였고 그 이후의 논의를 추가하는 방향으로 수정 보완하였다.

과에 대해서는 예전부터 많은 연구들이 지적해 왔다.

Hulstijin(1992)은 새로운 어휘를 우연히 배우게 되는 것은 의도적으로 어휘를 학습할 수 있는 양에 비해 상대적으로 매우 적음을 밝혔다. 우연한 학습은 사전을 사용하거나, 유추하는 전략에 비해서 점진적이고 천천히 이루어지는 학습이다. Hulstijin, Hillander & Greidanus(1996) 의 연구는 제2언어 학습에서 우연한 학습만으로는 충분한 어휘를 배울 수 없는 이유를 다음과 같이 지적했다.

① 학습자는 새로운 어휘가 무엇인지 인식하지 못할 수 있다.
② 새로운 어휘를 인식하더라도 무시한다.
③ 학습자는 모르는 어휘에 집중하지 않는다.
④ 문맥으로부터 의미를 잘못 유추할 수 있다.
⑤ 빈도가 적은 어휘들은 효과적으로 배울 수 없다.

그래서 Hulstijin(1992) 은 제2언어 학습자는 우연한 학습이나 의도적인 학습 모두가 함께 존재해야 한다는 결론을 내렸다.

또한 Chall(1987)의 연구 결과는 우연적인 학습을 강조할 것이냐, 의식적인 학습을 시킬 것이냐를 결정하는 것은 학습자의 나이와 언어의 발달 수준을 고려해서 결정되어야 할 사항임을 보여준다. Carter & McCarthy(1988)은 두 방법은 각각의 장점과 단점이 있기 때문에 함께 사용되어 져야 한다고 보았다. Coady(1993) 역시 제2언어 학습자에게는 두 가지가 모두 필요하다는 주장을 검토한 후에 기본적이고 핵심적인 어휘는 반드시 의도적으로 가르쳐야 하며, 그 이후에 다소 빈도가 적은 어휘들의 경우 문맥 안에서 배울 수 있다고 주장하면서, 그렇다고 하더라도 어휘를 익힐 수 있는 기법은 가르쳐야 한다는 입장을 취했다 Paribakht & Wesche(1999)는 가장 효과적인 어휘 학습은 학습자가 문맥 안에서 그것을 듣거나 읽을 때 자연적으로 이루어진다고 보고하면 서, 그러나 그 이후에 읽기 기반 접근법(reading-based approache) 을 사용하는 경우라고 할지라도 처음단계의 핵심 몇 천 단어는 학습자가 텍스트 이해의 일정 수준(a threshold level)을 넘어설 때까지 직접적으로 교수하는 것이 더 효과적이라고 첨가했다(Wesche & Paribakht, 2000).

이런 논의의 결과를 바탕으로 Schmitt(2008)은 의도적인 어휘 학습을 과제와 활동을 선택하기 위한 몇 가지 원칙을 제시하였다.

① 목표 어휘에 학습자가 참여할 수 있는 기회를 최대화하라.
② 목표 어휘에 반복적인 노출을 최대화하라.
③ 어휘 지식의 다양한 면에 초점을 맞출 것을 고려하라.

반면에 1970~80년대의 의사소통 접근법과 상호작용 접근법은 학습의 내재적인 측면을 강조하다 보니, 어휘 습득의 문제에 있어서도 우연적인 학습을 강조하게 되었다. 우연적인 어휘 학습이란 학습의 초점이 텍스트 이해나 의사소통을 위한 언어 사용과 같이 어휘가 아닌 다른 곳에 집중되어 있을 때 자기도 모르게 어휘의 습득이 일어나는 경우를 정의하는 말이다. Krashen(1989)은 144개의 그 전에 이루어진 많은 어휘 연구를 재검토하여 우연적인 어휘의 습득을 설명하고자 했다. 그는 입력가설을 통해서 우연적인 어휘 습득을 설명했는데, 입력가설이란 학습자는 그들이 이해 가능한 입력을 받아들였을 때 학습이 일어난다는 것을 주장하는 것이다. 이와 같은 가설을 지지하는 입장에서 문맥을 통한 의미의 추측이 어휘습득을 초래한다는 것을 증명하려고 하는 많은 연구들이 나타났다.

우연적인 어휘 학습을 정리한 연구인 Huckin & Coady(1999) 는 우연적인 어휘 학습이 직접적인 교수보다 우위에 있는 몇 가지 이유를 언급했다.

① 의미가 주어져 있기 때문에 학습자는 쌍-연결 연습이 가능하다.
② 읽기와 동시에 어휘 습득이 일어나기 때문에 교육학적으로도 효과적이다.
③ 어휘는 학습자 스스로 선택한 읽기 자료 안에서 선택되기 때문에 개별적이고 학습자 중심의 어휘 학습이 될 수 있다.

그러나 Huckin & Coady(1999) 는 같은 연구에서 우연적인 학습의 한계 또한 몇 가지 지적했다.

① 추측은 정확한 해석이 아닐 수 있기 때문에 부정확할 수 있다.
② 어휘는 학습자가 오해하기 쉬운 의미들이 있기 때문에 정확한 추측은 정교한 단어 인식과 조심스런 자기 감시가 요구되는 활동이다.
③ 추측은 시간이 걸리는 활동이기 때문에 읽기 과정의 속도를 느리게 만들 수 있다.
④ 추측은 문맥이 잘 이해되고 주위에 있는 거의 모든 단어들을 알고 있을 때에만 효과적이다.
⑤ 추측은 좋은 읽기 전략을 요구한다.
⑥ 추측은 또한 습득으로는 연결되지 않는다.
⑦ 추측은 다양한 어휘들의 의미의 층위를 습득하는 데는 효과적이지 않다.

이러한 한계가 있기 때문에 우연적인 어휘 습득은 고급 학습자들이 자신의 어휘목록을 확장시키는 데는 중요한 역할을 하지만 이 정도의 우연적인 학습이 가능하려면 기본어휘와 단어 인식, 상위인지작용, 그리고 관계있는 주제에 대한 배경지식이 있는 상태에서 많은 훈련을 필요로 한다고 보았다. 사실 많은 학자들은 처음 배우는 몇 천개의 단어를 제외하고는 대부분의 어휘 학습은 확장적 읽기를 통해 우연히 이루어진다고 본다. 그러나 학습자의 수준에 따라 우연적인 학습은 불가능하기도 하고, 우연적으로 습득하는 어휘량이 학습자에게 만족스럽지 못한 경우가 대부분이라는 연구 결과가 여러 편 나왔다.

우연적 학습과 관련된 연구 경향의 하나는 우연적 어휘 학습이 가능한 조건이 무엇이냐에 관한 것이다. 우연적인 학습이 가능한 노출의 횟수에 관심을 맞춘 연구들이라든지(Rott(1999): 6번 정도의 노출이 어휘 습득을 도와줌, Pigada & Schumitt(2006) : 10+ 이상의 노출, Horst, Cobb, & Meara(1998): 8번 이상의 노출), 듣기 방법이나, 확장적 읽기, 문맥 안에서 의미 유추하기, 주석 달기, 직접적인 활동 더하기와 같은 것들이 어떻게 우연적인 어휘 습득에 영향을 주는지를 다루고 있다.

한국어교육과 관련하여 어휘 교수 논쟁의 핵심인 우연적인 어휘 습득의 효과를 알아보기 위한 일련의 연구들이 몇몇의 학위 논문을 중심으로 이루어졌다(이아람, 2008; 안기정, 2010; 박지현, 2007; 장지영, 2009; 윤새롬, 2009; 박민진, 2009; 오유영, 2009). 이 연구들은 특정한 하나의 어휘 학습 방법이 우연적인 어휘 습득에 어떤 영향을 미치는가에 대한 실험적인 연구로 어휘 주석의 유형이라든지, 텍스트의 상세화, 어휘 추론 전략, 텍스트 상의 한자 병기 등 연어 주석과 같은 일정 형태의 어휘 교수 방법과 우연적인 어휘 학습과의 상관관계를 살펴보고 어휘 습득 과정과 교수 방법의 연관성을 일차적인 실험 연구로 증명해 보려 한 점에서 의의가 있는 작업이라 할 수 있다.

2. 어휘 활동 참여의 질과 관련된 논의

어휘 습득의 문제를 하나의 어휘 항목을 교수 학습하는데 있어 얼마나 그 어휘를 배우는데 몰두하고 있는가를 중심으로 진행된 일련의 논의들이 있다. Craik & Lockhart(1972)가 하나의 어휘 항목에 주어지는 주의집중이 그 항목을 기억하는데 효과적이라는 처리의 깊이/수준 가설(Depth/Levels of Processing Hypothesis)에 대한 이론을 발표하였다 (Schmitt, 2008). Hulstijn & Laufer(2001) 역시 어느 정도의 활동 참여가 어휘 습득에 영향을 미치는 지에 대한 논의에서 필요, 검색, 그리고 평가라는 세 가지 요소가 학습자의 과제 참여여부를 결정하는 요인이라고 보는 과제 참여 부담 가설(Involvement Load Hypothesis)을 제안하였다. 다시 말하면, 어휘 과제에 참여(Engagement with vocabulary)가 많아질수록 잘 배우는 것은 사실인데 어떤 과제에 어떻게 참여하는 것이 효과적인 어휘 습득인가를 알아보기 위한 가설이다. 이와 관련된 몇몇의 실험 연구의 결과를 살펴보면 아래 표에 제시한 것처 효과적인 과제 참여의 형식을 볼 수 있다

〈표 1〉 효과적인 어휘 학습을 위한 과제를 실험한 연구들 *(Schmitt, 2008 인용)

더 효과적인 과제	덜 효과적인 과제	연구
여러 가능성 중에 의미 선택(meaning selected from several options)	동의어에 의한 의미 설명(meaning explained by synonym)	Hulstijn (1992)
사전에서 의미 찾기(meaning looked up in a dictionary)	의미를 추측해서 읽기 (reading with/without guessing)	Knight(1994); Luppescu & Day (1993)
사전에서 의미 찾기 (meaning looked up in a dictionary)	여백에 의미 제공해 주기(meaning provided in a marginal gloss)	Hulstijn et al. (1996)
의미의 협상 (meaning negotiated)	협상 없는 의미(meaning not negotiated)	Newton (1995)
협상된 입력 (Negotiated input)	미리 수정된 입력 (Remodified input)	Ellis et al. (1994)
원래 문장 안에서 어휘 사용(used in original sentences)	원문이 아닌 문장 안에서 사용(used in non-original sentences)	Joe (1995, 1998)

작문 안에 사용(used in a composition(L1-L2 look up))	읽기 자료에서 제공 (encountered in reading task(L2-L1 look up))	Hulstijn & Trompetter (1998)
상호작용 안에서 수정된 출력(Interactionally modified output)	상호작용 안에서 수정된 입력 (Interactionally modified input)	Ellis & He (1999)
읽기와 어휘 연습(Reading and a series of vocabulary exercises)	읽기만(Reading only(and inferring meaning))	Paribakht & Wesche (1997)
읽으면서 사전 찾기 (Reading, words looked up in a dictionary)	읽기만(Reading only, words not looked up)	Cho & Krashen (1994)

Hulstjin & Laufer(2001)는 어휘의 장기 저장은 어느 정도의 과제량과 관계가 있는지를 연구하기 위해, 쓰기 과제가 주었을 때와 읽기와 과제, 그리고 단순한 읽기만으로 나누어 그룹별 장기기억량을 비교해 본 결과, 쓰기 과제가 가장 효과적이었음을 밝혔다. 이 과제 참여 가설에 근거하여 학습자의 참여를 높이는 활동이 어떤 활동인가를 살펴보았는데 하나의 단순 활동 보다는 복합적인 활동이 참여 부담을 늘리고 어휘 습득에 더 효과적이었다. 예를 들어 어휘의 의미를 설명하는 것도 비슷한 말을 이용해서 설명하는 것 보다는 다양한 여러 가지 선택 상황에서 뽑아서 의미를 설명하는 것이 효과적이고(Hulstijn,1992), 의미 협상이나 협상을 통한 입력의 제공이 가공된 입력이나 협상이 없이 진행되는 활동에 비해 효과적이었다(Newton ,1995). 상호 협상의 경우에 있어서도 단지 입력의 협상 보다는 출력의 협상이 더 중요하게 작용하여 학습자의 어휘 습득을 높인다는 결과가 있다(Ellis & He, 1999).

Hill(2000)은 온라인 과제의 유용성에 대해 연구한 결과를 통해 Krashen의 입력가설과는 반대되는 결과를 내놓았다. 보통 우리가 생각하는 이해 가능한 과제로는 학습자의 어휘 학습을 도와주지 못한다는 것이다. 웹(web)은 상호작용하는 매개체로서 정보를 제시하는데 있어 좀 더 명확한 형태로서 제시되어야 하며, 단어와 관련된 많은 양의 과제라야 장기적인 재생 기억에 도움을 준다고 덧붙였다. 그러므로 중요한 것은 참여하는 과제의 종류와 출력과 관계된 과제량이라는 결과를 제시하고 있다.

과제 참여 문제를 다룬 또 하나의 일련의 연구들은 사전 사용과 관련되어 있다. 의미를 제공할 때 단지 필요한 정보를 교사가 직접 제공하는 것보다는 사전에서 정보를 찾아보는 것이 효과적이고 모르는 어휘를 단지 추측을 하고 넘어가는 것보다 사전을 찾아보는 것이 더 효과적인 어휘 습득의 방법임을 증명하는 연구들이 있다(Knight, 1994 ; Luppescu & Day, 1993). 읽기와 사전 찾기의 상호 효과를 연구한 논문에서도 사전을 찾지 않고 단지 읽기만 하는 것 보다는 사전을 찾아가면서 읽는 것이 보다 효과적이라는 결론을 제시하였고(Cho & Krashen, 1994), 사전을 찾는 것뿐만 아니라 일련의 다른 활동을 같이 하는 것이 그냥 읽기만 하는 것보다는 효과적이고(Paribakht & Wesche, 1997), 읽기 활동에 비해서는 쓰기 활동을 병행하는 것(Hulstijn & Trompetter, 1998)과 같은 활동들이 학습자의 과제 참여 수준을 늘이면서 어휘 습득을 도와준다는 연구 결과들이 있다.

그 이외에도 어휘 습득에 영향을 주는 요소에 대한 연구 결과들을 살펴보면 노출, 주의 집중, 조정 활동, 학습 시간의 변인이 어떻게 어휘 활동과 상호 작용하면서 효과적인 어휘 습득을 도와 줄 것인가에 대한 연구들이 상당수이다. 과제 참여를 통해 어휘를 습득하는 방법에 대한 연구의 결과를 요약하면, 효과적인 참여 활동은 학습자의 어휘 습득을 촉진할 수 있기 때문에 참여를 장려하는 활동이 가장 기초적인 과제가 되어야 한다는 결론이었다(Schmitt, 2008).

3. 어휘 교수의 원리와 효과적인 어휘 교수법에 관한 논의

효과적인 전략이나 기술의 선택에 앞서 기본적인 어휘 교수법의 원리를 재검토 해보는 작업은 어휘 지식을 향상시키기 위한 효과적인 방법이다. 여기에서는 기존의 어휘 교육 연구의 결과를 토대로 어휘 교수와 관련된 논의를 종합하여 어휘 교수법의 이론적인 토대를 재점검 해보는 것으로, 효과적인 어휘 교수법의 원리를 재검토 해보고자 한다.

먼저 모국어 학습자의 어휘 교수와 관련된 연구를 살펴보자. Petty, Herold, & Stoll(1968)는 80개에 달하는 어휘 교수와 관련된 연구들을 분석하여 가장 효과적인 어휘 교수의 방법을 찾아내려고 하였다. 그들이 당시까지의 연구 결과를 바탕으로 내린 결론은 "어휘 교수에 있어 하나의 가장 좋은 교수란 것은 없다. 그러나 어떤 교수법이든지 교수하지 않는 것 보다는 낫다"고 결론지었다. 뿐만 아니라 한 가지 기법만을 사용한 어휘 교수보다는 여러 가지가 섞여 있는 것이 좀 더 효과적이라고 하였다.

Mezynski(1983)는 읽기 이해를 높이기 위한 방법으로서의 성공적인 어휘 교수와 관련 있는 몇 가지 요소들을 밝혀냈다. ① 단어 학습에 주어진 연습량, ② 단어를 사용하는 연습 주기, ③ 어떤 과정의 활동이 격려되었는가 하는 정도 3가지 요소를 성공적인 어휘 교수의 변인으로 분석하였다. Stahl & Fairbanks(1986) 는 단어의 뜻과 이해력의 관계에 대한 어휘 교수법의 효과를 알아보기 위해 기존의 연구들을 대상으로 메타분석을 실시했다. 이 연구는 가장 효과적인 어휘 교수 방법은 단어의 정의와 문맥의 정보가 함께 주어짐과 동시에 학습자의 깊이 있는 정보처리과정을 요구하며, 적어도 2번 이상 어휘에 접하게 해야 한다고 결론지었다.

모국어 학습자뿐만 아니라 제2언어 학습자 모두에게 효과적인 어휘 학습과 관계된 몇 가지의 요소들이 있다. Beck & Mckeown(1991)은 ① 직접적인 어휘 교수법은 특별히 텍스트 안에 꼭 가르쳐야 하는 단어가 있을 경우에는 이해를 증진시킴, ② 이해에 영향을 미치는 어휘 교수법은 확장적이며, 접하는 빈도수가 높아야 함, ③ 어휘 교수법은 교실 밖에서 만날 수 있는 새 어휘와 관계 설정을 할 수 있도록 해야 함, ④ 어휘 교수법은 각각의 어휘들이 의미 있게 연관되어 있을 때 가장 효과적이라는 4가지 요소를 효과적인 어휘 학습 원리로 들고 있다. 이와 관련하여 구체적으로 읽기 이해력을 향상시킬 수 있는 성공적인 어휘 교수 연습을 살펴보면 다음과 같은 요소를 포함하고 있다

① 단어에 여러 번 노출시켜야 한다.
② 단어 뜻을 상세화하고 토론해서 학습자의 선행지식과 연결시키는 것이 단어의 깊은 뜻을 이해하고 처리하는 것을 도와준다.
③ 단어의 뜻을 새로운 상황에 적용시킨다.

(Beck, Perfetti, & McKeown, 1982).

제2언어를 대상으로 한 어휘 교수의 선행 연구들은 개인적인 학습자의 특성과 학습 전략 사용 사이의 관계를 연구하는 것에 집중되었다. 67개의 연구들을 통합적으로 재검토한 Fitzgerald(1995) 의 연구는 제2언어 학습자의 인지적인 읽기 과정과 어휘의 관계를 살펴보고 있다. Fitzgerald 는 경험과 기존 지식이 읽기 자료를 이해하고 어휘를 기억하는데 영향을 주며, 어휘 지식은 제2언어 학습자의 성공을 가늠하는 중요한 요인이라고 밝히고 있다. Fitzgerald는 또한 수준 높은 학습자가 수준이 낮은 학습자에 비해 어휘 지식을 잘 사용한다는 것을 밝혔다. Blachowiz & Fisher(2002)는 어휘에 관한 연구들을 살피면서 어휘

교수를 위한 4가지 중요한 원칙을 찾아냈다. 학습자는 ① 어휘 이해와 그것을 학습하는 방법을 개발시키기 위해 능동적일 것, ② 어휘 학습을 개별화할 것(personalize word learning), ③ 어휘 안에 몰입할 것, 그리고 ④ 반복적인 접촉을 통해 어휘정보의 다양한 자료를 통해 쌓아나갈 것을 제안했다.

National Reading Panel(2000)의 보고서에 따르면 모국어 학습자 연구를 통해 얻어진 결과를 바탕으로 다음과 같은 함축된 결론을 어휘 교수의 원리로 제공하고 있다.

① 어휘는 직접적이며 간접적인 방법 둘 다를 사용해서 교수되어야 한다.
② 반복과 여러 번의 접촉은 중요하다.
③ 풍부한 문맥 안에서 어휘 학습이 이루어지는 것이 좋다.
④ 어휘 과제는 필요하다면 재구성되어야 한다.
⑤ 어휘 학습은 학습 과제에 능동적으로 참여할 수 있게 되어야 한다.
⑥ 컴퓨터 기술이 어휘 학습을 도와줄 수 있다.
⑦ 어휘는 우연히 습득될 수 있다.
⑧ 어떻게 어휘에 접근해서 평가하느냐에 따라 교수법의 효과가 달라진다.
⑨ 한 가지 교수법에만 의존하는 교수 방법은 좋은 결과를 가져오지 못한다.

Barcroft(2004)는 의미입력 과정(lexical input processing)을 강조하면서 효과적인 제2언어 어휘 교수법의 원리를 5가지로 논했다.

① 새 어휘의 빈번하고 반복적인 입력
② 새 어휘를 제시할 때는 의미가 담긴 이해 가능한 입력을 사용함
③ 새 어휘 학습 초기 단계에서는 산출을 제한할 것
④ 새 어휘 학습의 초기 단계에서는 의미의 상세화를 제한할 것
⑤ 어휘 관련 활동은 요구가 덜한 활동부터 어휘 관련 요구가 많은 활동으로

진전시킬 것

위 논의에서는 입력 과정에서 새 어휘의 제공을 강조하면서 어휘 지식의 누적적인 발달을 고려하여 학습자는 어휘의 다양한 측면의 지식을 획득하기 위해 반드시 자신의 제한된 정신적 바탕을 살펴볼 것을 제안했다.

이러한 어휘 교수 방법에 대한 종합적인 연구는 언어 교사에게 어휘를 어떻게 가르쳐야 하는가에 대한 시사점을 줄 뿐만 아니라 교과 과정안에서 어휘 교수가 자리매김하는 것에 대한 배경 이론을 제공해 준다. 이들의 연구 결과를 통해 정리하려고 했던 어휘 교수와 관련된 문제들을 다시 정리해보면 먼저 어휘 교수에서 어느 정도의 정보를 어떠한 방식으로 제공해야 하느냐 하는 문제에 대해 어떤 방법으로 제시하든지 반복은 어휘 교수에서 빼 놓을 수 없는 하나의 필요조건이라 정리하고 있다. 또한 직접 가르치든 간접적으로 우연적인 학습을 유발하든 모든 정보를 초기 단계에서 제한하고 점점 깊이 있는 활동으로 나아갈 수 있는 의미 있는 활동이 되게 할 것과 그 활동을 도와 줄 수 있는 방법으로서 효과 있는 방법을 찾아보고자 하는 것을 알 수 있다. 그리고 이 연구들이 내린 결론에서 또 하나 빼놓을 수 없는 어휘 교수 학습의 원리는 학습자의 능동적인 참여를 이끌어 낼 수 있는 개별적이고 다양화된 방법을 사용하는 것이 어휘 교수법의 기본 원리라는 점으로 정리할 수 있겠다.

이러한 원리를 바탕으로 어휘 교수에 사용할 수 있는 방법을 어떻게 나누느냐는 기준을 무엇으로 나누는가에 따라 다양한 방법으로 나누어 볼 수 있다. National Reading Panel(2000)의 보고서는 그동안 진행되어온 어휘 교수법을 다음과 같은 방법으로 나누어 살펴보았다: ① 직접 교수법(explicit instruction), ② 간접 교수법(indirect instruction), ③ 멀티미디어를 사용하는 방법(multimedia methods), ④ 인지 수용 방법(capacity methods), 그리고 ⑤ 연합 방법(association methods)의 5가지로 나누어 보았다.

〈표 3〉 National Reading Panel(2000)의 귀납적인 어휘 교수법 분류

직접 교수법 (explicit istruction)	학습자는 단어의 뜻이나 그 외의 중요한 어휘의 특성 중 배워야 할 것을 직접 제공받는다. 단어의 의미나 의미와 연관 지을 수 있는 외부적인 단서를 결정하는 법을 배운다. 읽기 전에 어휘 미리 가르치기, 접사나 어근 등을 분석하기와 같은 방법이다.
간접 교수법 (indirect instruction)	학습자는 읽기 과정 중에 많은 양의 어휘에 노출된다. 학습자들이 어휘의 의미 유추가 가능하다는 가설을 전제로 하는 확장적 읽기나 다독과 같은 방법을 말한다.
멀티미디어를 사용 방법 (multimedia method)	어휘를 텍스트 이외의 방법을 사용해서 가르치는 방법으로, 의미 지도나 그래픽 표현을 사용하거나, 하나의 매체가 아니라 다양한 매체를 사용해서 어휘력을 넓힌다
인지 수용 방법 (capacity method):)	자동화된 연습을 통해 다른 언어활동에 소요되는 인지적인 능력을 줄여줌으로써 어휘의 의미를 습득할 수 있는 인지 능력을 확장시켜 주려 하는 방법으로, 철자법이나 음독에 신경 쓰느라 방해 받는 인지 능력을 단어의 의미에 집중하게 하도록 하는 방법이다. [2]

2 National Reading Panel(2000)은 제1언어 학습자들을 대상으로 한 어휘 교수 방법을 정리한 보고서에서 어휘 교수와 관련된 기존의 많은 연구들을 대상으로 종합적인 어휘 학습 방법에 대한 평가를 시도했다. 메타 분석 방법을 사용하기 위해 실험 연구나 유사 실험 연구를 모아 효과적이고 효율적인 어휘 학습 방법에 대한 결론 도출을 시도하고 있다. 그러나 어휘 교수 방법 자체의 개별적인 다양성이 너무 커서 메타 분석을 할 수 없었고 다음과 같은 기준으로 어휘 교수 방법을 나누어 살펴보게 되었다. 1. 직접적인 교수법, 2. 간접적인 교수법, 3. 멀티미디어 교수법, 4. 인지 수용 방법, 5. 연합 방법이라는 기준으로 어떻게 어휘 교수 방

연합 방법 (association method)	학습자는 알고 있는 것과 모르는 단어들의 연합 관계를 생각해 보는 방법으로, 연합은 단어가 주는 의미적, 문맥적, 혹은 이미지적인 연합과 같은 방법이 있다.

Oxford & Crookall(1990)은 제2언어 교사들에 의해 잘 사용되어지기도 하지만 잘못 사용되거나 회피되고 있는 어휘 교수법의 기법들을 크게 4가지 기법으로 나누어 설명하고 있는데 어휘를 독립적으로 가르치느냐 문맥에서 가르치느냐를 기준으로 다음과 같이 나누고 있다. ① 문맥에서 완전히 떼어 내기(decontextualizing), ② 문맥을 어느 정도 사용하기(semi-contextualizing), ③ 완전히 문맥화하기(fully contextualizing), 그리고 ④ 융통성 있게 적용한 것(adaptable)들로 나누고 있다. 여기서는 이를 기준으로 구체적인 방법을 소개해 보겠다.

1. 문맥에서 완전히 떼어 내기 기법(decontextualizing techniques): 이 방법은 어휘 자체를 어떤 의사소통의 문맥에서든지 철저하게 떼어 내서

법을 사용하고 있는 지를 살펴보고 그것을 통한 결론을 내리고 있다. 이 보고서는 어휘를 가르치는 방법이 얼마나 개별적이며 하나의 기준으로 범주화 하기 힘든 것인가를 보여준다. 이들이 정리한 어휘 교수 방법은 21가지이다. 핵심어 방법(keyword method), 의미지도(semantic mapping), 문맥 분석(contextual analysis), 수화(sign language), 확장적 읽기(wide reading), 단어 의미 끌어내기(deriving word meanings), 정교화/풍부한 문맥제공(eleaborate/rich context), 어근, 접사분석(root/affix analysis), 사전 이용(dictionary/glossary), 프레이어 모형(frayer model), 과제 명확히하기(task clarification), 컴퓨터/멀티미디어 교수법(computer/multimedia instruction) 텍스트 재구성(text revision), 상호작용적인 어휘 기법(interactive vocabulary techniques), 문맥안에서 통합 훈련(passage integration training), 개념정의 방법(concept method), 미리 가르치기(pre-instruction of vocabulary words), 연합 방법(association methods). TOAST program, 기초 기억술 방법(basic mnemonic techniques), 음독 교수법(decoding instruction)이다.

어휘에만 초점을 맞추게 하는 교수 전략이다. 이 방법으로 사용되어지는 예에는 다음과 같은 것들이 있다.

1) 단어 목록(word lists) 만들기: 학습자들은 단어 자체의 뜻에 집중하며 단순 암기를 통해 단어를 익힌다. 때로 쌍이 되는 단어를 외우는 것은 초급 학생들의 단어 학습에 도움이 된다.

2) 플래시카드(flashcards) 만들기: 가장 일반적으로 단어를 배우는데 사용할 수 있는 기술로 학습자들은 카드를 여러 다양한 그룹으로 분류하면서 단어를 익힐 수 있다.

3) 사전 찾기(dictionary use): 사전을 찾는 행위 자체가 단어의 뜻을 기억하는 것을 도와 줄 수 있고, 모국어와 한국어 두 언어로 된 사전이든, 한한 사전이든 모두 도움이 된다.

2. 약간의 문맥을 사용하기 기법(semi-contextualizing): 이 방법은 전체적인 문맥 속에서 학습하지는 않지만 어느 정도는 문맥을 사용할 것을 제안하는 방법이다.

1) 단어 묶음(word groupings): 긴 단어 리스트를 계층화하거나, 재계층화하여 짧은 리스트로 묶어 가는 작업으로 의미의 특성을 분석하여 의미장(semantic fields)이나 의미망(semantic grids)을 통해 보여준다.

2) 단어 혹은 개념 연합(word or concept association): 새로운 단어나 개념을 이미 알고 있던 단어의 연합하게 한다. 어떤 연합이든 학습자에게 의미가 있을 때 기존의 스키마를 자극하는 동시에 새 단어에 접근 가능하게 한다.

3) 시각적 심상(visual imagery: 대부분의 학습자들이 의미 있는 시각적 이미지 안에서 새 정보와 연합이 가능하다

4) 청각적 심상(aural imagery): 청각적 심상은 구두 학습을 좀 더 효율적으로 만들어 준다

5) 핵심어(keyword): 청각적, 시각적 심상화를 결합하여 어휘를 기억할 수 있게 한다.

6) 신체 반응(physical response): 언어 습득은 신체적인 움직임과 함께 연결되어 있을 때 더 잘 이루어지기 때문에 두뇌의 각기 다른 부분을 다양한 방법으로 자극하여 학습자의 스키마가 자극되도록 사용한다.

7) 신체 감각(physical sensation): 적은 양의 문맥을 제공해서 새 단어와의 신체적 감각의 연합을 하도록 한다.

8) 의미 지도화(semantic mapping); 앞의 세 가지 기술, 단어 묶음, 단어 연합, 시각적 심상을 사용한 가장 학문적인 방법이다.

3. 완전한 문맥을 사용하기(fully contextualizing): 보통 일어나는 의사소통 문맥 안에서 새로운 단어를 습득하는 것을 말한다.

1) 읽기/듣기 연습: Krashen(1982)은 '즐기기 위한 다독'은 자동적으로 어휘의 증가를 가져온다고 보았다. 그러나 새로운 어휘의 수동적인 이해는 다독에 의해 향상되지만 능동적인 생산 능력으로까지는 연결되지 못하는 문제점이 있을 수 있다. 듣기 역시 마찬가지이다.

2) 말하기/쓰기 연습: 말하기 단어는 보통은 쓰기 단어에 비해 수가 적은 문제가 있을 수 있다.

4. 적용 가능한 기술들(adaptable techniques): 이 방법은 조직적인 복습이 가능하게 하는 것으로 기억의 원리에 기초하여 필요한 부분들을 강화하는 전략이다 . 이 기법은 여러 단계에 걸쳐 제2언어 어휘를 되돌아가서 다시 볼 수 있게 하는 방법들로 기간(duration), 공간(spacing), 속도(pacing)의 문제에 따라 각기 다른 방법을 사용할 수 있다.

다시 말하면 위의 4가지의 교수 전략을 나눈 기준은 어휘 학습이 그것이 사용된 문맥과 어떤 관계를 맺고 있고, 얼마만큼 문맥의 도움을 받을 수 있느냐에 따라 대체적으로 나눈 것인데, 이미 언급했듯이 어휘 습득은 어떤 전략을 언제 사용하느냐의 문제이지, 무엇이 가장 좋고, 무엇이 가장 나쁜 문제가 아니기 때문에 이 모든 전략들을 다양하게 이용할 수 있는 방법들을 모색해 보는 것이 가장 좋으리라 생각한다. 어떤 기준을 사용하여 적용하든 언어 교사에게 주는 시사점은 여러 가지 방법을 사용할 수 있는 환경을 제공해 줘야 한다는 것이다.

위에서 살펴본 것처럼 그간 논의되었던 효과적인 어휘 교수 방법에 대한 연구들을 살펴보면 연구자의 관점이 어디에 있느냐 하는 점에 따라 달라질 수 있고, 다양한 과제와 활동이 존재하기 때문에 개별적으로 어떤 방법이 어떤 방법보다는 효과적이라고 말할 수는 있지만 그것을 전체적인 이론적 틀 안에서 설명해 내기가 쉽지 않다. 그러므로 다양한 어휘 교수법을 묶어서 큰 틀에서 어느 정도 차이 있는 효과를 보여 주고 있는지에 대한 연구가 있어야 할 것이다. 또한 개별적인 어휘 교수법의 효과에 대한 연구들을 정리해서 통합적으로 그 효과를 밝혀 보는 것은 특별히 어휘 교수 방법과 같은 다양한 방법이 사용된 교수 방법을 정리해 보기 위해서 필요한 작업이라 판단된다. 이런 연구를 가능하게 하는 하나의 방법은 메타 분석을 이용해 다양한 실험 연구의 데이터를 다시 재분류하여 그 효과를 통합적으로 살펴보는 것이다. 원미진(2008)[3]에서는 메타 분석을 사용하여 다양한 실험 연구를 모아서 개별적인 연구자들이 사용한 방법을 큰 틀에서 묶어서 같은 카테고리 안에 넣을 수 있도록 정리하고 그 연구들이 가지고 있는 변인에 따라 어떤 결과를 보여 주는가를 살펴보았다.

어휘 교수 방법의 효과를 측정해 본 연구들은 각각의 연구가 다양한 변인으로 여러 가지 활동과 과제를 측정하고 있기 때문에 먼저 각각의 연구들을 다시 재코딩하면서 각 연구자가 측정해 보고 싶었던 문제가

---

3   이 장에서는 위에서 제시한 선행 연구들을 정리하고 싶어서 메타 분석(meta-analysis)의 방법을 통해 정리해 본 원미진(2008)의 박사학위 논문 'The effects of vocabulary instruction on English language learners: A meta-analysis'의 일부를 정리하는 것으로 대신한다.

무엇인가를 살펴본 후에 그것들을 귀납적인 방법으로 카테고리를 만들었다. 위에서 논의한 것처럼 어휘 교수법의 효과를 측정한 많은 연구들은 우연적이냐, 의도적이냐 하는 문제를 문맥 안에서 가르치느냐 문맥에서 떼어서 가르치느냐 하는 방법의 실험으로 구체화하였다. 읽기나 듣기 자료와 같은 실제성 있는 자료 안에서 가르치는 것들은 우연적인 어휘 교수에 초점을 맞춘 것이며, 단어카드나 단어 목록을 강조하는 방법은 문맥에서 완전히 떼어내서 가르쳐 보는 것을 측정해 보려고 하는 방법이다.

많은 연구들은 완전히 문맥에서 떼어 내기 보다는 그래도 문장이나 의사소통 상황을 주고 가르치는 방법을 택한 경우가 많이 있었기 때문에 어휘 교수 방법의 큰 카테고리를 문맥 안에서 가르치기, 문맥에서 떼어 내기, 그리고 약간의 문맥을 사용하기로 나누어 볼 수 있었다. 크게 이 카테고리 안에 넣은 각각의 어휘 교수법들은 그 안에서 모국어를 사용하느냐 사용하지 않느냐, 멀티미디어 자료를 사용하느냐 사용하지 않느냐는 것으로 다시 나눠 볼 수 있었다. 그리고 많은 연구들은 각각의 실험 대상이 달랐기 때문에 학습자의 언어 수준(초급, 중급, 고급), 학습 환경(EFL & ESL), 학습자의 나이(초등학생, 중,고등학생, 대학생)로 나누어서 그 효과를 측정해 볼 수 있었다.

이 연구를 통해서 얻은 결과 중에 의미 있는 것만 제시해 보면, 우선 문맥에서 떼어내서 가르치는 어휘 교수법은 다른 방법보다 더 효과가 있는 것으로 나타났다. 그러나 모든 학습자에게 문맥에서 떼어내는 방법이 제일 효과가 있는 것은 아니었는데, 예를 들어 대학생들을 대상으로 한 연구에서는 문맥 안에서 가르치는 방법이 효과가 더 크게 나타났다. 또한 모국어를 사용하는 것은 사용 여부에 따라 교수 효과에 큰 차이가 나타나지 않았다. 멀티미디어 사용에 대한 효과도 오히려 멀티미디어를 사용하지 않는 것의 효과가 더 크게 나타났다.

이 연구 결과는 앞에서 논의했던 몇 가지 어휘 교수에 대한 논쟁의 일부를 확인시켜 주기도 하고, 의문이 남는 결과를 제시하기도 했다. 어휘 교수에 있어 우연적 학습보다는 의도적 학습의 효과가 크다는 점에서는 여러 선행 연구와 같은 결과를 제시하였으며, 모국어의 사용이 어휘 교수에 커다란 도움이 되지 않는다는 논의[4]에 대해서도 그간의 연구 결과와는 다른 결과를 보여 주기도 하였다.

4. 학습자 특성에 따른 어휘 학습 전략 사용에 관한 논의

Qian(1996)의 연구는 어휘 목록(word lists)을 이용해서 어휘를 학습하는 것이 문맥 안에서 어휘를 배우는 것보다 효과적인 방법임을 지적하면서, 특별히 아시아권 학습자들에게는 학습자의 배경지식이나, 목적, 선호도, 학습 스타일이 어휘 학습에 있어 중요한 요소라는 점을 밝히고 있다. Gu & Johnson(1996)의 연구는 중국에서 영어를 배우는 학습자들을 대상으로 아시아 학습자들의 어휘 학습에 대해 가지고 있는 믿음을 조사했는데, 이 연구 결과 그간 연구자들이 가져왔던 아시아 학습자들의 학습 방법에 대한 믿음은 편견이었음이 밝혀졌다. 서양 학습자들에 비해 암기 전략에 많이 의존할 것이라는 믿었던 동양 학습자들도 단순한 암기 전략에 의존하기 보다는 보다 의미 중심적인 전략을 사용하고 있다는 것이 밝혀졌다. 게다가 Fan(2003)은 비슷한 연구에서 홍

---

4 모국어를 사용하지 않는 것이 어휘 학습에 더 효과적이라는 논의가 많았으나 본 메타분석 결과가 모국어의 사용 여부에 따른 차이가 나타나지 않는 것으로 드러났는데 이는 모국어를 사용하는 것을 꼭 제한할 필요가 없다는 시사점을 주는 것이다. 오히려 모국어를 사용하지 않음으로 드는 시간의 비효율성을 고려한다면 모국어의 사용이 학습의 효율을 높일 수 있다는 것이기도 하다.

콩에 있는 중국인 영어 학습자들의 경우도 마찬가지로 특별히 수준이 높은 학습자 일수록 추측을 하는 전략을 사용하고 있음을 증명했다.

Green & Oxford(1995)에 따르면 학습유형, 동기, 신념, 성별, 경력, 그리고 성격이 학습 전략의 사용에 영향을 미친다고 한다. Gao(2003)는 이런 학습자들의 특성과 전략의 사용과의 관계를 영국에서 공부하는 중국인 영어 학습자들을 대상으로 진행했다. 중국인 영어 학습자들이 언어 사용 환경이 바뀜에 따라 전략의 사용이 어떻게 달라지고 있는지를 살펴보는 연구였다. Gao의 연구가 학습 환경이 바뀜에 따라 한 학습자가 사용하는 어휘 학습 전략을 살펴본 것이라면, Kojic-Sabo & Lightbown(1999)은 ESL 과 EFL 학습자들의 서로 다른 환경에 따른 전략 사용의 차이점을 밝히고 있다. 그들은 확장적인 전략의 사용은 언어 학습의 성공과 연결되어 있는 반면, 학습자 입장에서 그런 전략을 사용하려는 노력의 부족은 만족할 만한 성취도를 이끌어 내지 못한다는 점에서 시간과 학습자의 독립성이 어휘 학습이나 전체적인 언어 능력의 향상과 밀접하게 연관되어 있는 것으로 보았다.

학습 전략과 학습자의 특성에 따른 효과적인 어휘 교수법의 연구는 특정 언어권 학습자들이 사용하는 어휘 습득 전략의 연구, 특정 어휘 교수법이 환경에 따라 어떻게 달라지는가 하는 연구, 그리고 학습자의 수준에 따라 사용하는 전략이 어떻게 달라지는가 하는 연구로 대체적으로 방향이 잡힌다고 볼 수 있다. 제2언어 연구의 다양한 결론을 종합하면, 학습 전략 연구는 하나의 전략이 모두에게 좋을 것이라는 편견이나 특정한 학습자는 특정한 학습 전략을 사용할 것이라는 편견에서 벗어나 다양한 스타일과 학습 전략을 존중할 것을 강조하고 있다. 그리고 이것이 바로 다양한 방법의 어휘 교수법을 학습자의 수준에 따라 고려해야 하는 근거라고 생각할 수 있다.

한국어교육에서 어휘 학습 전략과 관련된 연구는 몇몇의 학위 논문에서 어휘 학습 전략에 대한 연구들이 이루어 졌으며(박수현, 2008; 이정민,2010, 오은희 2009), 언어 학습 연구에서 학습자 변인에 대한 관심이 높아지면서 연구가 많아지고 있다. 학습 전략의 문제는 교수법과도 연관이 있지만 학습자의 성향과 유형이라는 학습자 변인에 대한 연구도 동시에 이루어져야 하는 분야이며 언어학과 교육학적인 지식 이외에 인지적, 심리학적 지식이 뒷받침 되어야 하는 연구 분야이다. 언어권별 학습자의 특성을 파악하는 연구는 물론이거니와 외국의 선행 연구들에서 나온 결과들을 바탕으로 한국어의 특수성에 맞춰 그 결과들을 확인하는 작업이 필요하다. 본 절에서는 어휘 학습 전략 사용에 대한 연구로 설문지와 인터뷰 방법을 사용한 연구를 살펴보고자 한다.

☑ 한국어 학습자의 어휘 학습 전략 사용에 관한 연구[5]

학습 전략이란 학습자가 학습을 위해 의도적으로 선택하는 행위이며, 전략과 교수법은 때로는 같은 내용인데 학습자가 의도적으로 사용하면 학습 전략이고, 교수의 초점을 거기에 두면 교수전략이라고 할 수 있다. 본 연구는 어휘 학습 전략을 측정하는 설문지를 사용하여 학습자의 특성에 따라 어휘 학습을 위해 사용하는 전략에 차이가 있는가를 알아본 연구이다.

1. 어휘 학습 전략의 사용은 어휘 학습에 어느 정도 효과적일까?

한국어 고급 학습자들에게 고급 과정에서 좀 더 배우고 싶은 부분이 무엇인가를 질문해 보니 대다수의 학습자들이 고급 어휘와 문형을 사용한 말하기와 쓰기라고 대답했다. 특히 학문 목적으로 제2언어를 습득하는 성인 학습자라면 누구나 공통적으로 갖게 되는 외국어 학습의 최종 종착역은 고급 어휘와 문형을 사용한 말하기와 쓰기일 것이다. 그럼에도 불구하고 한국어 학습 기관에서는 집중적인 고급 어휘 지도나 어휘에 초점을 맞춘 교수는 많이 진행되고 있지 않다. 그 이유는 어느 정도 어휘는 한국어 학습이 진행되면서 자연스럽게 무의식적으로 습득되어 지거나, 그렇지 않다면 어휘 습득의 문제를 학생이 혼자 외워서 해결해야 할 문제로 남겨두기 때문이라고 여겨진다. 어휘 교수는 말하기 활동, 듣기 활동, 쓰기 활동 중의 일부분으로 간단한 소개 정도로 진행되는 경우가 대부분이며 특별히 어휘만을 중점적으로 진행하는 수업은 찾아보기 힘들다.

---

5 원미진(2010). '한국어 학습자의 어휘 학습 전략에 관한 연구'(한국사전학)의 내용을 재구성하였다.

제2 외국어로 영어를 배우는 학생들을 대상으로 어떻게 하면 언어 교육 프로그램을 향상 시킬 수 있을까 하는 질문을 해보니 가장 필요한 부분이 어휘 공부에 중점을 둔 시간이란 대답이었다(Folse,2004). 이 조사 결과와 마찬가지로 고급 과정에서 한국어 수업을 받는 학생들을 대상으로 고급 과정 한국어 수업에서 가장 원하는 것이 무엇인가라는 질문을 해보니 비슷하게도 고급 문형과 어휘의 습득이었다.[6] 이 같은 결과는 어휘 습득을 학생 스스로의 노력이나 저절로 습득되는 것으로 바라보지 말고 어휘 학습이 교과 과정 안에서 중요한 부분이 되어야 함을 시사하는 것이라 하겠다. 이 연구는 이런 학습자들이 요구를 바탕으로 학습자들이 자신의 어휘에 대해 가지고 있는 만족도와 어휘 학습 전략 간의 상관관계를 밝히고 그것을 바탕으로 효과적으로 어휘를 교수하는 방법을 모색해 보고자 한다.

2. 한국어 학습자의 어휘에 대한 인식
1) 어휘량 만족도 조사

한국어 학습자들이 자신들의 어휘량과 어휘 수준에 대해 어떻게 생각하고 있고 어떻게 새 어휘에 접근해 가는지를 살펴보기 위해 고급반

---

6 제2 외국어로 영어를 배우는 학생들을 대상으로 한 Folse(2004)의 연구 결과, 인텐시브 영어 클래스에서 가장 부족하다고 느끼는 것은 어휘 지도에 중점을 둔 활동이었다. 연구 진행 당시에 필자가 진행했던 고급 과정 7급 학생들을 대상으로 고급반에서 더 배우고 싶은 것은 무엇인가에 대한 요구조사를 실시하였다. 7급의 경우는 정규 과정을 모두 끝낸 학습자들이기 때문에 언어 학습 기관의 정해진 교과서가 없는 반이기 때문에 어느 정도 교사의 자율이 보장되는 반이다. 한국어교육 기관에서 수업하는 데 있어서 무엇이 가장 부족하고 무엇을 더 배우고 싶은가에 대해 먼저 서면조사를 하고 인터뷰를 해보니 고급 어휘와 문형을 사용하고 싶다는 대답이 일반적이었다.

한국어 학습자 5명을 대상으로 심층 인터뷰를 실시하였다. 먼저 심층 인터뷰를 실시하기 전에 학생들에게 서면 조사지를 작성하게 하여 학생들 스스로 자신의 어휘 능력과 학습 방법에 대해 반성적으로 생각할 수 있는 시간을 주었다.

학습자의 특성은 〈표 1〉에서 보는 것처럼 거주 기간은 한국에서 2년 미만 산 학습자들이며 대학의 한국어교육 기관에서 4학기 이상 한국어를 공부한 학생들이다. 인터뷰 당시(2009년 봄학기) 학생들은 교육 기관의 최고급 과정에 재학 중인 학생들이었다. 학습자들은 나이와 국적에 상관없이 모두 자신의 어휘량에 대해 불만족스럽다는 평가를 내렸다. 5점 만점으로 체크를 하라고 하여보니 3점 이하의 만족도를 보였다 (1점: 충분하지 않다~5점: 충분하다의 등급이었다). 학습자들 모두 한국에 오기 전에 자국에서 한국어를 학습한 경험이 있는 학생들이었음에도 불구하고 한국에 오기 전이나 한국에 온 후에 크게 어휘 학습 방법에 있어서 변화가 없었고, 어휘량이 부족하다는 자가 인식에도 불구하고 특별히 어휘를 학습하는 전략이나 학습법을 가지고 있지 않았다.

〈표 1〉 한국어 학습자들의 어휘량 만족도와 어휘 학습 방법

학생	거주 기간	어휘량 만족도 (1~5)	어휘 학습 방법
O (일본, 40대 여)	1년 7개월	1	사전, 친구나 선생님에게 물어봄, 관용표현카드, 무조건 암기
S (일본, 20대 남)	1년 7개월	2	사전, 상대방에게 물어봄, 반복해서 쓰면서 암기, 단어리스트
U (중국, 20대 여)	1년 8개월	1	사전, 친구한테 물어봄, 소리내서 반복하면서 암기
P (미국, 20대 남)	1년 3개월	3	사전찾아서 예문과 함께 공부, 문맥을 보고 추측, 단어리스트를 만들고 단어의 구조와 어원을 생각하면서 암기

| M (몽골,
20대 남) | 2년 | 2 | 사전이나 인터넷사전, 선생님께 물어봄,
소리내서 암기 |

2) 인터뷰 결과 및 분석

인터뷰 결과를 보면 미국에서 온 P가 그 중에 제일 자신의 어휘량에 대해 긍정적인 평가를 했는데 그의 어휘 학습 방법을 살펴보면 사전을 찾거나 무조건 암기하기 위해 노력하는 대신에 자신이 쓸 수 있는 다양한 전략을 쓰고 있음을 알 수 있다. P는 우선 사전을 찾을 때도 단지 뜻만 보는 것이 아니라 예문과 함께 보고 있고, 사전도 무조건 찾기보다는 먼저 뜻을 생각해 보고, 나중에 사전을 찾는다고 했다. 단어를 외울 때도 단어의 구조와 어원, 그리고 관련된 예문을 같이 생각한다고 답했다. P는 모국어가 영어임에도 불구하고 스스로 한자를 배우려 노력하고 있는 학습자였기 때문에 다른 학생들에 비해 학구열이 높은 학생이었다. P와는 달리 한자를 알고 있는 일본 학생들이나 중국 학생들의 경우에는 한자를 알면 좀 쉽게 외울 수 있다고 답한 것 이외에 별달리 단어의 구조라든지, 쉽게 암기하기 위해 자신만이 사용할 수 있는 방법을 쓰고 있지 않았다. 이것은 학생들이 어휘 학습 전략에 대해 자각적으로 인지하지 못하고 있을 뿐만 아니라 실제로 그러한 방법이 교육 과정안에서 사용되지 않았기 때문에 나타나는 현상으로 보인다. 언어 학습 기관 최고급반의 학생들이 자신의 어휘에 대해 불만족하고 있고, 별다른 어휘 학습 방법을 사용하고 있지 않다는 것은 실제 교육 현장에서 어휘 교수법이 필요하다는 것을 역설적으로 설명해 주는 현상으로 보인다.

이 인터뷰는 한국어 고급 학습자들이 자신들의 어휘량에 대해 가지고 있는 인식의 실태를 살펴보기 위한 것이었다. 어떻게 어휘를 공부하느냐, 어떤 전략을 사용하느냐 하는 것이 어휘 습득에 영향을 주는 요소임에도 불구하고 자신들의 어휘 학습 방법에 대한 상위 인지적(meta-cognitive) 자각의 기회를 가져보지 못한 것도 어휘와 관련한 불만족으로 나타난 것으로 보인다. 그래서 학생들이 사용할 수 있는 어휘 학습 전략이 어떻게 사용되는지 알아보기 위해 어학당에 재학 중인 중고급 학습자들을 대상으로 설문 조사를 실시하였고, 그 설문 조사를 통해 나타난 결과를 분석하여 어휘 학습 전략 사용의 문제점을 살펴보았다.

3. 한국어 학습자들의 어휘 학습 전략 선호도
1) 연구 방법

고급 과정의 한국어 학습자들이 어떻게 어휘 학습 전략을 사용하고 있는지를 살펴보기 위해 중,고급 학생들을 대상으로 어휘 학습 전략에 대한 설문을 실시하였다. 설문지의 내용은 Gu & Johnson(1996)이 사용한 어휘 학습 질문지(Vocabulary learning questionnaire: VLQ Version 3)의 세 번째 세션에서 이 연구에 필요한 질문 항목들을 뽑아서 사용했다. 앞의 연구 결과를 보면 성공적인 어휘 학습자는 상위 인지 전략을 잘 사용하는 학습자들이다. 상위 인지 전략이란 스스로 자신에게 필요한 것과 필요하지 않은 것을 알고 자신이 사용하고 있는 어휘 전략들을 어휘 특성에 맞게 잘 선택하여 사용할 수 있는 전략이다. 인지 전략 중에서는 문맥 안에서 의미를 추측하기, 적합한 때에 사전을 사용하기, 노트에 적기, 어휘의 형식과 문맥적 특성에 집중하기, 의도적으로 활동에 넣어서 사용하기 등이 성공적언 어휘 학습에 긍정적인 역할을 한다고 보고하였다. 이 연구 결과를 바탕으로 본 설문지는 어휘 학습에 긍정적인 역할을 하는 전략들 중에 한국어를 배우는 학습자들이 사용할 만한 어휘 학습 전략들을 골라서 39개의 질문으로 만들어 사용했다. 이 연구를 위해 수정된 VLQ는 크게 인지적인 전략(cognitive strategies)과 상위 인지적인 전략(metacognitive strategies)으로 나누어져 있고, 인지적인 전략은 크게 추측을 해서 알아내는 전략(guessing strategies), 사전을 사용하는 전략(diationary strategies), 노트 적기를 사용하는 전략(note-taking strategies), 기억을 돕기 위한 방법을 사용하는 전략(rehearsal & encoding strategies)으로 나누었다. 모든 문항은 1점에서 7점까지의 리커트 척도로 선택하도록 하였다. 질문지는 영어와 한국어 버전 두 가지로 만들었는데 한국어 중고급 학습자들이 이해할 수 있는 쉬운 한국어로 만들었기 때문에 대부분의 학습자들이 한국어 설문지를 작성하였고, 영어 설문지를 원하는 경우는 영어로 선택할 수 있게 하였다. 설문지 항목에 대한 신뢰도와 타당도를 높이기 위해 하나의 어휘 학습 방법을 5~6개의 문장으로 제시하였기 때문에 학생들이 자신들의 어휘 학습 방법을 제대로 점검해 볼 수 있게 하였다.[7]

설문은 서울에 있는 한국어교육 기관에 재학 중인 4급 이상의 학생들을 대상으로 실시했다. 설문지는 담임 선생님이 수업 시간을 이용하여 작성하도록 했고, 혹시 모르는 단어가 있을 경우에 담임 선생님들이 설명을 해 주기도 했다. 회수된 설문지는 모두 80부 여서 회수율이 3분의 2 정도였다. 학습자의 특성은 〈표 2〉에 제시하였다.

〈표 2〉 설문 참여 한국어 학습자들의 인구 속성학적 특성

기준	특성	학습자수	비율
성별	남자	24	30%
	여자	52	65%

---

7 설문지 항목 사이의 신뢰도를 평가해 본 결과 Cronbach 알파는 .87이었다. 보통 알파가 .80 이 넘으면 신뢰도에 문제가 없다고 평가하기 때문에 항목들 사이의 신뢰도에는 문제가 없다.

나이	20세 이하	10	12.5%
	21세~25세 미만	32	40%
	25세~30세 미만	17	21.3%
	30세 이상	14	17.5%
학습자 수준	4급	13	16.3%
	5급	28	35%
	6급	20	25%
	7급	15	18.8%
모국어	중국어	28	35%
	일본어	17	21.3%
	영어	10	12.5%
	기타	25	31.3%

* 결측값이 있어서 학습자수가 80명, 비율 100%가 되지 않을 수 있음

2) 결과 분석

학습자 스스로 자가 응답한 어휘 학습 전략에 대한 설문을 분석한 결과는 대체적으로 평균값 이상으로 어휘 학습 전략을 사용하고 있는 것으로 드러났다. 인터뷰 결과에서도 나타났듯이 학습자들은 사전 찾기를 가장 손쉬운 어휘 학습의 방법으로 사용하고 있고, 어휘 학습을 위해 기억 보조 활동 같이 기억술을 이용하는 방법을 제일 덜 사용하고 있다고 응답하였다. 기억 보조 방법에 의존하는 암기 전략은 반복적인 연습이나, 시각적, 청각적, 의미적, 기호 연합적으로 부호화(encoding) 방법들을 통하여 암기에 도움을 받는 학습 전략을 말한다. 다음의 〈표 3〉은 학생들의 어휘 학습 전략 사용에 대한 평균값이다.

학생들 스스로 인식하고 있는 어휘 학습 전략 사용에 대한 평균값을 구해보니 전체적으로 평균값 이상의 평가를 하고 있다. 보통 3.5~4.5 정도의 평균값을 보이는 항목은 전략 사용이 보통 정도이며 5점 이상이면 전략을 사용하는 것으로, 6점 이상이면 많이 사용하고 있는 것으로 해석할 수 있다. 한국어 학습자들은 어휘를 학습할 때 사전을 이용하는

방법과 추측 활동은 보통 이상 사용하고 있으며 그 이외의 전략은 보통 정도 특히 기억 보조 활동과 같은 전략을 가장 덜 사용하고 있는 것으로 드러났다.

〈표 3〉 한국어 학습자의 어휘 학습 전략 평균값(1: 사용하지 않음~7: 사용함)

	학생수	평균	표준편차
추측 활동	74	5.26	1.12
사전 이용	80	5.71	1.01
노트 적기	79	4.65	1.24
기억 보조 활동	79	4.21	0.93
상위인지 전략의 사용	79	4.94	0.88

학습자들의 어휘 학습 전략의 특징을 좀 더 자세히 살펴보기 위해 변인을 학습자의 언어 수준, 나이, 그리고 언어 문화권에 따라 나누어 살펴보았다. 〈표 4〉에서 보는 것과 같이 학습자들의 언어 문화권에 따른 비교 분석을 해보니, 서양권 학습자들이 전체적으로 약간 많은 어휘 학습 전략을 사용한다고 응답하고 있긴 하지만 두 그룹 간에 통계적으로 유의미한 차이가 드러나지 않았다.[8] 다시 말하면 한국어 학습자들의 언어 문화권의 차이는 그들이 선호하고 선택하는 전략에 영향을 주지 않는다고 말할 수 있다.

〈표 4〉 언어권에 따른 어휘 학습 전략의 평균값(괄호 안은 학습자수)

학습자	추측 활동	사전이용	노트적기	기억 보조	상위인지전략
동양권	5.28(48)	5.57(52)	4.61(51)	4.24(51)	4.91(51)
서양권	5.41(21)	5.90(22)	4.83(22)	4.39(22)	5.20(22)

---

8 SPSS 17.0을 사용하여 두 집단의 평균 비교(t-검정)을 실시하였으나 모든 전략에서 집단 간의 차이가 드러나지 않아서 t값이나 p-value를 제시하지 않고 집단 간의 평균값만을 제시하였다.

학습자의 언어 수준이 어휘 학습 전략의 선택에 영향을 주는가를 살펴 보기 위해 ANOVA를 통해 집단 간의 차이를 알아봤으나 역시 차이가 드러나지 않았다. 〈표 5〉에 제시한 평균값을 살펴보면 학습자의 수준에 따른 어휘 학습 전략 평균값이 큰 차이가 없음을 알 수 있다. 학습자의 수가 적은 것을 고려해 4,5급을 중급으로, 6,7급을 고급 학습자로 나눈 뒤 다시 한 번 학습자의 언어 수준이 학습 전략의 사용과 상관관계가 있는지를 분석해 보았다. 〈표 6〉에서 보는 것처럼 중.고급으로 나눈 두 집단 간의 차이 역시 통계적으로 유의미한 차이를 보이지 않아서 한국어 학습자들은 한국어 수준에 따라 특별히 그들이 사용하는 어휘 학습 전략에 차이가 없다고 볼 수 있다.

〈표 5〉 언어수준에 따른 어휘 학습 전략의 평균값 I(괄호 안은 학습자수)

수준	추측 활동	사전이용	노트적기	기억 보조	상위인지전략
4급	4.94(13)	5.65(13)	4.75(13)	4.59(13)	5.36(13)
5급	5.25(27)	5.60(28)	4.79(28)	4.18(28)	5.00(28)
6급	5.56(16)	5.84(20)	4.60(19)	4.15(19)	4.80(19)
7급	5.49(15)	5.65(15)	4.50(15)	4.17(15)	4.88(15)

〈표 6〉 언어수준에 따른 어휘 학습 전략의 평균값 II(괄호 안은 학습자수)

수준	추측하기	사전이용	노트적기	기억 보조	상위인지전략
중급	5.15(40)	5.61(41)	4.78(41)	4.31(41)	5.11(41)
고급	5.52(31)	5.76(35)	4.56(34)	4.16(34)	4.83(34)

〈표 7〉 나이에 따른 어휘 학습 전략의 평균값(괄호 안은 학습자수)

나이	추측하기	사전이용	노트적기	기억 보조	상위인지전략
20세 이하	5.25(10)	5.68(10)	5.14(10)	3.93(10)	5.22(10)
21~25세	5.38(31)	5.57(32)	4.70(32)	4.24(32)	5.09(32)
26~30세	5.09(17)	5.82(17)	4.37(17)	4.38(17)	4.81(17)
31세 이상	5.58(10)	5.63(12)	5.01(11)	4.28(12)	4.88(11)

학습자의 나이에 따라 사용하고 있는 어휘 학습 전략의 평균값도 〈표 7〉에서 제시하고 있는 것과 같으며 그룹간의 차이를 보여 주지 않는다. 결론적으로 학습자들의 언어권, 언어 수준, 나이는 전략 선택에 큰 영향을 주는 변수가 아니라는 것을 알 수 있다.[9] 다시 말해, 한국어 중고급 학습자들은 그들의 언어권, 언어 수준, 나이와 상관없이 비슷한 어휘 학습 전략을 선택해서 사용하고 있기 때문에 이 설문 결과를 한국어 학습자들의 일반적인 특성으로 적용해서 해석할 수 있다. 한국어 학습자들은 모든 전략의 사용에 있어 평균 이상의 점수를 보여줬다는 점에서 어휘 학습 전략을 평균적으로 사용하고 있다고 볼 수 있다. 가장 선호하는 전략은 사전을 이용하는 방법이었고, 이 결과는 앞의 인터뷰에서 드러난 것과 같은 결과이다. 필요할 때 사전을 이용하는 것은 어휘 습득을 강화할 수 있는 좋은 역할도 할 수 있지만 특별히 전략적으로 이용하지 않을 경우에 뜻만 찾아보고 습득으로 연결되지 못하는 경우도 많다. 사전 찾기 다음으로 많이 사용하는 전략이 추측 전략인데 추측 전략은 장점과 동시에 단점도 많이 있기 때문에 그 장단점에 대한 고려가 없다면 역시 어휘 습득으로 연결이 힘들다. 한국어 학습자들이 가장 선호하는 전략이 사전 찾기와 추측 전략이라는 것은 성공적인 어휘 학습자가 가장 선호하는 전략이 상위 인지 전략이라는 것과 차이가 난다. 또한 상대적으로 기억 보조 활동을 하거나 노트 적기 방법을 덜 사용하고 있는 것은 한국어 어휘 교수의 현장을 보여 주는 일례이다. 사전 찾기나 추측은 개별적으로 이루어지는 전략 사용임에 비해 기억 보조 활동이나 노

9 어휘 학습 전략이 학습자가 제2언어권에 거주하는 거주 기간에 따라 달라진다는 연구 결과가 있어서 학습자의 거주 기간에 따라 집단별 차이를 알아보는 것이 의미 있는 결과를 제시할 수도 있을 것으로 생각되나, 이 실험의 응답자들의 인구 속성학적 특징이 모두 현재 한국어 학습기관에서 한국어 수업을 받고 있는 학습자이기 때문에 그들의 거주 기간이 대부분 1~2년 정도여서 거주 기간에 따른 차이는 살펴 볼 수 없었다.

트 활용 전략과 같은 경우는 교사의 지도 아래 수업 시간에 이루어 질 수 있는 교수 방법과 결합된 전략 사용이다. 그런데 학습자들이 그런 방법에 별 관심을 갖고 있지 않은 것을 보면, 앞의 개별 인터뷰에 나타난 것처럼 특별히 어휘 학습 전략에 대한 자각이나 인식을 하고 있지 않다는 것을 역설적으로 증명하는 것으로 보인다.

4. 연구의 의의와 한계

어휘 학습 전략과 교수법을 나누는데 어떤 기준을 사용하여 적용하든 언어 교사에게 주는 시사점은 여러 가지 방법을 사용할 수 있는 환경을 제공해 줘야 한다는 점이다. 어휘 학습은 어떤 전략을 언제 사용하느냐에 따라 효과적이거나 효과적이지 못 하거나의 문제이지, 무엇이 가장 좋고, 무엇이 가장 나쁜 문제가 아니다. 그러므로 다양한 학습 전략들을 사용할 수 있는 방법들을 모색해 보는 것은 학습자의 어휘력 향상에 필수적인 요소의 하나라고 생각한다.

이 연구는 무엇보다도 전략의 사용이 학습자의 자각과 같이 이루어 질 때 더욱 효과적이라는 점에 기반하여 전략적인 어휘 학습과 어휘 교수를 생각해 볼 필요가 있다는 점을 지적했다. 학습자들의 어휘량의 만족도는 그들이 얼마만큼 학습 전략에 대해 자각하고 있는가 하는 문제와 연결되어 있음에도 불구하고, 한국어 학습자들은 자신들이 어떤 전략을 사용하여 어휘를 학습하고 있는가에 대해 별다른 자각이 없이 어휘 학습을 하고 있다. 또한 그들이 선호하고 있는 어휘 학습 전략은 성공적인 어휘 학습자가 사용하는 방법과는 차이가 드러났다. 이런 결과는 학습자들의 학습 전략에 대한 자각이 없는 것과도 상관이 있지만 실제로 어휘 학습이 교과 과정 안에서 다양한 어휘 교수 방법과 함께 진행되고 있지 않다는 것을 시사하는 것이기도 했다.

이 연구는 다양한 언어권의 일반적인 한국어 학습자를 대상으로 하려다 보니 80명의 설문 조사밖에 하지 못했다는 양적 연구로서의 한계점이 남는다. 그러나 양적 연구의 한계를 극복해 보고자 심층 인터뷰를 통해 고급 학습자들의 어휘 학습 전략에 대한 인식으로부터 출발했다. 좀 더 많은 학습자를 대상으로 한 연구를 통해 보완할 필요가 있다.

향후 관련 연구를 위한 제언

본 연구를 진행하여 양적 연구로서의 설문지 조사 결과를 가지고 통계 검증을 실시하였으나 t검증이나 언어 수준에 따른 F검증 결과 통계적으로 유의미한 차이가 나타나지 않았다. 다른 학습자들을 대상으로 한 연구를 실시해서 본 연구와 다른 점을 확인하는 작업이 필요하다. 설문지의 문항 수가 많은 것이 응답자에게 부담이 될 수도 있으므로 연구 방법을 학습자들이 스스로 어휘 학습 방법을 인터뷰하는 방법으로 조사하여 비교해 보는 것도 좋을 것이다.

5. 어휘 학습에서 모국어와 사전의 역할에 관한 논의

제2언어 학습자들의 어휘 학습이 모국어에 영향을 받는다는 것은 그들이 생산해 내는 어휘 오류 중에 4분의 1 정도는 모국어의 영향이며 특히 연어 선택의 오류 같은 경우는 50% 정도가 모국어의 영향 때문이라고 밝혀져 있다(Hemchua & Schmitt, 2006, Nesselhauf, 2003). 그리고 대부분의 학습자들은 이중언어 사전을 사용하며, 모국어 번역을 통해 외국어를 배우는 것은 사실임에도 불구하고, 한동안 제2언어 교육에서 모국어의 사용을 배제한 교수법이 유행하면서 모국어의 역할이 축소된 측면이 있다.

그러나 모국어를 사용하는 번역의 방법이 효과적인가를 측정해 본 연구 결과를 살펴보면 모국어의 도움이 L2 어휘 습득에 도움이 된다는 연구 결과가 많다. 예를 들어 L1-L2 단어쌍을 활용한 연습이 모국어를 사용하지 않는 L2-그림쌍 연습 보다 효과적이라는 연구 결과를 비롯하여, 번역이 효과적인 어휘 습득의 방법임을 밝혔다(Prince, 1996, Ramachandran & Rahim, 2004, Laufer & de Groot, 1998). 번역의 효과에 대한 연구를 살펴보면 고급 학습자보다 초급 학습자가 번역을 더 많이 사용한다고 하며, 학습자의 특성에 따라서는 모국어로 정확한 의미를 확인하기 전까지는 불안해하는 학습자가 있고 이것이 어휘 습득에 영향을 미친다는 결과가 드러났다. 그러나 어휘 습득 초기 단계에 의미와 형태의 연결을 형성시키는데 모국어를 사용하는 것이 방해가 된다는 논의 역시 여전히 존재하고 있기 때문에 이 부분과 관련된 연구는 습득의 단계에 따라 다른 결과를 제시할 수 있어서 더 많은 연구가 나와야 할 것으로 생각한다.

한국어교육에서는 모국어 번역이나 사전 찾기는 가장 오래된 언어 학습 방법인데 너무 당연한 어휘 학습 방법임에도 불구하고 아직까지는 학습자의 모국어를 사용하는 것에 대한 평가가 이루어지지 않았다. 한국어교육에서 이루어지는 많은 연구들이 한국어가 모국어 화자인 선생님들에 의해 진행되는 경우가 대부분이어서 학습자의 모국어가 어떻게 어휘 교육에 효과적으로 사용될 수 있는지에 관한 논의들에 관심이 부족한 면이 있었을 것이다. 그러나 외국어 교육의 연구 결과를 보더라도 모국어의 역할이 성인 학습자의 어휘 습득에 여러 방면에서 유용하다면 이것에 대한 평가가 이루어지고 적용 가능한 교수 방법을 모색해 보는 것이 어휘 교육에 있어 하나의 과제이다. 그러므로 이중 언어 사전 찾기나 L1-L2 단어카드, L1-L2 어휘 리스트 같은 방법을 이용한 어휘 학습의 효과를 검증해 보는 작업이 필요하고, 또 이것을 어휘 교수법 안에 효과적으로 넣어서 사용할 수 있는 수업 교안을 계획해 보는 것도 다양한 어휘 학습을 위해 모색되어야 할 방향이다.

원미진·주우동(2016)에서는 단일어 사전과 이중어 사전의 사용이 어휘 학습에 미치는 효과를 연구하였다. 이 연구에서는 이중어 사전이 단일어 사전에 비해 어휘의 단기기억에는 효과가 있었지만 장기기억으로 전환하는 데에는 단일어 사전에 비해 효과적이지 못함을 밝혔다. 그러나 학습자들의 선호도가 이중어 사전이고 학습자의 어휘 학습의 목표가 읽기를 위한 이해 어휘의 확장에 있다면 이중어 사전이 이런 목적에는 부합하고 있음을 확인하였다고 하겠다.

☑ 사전 사용과 모국어 사용이 어휘 습득에 미치는 영향 연구[10]

어휘 학습을 위해 단일어 사전을 사용하는 것이 효과적이냐 이중어 사전을 사용하느냐는 논쟁은 오랫동안 계속되어 왔으며 단일어 사전을 권장하는 분위기가 있었다. 그러나 단일어 사전의 사용은 이중어 사전의 사용에 비해 시간과 노력이 비용이 들며 학습자의 성격에 따라서는 모국어 대역어의 확인을 하지 않으면 불안감을 느끼기도 한다. 본고는 이중어 사전의 사용이 어휘 학습의 효과에 차이가 없다면 이중어 사전의 사용도 문제가 없음을 증명하고 싶어서 수행한 연구이다.

1. 사전 사용이 어휘 학습에 미치는 영향에 대한 연구

단일어 사전은 표제어 항목들과 그에 대한 설명도 같은 언어로 되어 있는 사전이고 이중어 사전은 둘 이상의 언어로 대역된 사전이다. 두 유형의 사전의 교육적 효과에 대한 논의는 학습자의 선호도뿐만 아니라 교육적 효과에 대한 논쟁이 있다. Ryu(2005)는 영어를 배우는 한국인을 대상으로 한국인 영어 교사와 학습자들의 전반적 사전 사용 현황을 조사하였는데 이중어 사전과 단일어 사전을 비교했을 때, 교사는 이중어 사전보다 단일어 사전을 더 선호하는 경향이 있는 반면에 학습자들은 이중어 사전을 선호하는 경향이 있다고 보고하였다. 제2언어로 영어를 배우는 학습자를 대상으로 한 연구에서 Wingate(2002)는 중급 학습자들을 대상으로 단일어 사전과 이중어 사전이 읽기 이해 및 우연적 어휘 학습에 끼치는 영향을 비교하였다. 먼저 학습자들의 두 사전의 선호도에 대한 조사 결과 중급 학습자들은 단일어 사전보다 이중어 사전

---

10 원미진, 주우동(2016) '사전 사용이 읽기 이해도 및 어휘 학습에 미치는 효과 : 단일어 사전과 이중어 사전 사용 비교'(한국사전학)의 내용을 재구성 하였음.

을 더 선호하는 것으로 나타났지만 각 사전을 사용한 두 집단의 읽기 이해 및 우연적 어휘 학습 실험 결과는 이중어 사전이 단일어 사전보다 더 효과적이라는 증거는 발견하지 못했다. 반대로, Hayati & Pour-Mo-hammadi(2005)는 이중어 사전 사용 집단, 단일어 사전 사용 집단, 사전을 사용하지 않는 통제집단으로 나누어 사전이 읽기 이해에 미치는 영향에 대해 비교하였는데 그 결과는 읽기 이해 테스트에서 사전을 사용한 집단이 문맥을 통해 읽기 과제를 수행한 통제집단보다 월등히 좋은 점수를 받았다고 하였으며 이중어 사전 사용 집단의 평균 점수가 단일어 사전 사용 집단의 평균 점수보다 유의미하게 높은 것으로 나타냈다. 반면에 하지형(2006)에서는 단일어 사전과 이중어 사전이 한국인 영어 학습자의 기억 어휘 수와 어휘 기억의 지속에 미치는 영향을 비교한 결과 이중어 사전 집단이 단기기억과 장기기억에서 단일어 사전 집단보다 모두 좋았으나 기억의 지속에 있어 단일어 사전은 장기기억에 더 효과적이었음을 밝혔다.

한국어교육에서 이루어진 사전 사용의 효과의 연구를 보면 박꽃새미(2008)과 이청(2012)의 연구를 살펴볼 수 있다. 먼저 박꽃새미(2008)는 중국인 한국어 학습자들의 이중어 사전과 단일어 사전의 선호도 조사 결과 학습자들은 단일어 사전보다 이중어 사전 사용을 더 선호한다는 사실을 확인하였다. 그리고 쓰기 과제 수행 과정에서의 사전 사용 양상에 대한 조사 결과, 이중어 사전은 맞춤법이나 의미 파악에 사용한 반면 단일어 사전은 활용법, 문법, 연어, 사용역을 검색하기 위해 사용하고 있다고 하였다. 또한 이 연구에서는 실제 어휘 사용 성공률을 분석했는데 단일어 사전이 이중어 사전을 사용하는 것보다 목표어에 가깝다고 주장하였다. 반면에 이청(2012)에서는 중국인 한국어 학습자들은 이중어 사전과 단일어 사전의 선호도와 한한중사전의 사용 효과를 측정하였다. 학습자들은 단일어 사전보다 이중어 사전을 더 선호하였고 한한중사전의 효과에 대한 실험에서 어휘의 단기기억 측정에 있어서는 한중사전 집단의 점수가 한한중사전 집단보다 높은 것으로 나타났으나 어휘의 장기기억 측정에서는 한한중사전 집단의 효과가 좋다는 것을 밝혔다.

위에서 살펴본 것처럼 단일어 사전과 이중어 사전 중에 어떤 사전이 제2언어 학습에 더 유용한가에 대한 연구들은 사전 학습의 효과에는 의문의 여지가 없지만 단일어 사전과 이중어 사전의 학습 효과에 대해서는 일관된 결론이 나타나고 있지 않음을 확인할 수 있다. 또 한 가지 고려해야할 점은 어휘 학습과 습득의 문제는 어휘의 어떤 지식을 측정하는가에 따라 달라질 수 있다는 점이다. 다시 말하면 어휘의 이해지식이냐 표현지식이냐에 따라 그 어휘를 안다고 하는 것이 달라질 수 있다 (원미진, 2013). 앞의 선행 연구들의 사전 학습의 효과는 그 효과 측정이 단기기억 혹은 장기기억에 영향을 미치는가를 측정하였거나 아니면 어휘가 아닌 다른 영역과 비교하여 살펴본 연구들이다. 그러므로 본고에서는 어휘 습득과 읽기 이해에 미치는 영향을 살펴보기 위해 어휘 지식을 이해 어휘 지식과 표현 어휘 지식으로 나누어 살펴보고자 한다.

2. 연구 대상 및 연구 절차
1) 연구 대상

본고에서는 두 유형의 사전 사용의 효과를 어휘 습득 및 읽기 이해에 미치는 영향과의 관계를 중심으로 살펴보고자 한다. 본 연구에서 사용하는 단일어 사전은 한국어 학습자를 위한 〈한국어기초사전〉이며 이중어 사전은 본 연구의 연구 대상이 중국인이라는 것을 고려하여 〈네이버

한중사전〉을 사용한다.[11]

서울 지역에 있는 Y대학교 한국어교육 기관에 다니고 있는 중급 학습자[12]들을 이중어 사전 집단과 단일어 사전 집단으로 나눠서 각 10명씩 총 20명을 대상으로 연구를 진행하였다. 연구 대상의 구체적인 정보는 다음〈표 1〉과 같다.

〈표 1〉연구 대상

연구 집단	N	등급	연령대	국적
이중어 사전 집단	10	중급	20대	중국
단일어 사전 집단	10	중급	20대	중국

연구의 전 단계에서 학습자들을 대상으로 사전 사용 현황을 알아보기 위해 읽기를 할 때 사용하는 사전의 유형과 사전의 선호도에 대한 면담을 실시하였다. 학습자들과의 면담을 통해서 학습자들이 평소에 자주 사용하는 사전은 네이버 사전이라는 것을 확인하였고 이 중에서 단일어 사전과 이중어 사전의 선호도에 대해 이중어 사전을 선호한다는 것을 확인하였다.[13]

2) 연구 도구

본고에서 Oh(2001)에 따라 읽기 이해의 측정 영역을 전체적 내용 이

---

11 요즘 학습자들은 거의 종이책 사전을 안 쓰고 인터넷 사전으로 검색하는 것이고 학습자들이 가장 많이 쓰는 한중사전인 네이버 한중사전이기 때문에 네이버 한중사전을 이중사전으로 선정하였다.

12 여기서의 중급은 한국어능력시험 중급 취득한 것이 아니라 한국어교육 기관 중급을 다니고 있는 학습자들이다.

13 Baxter(1980), Tomaszczyk(1983), Wingate(2002), Ryu(2005)에서도 학습자들은 일반적으로 이중어 사전을 더 선호하다고 지적하였다.

해, 세부적 내용 이해, 추론적 내용 이해로 나누었다. 전체적 내용 이해는 하나의 주제에 대해 몇 개의 단락으로 이루어진 글 전체를 읽고 그 안에서 말하고자 하는 중심 생각 또는 주장하는 것을 찾는 과제이며 세부적 내용 이해는 글에서 제시된 명제나 개념에 대한 세부 사항들에 대해 글 안에 직접적으로 제시된 내용을 이용해 개념을 확인하는 과제이다. 추론적 내용 이해는 글을 읽고 맥락을 활용하거나 개념을 근거로 해서 글에 직접적으로 제시되어 있지 않은 사실들에 대해 추론을 하는 것이다. 읽기 이해도 테스트 문항은 텍스트 당 3개, 총 6개로 구성하였으며, 선다형 질문을 사용하였다.

연구에 사용한 읽기 텍스트는 중급 학습자에게 어려울 만한 TOPIK 고급 텍스트 2편을 선정하였다. 학습자의 수준보다 한 단계 난이도가 높은 텍스트를 사용한 이유는 텍스트가 어렵지 않아서 사전을 찾을 필요도 없이 이해하는 데 문제가 없을 경우, 사전의 효과를 측정하기가 어렵기 때문이다.

목표 어휘는 모든 실험 참여자들은 텍스트를 읽을 때 모르는 어휘 20개를 선정하였으며 다음 〈표 2〉와 같다.[14]

〈표 2〉 목표 어휘

일컫다, 미성숙하다, 확산되다, 향유하다, 흐름, 주도하다, 커다랗다, 풍족하다, 확대되다, 공유하다, 허리띠, 거처, 정착, 과시하다, 장식, 상징하다, 기원하다, 엮다, 늘어뜨리다. 형성하다.

---

14 어휘 선정을 위해 모든 실험 참여자들이 모르는 어휘를 체크하도록 했으며 참여자들은 최소 20개 이상의 어휘를 모르는 것으로 체크하였다. 선정된 어휘는 모든 실험 참여자들이 모른다고 응답한 20개를 대상으로 하였다.

3) 동질성 테스트 및 어휘 테스트

비교 연구를 하기 전에 무작위로 선정된 이중어 사전 집단과 단일어 사전 집단의 읽기 능력이 동일한 중급 수준인지 검증하기 위해 동질성 테스트를 실시하였다. 검사는 TOPIK 34회 중급 문제에서 읽기 영역에 해당하는 문제 중 4문제를 뽑아서 구성하였다. 본 실험에서 사용한 읽기 이해도 측정 문항들은 실험 참여자들의 한국어 숙달도 수준보다 높은 난이도를 가진 고급문항들을 사용하였지만, 동질성 테스트는 실험 참여자들의 한국어 숙달도 수준과 비슷한 난이도의 중급의 문제들을 사용하였다. 채점은 TOPIK의 배점을 따르기로 하였다.[15]

사후 1차 어휘 테스트는 읽기 이해도 평가가 끝난 후에 바로 실시하였다. 의미 제시는 어휘의 수용적 이해 영역에 해당하고 문장 만들기는 어휘의 생산적 표현 영역에 해당하는 것을 측정하기 위한 문항이다. 어휘의 수용적 이해를 측정하기 위하여 목표 어휘의 의미를 한국어 또한 중국어로 쓰게 하고 어휘 생산적 사용을 측정하기 위하여 목표 어휘를 사용하여 문장을 만들도록 하였다.[16] 읽기 과정에서 어휘에 너무 집중하지 않도록 어휘를 테스트하기 전에 어휘 테스트가 있다는 것을 연구 참여자에게 미리 알려주지 않았다.

사후 2차 어휘 테스트는 1차 어휘 테스트가 끝난 대략 일주일 후에 테스트하였다. 분석에서는 1차 어휘 테스트도 2차 어휘 테스트와 같은 20개 목표 어휘를 분석하여 채점하였다. 실험 참여자가 한 어휘에 대해

---

15 4개 문제이며 첫 번째 문제는 4점이고 나머지 3개 문제는 각 3점 총 13점으로 배점하였다.

16 어휘 지식을 두 가지로 측정한 것은 앞에서 제시했듯이 어휘 지식이 수용적 지이냐 표현적 지식이냐에 따라 달라지기 때문이며, 본 연구에서는 두 가지 어휘의 지식을 각각 측정하고자 하였다.

서 의미를 맞게 쓰는 경우 1점, 틀리거나 비어 있는 경우 0점, 그리고 한 어휘에 대해서 문장을 맞게 만드는 경우 1점, 틀리거나 비어 있을 때 0점의 기준으로 채점하였다.

3. 결과 분석
1) 읽기 이해도 테스트 결과

이중어 사전 집단과 단일어 사전 집단이 읽기 이해도에 미치는 영향을 알아보기 위하여 두 집단 간의 차이를 분석하였다. 결과는 다음 〈표 3〉와 같다.

〈표 3〉 읽기 이해도 테스트 결과(Mann-Whitney 검증)

연구 집단	읽기 이해도 평균 점수	표준편차	유의확률
이중어 사전 집단	9.60	4.19	.090
단일어 사전 집단	12.20	3.52	

통계 분석 결과를 보면 이중어 사전 집단과 단일어 사전 집단 간에 평균 점수 간에 차이가 보인다.[17] 그러나 이러한 점수의 차이는 통계적으로는 유의미한 차이를 보이지 못했다. 이 결과를 보면 평균 점수의 차이에 있어 단일어 사전을 사용한 집단의 점수가 높아 보이는 것은 우연한 결과일 수 있다고 인정하는 것이 타당한 해석이라 판단된다. 읽기 이

---

17 본 실험에서 실시한 통계 검증 방법은 샘플 수가 적은 관계로 다음과 같은 통계적 절차에 따라 진행하였다. 실험 샘플이 10인 경우에 정규성 검증을 통하여 정규성이 인정되면 t검증을 할 수 있고, 정규성이 인정되지 않으면 비모수 통계법을 상용하여야 한다. 본 데이터로 통계를 돌리면서 정규성이 인정되는 경우는 검증력에서 더 의미가 있는 t검증 값을 제시하였고, 그렇지 않은 경우는 비모수 통계값을 제시하였다.

해는 여러 가지 요인이 종합적으로 상호작용을 하는 것이기 때문에 어휘의 의미만을 다 안다고 해도 텍스트를 이해한다고 말할 수 없으며 이러한 읽기 이해에 이중어 사전과 단일어 사전의 사용이 차이를 주는 큰 변수라고 보기 어렵다는 결론을 내릴 수 있다.

2) 사후 1차 어휘 테스트 결과

이중어 사전과 단일어 사전이 어휘 단기기억에 미치는 효과를 측정하기 위해서 읽기 테스트를 끝나고 바로 사후 1차 어휘 테스트를 실시하였다. 어휘의 이해 영역과 표현 영역으로 나눠서 단어의 뜻을 기억하고 있는지, 이 단어를 바로 사용할 수 있는지 측정하였다. 앞에서 제시한 채점 기준에 따라 얻은 점수에 대해서 이중어 사전 집단과 단일어 사전 집단 간에 차이가 있는지 알아보기 위해 t-검증을 실시하였고 결과는 다음 〈표 4〉과 같다.

〈표 4〉 사후 1차 어휘 테스트 결과

연구 집단	N	이해 영역 평균 점수	표준 편차	t값/ 유의확률	표현 영역 평균 점수	표준 편차	t값/ 유의확률
이중어 사전 집단	10	16.60	1.90	.184/ .856	7.10	2.81	-5.627/ .000*
단일어 사전 집단	10	16.40	2.88		14.80	3.29	

*p<.05

사후 1차 어휘 테스트 결과에 대한 통계 분석을 살펴보면 이해 영역 어휘에 있어서는 평균 점수 간에 차이가 없다고 볼 수 있고 표현 영역에 있어서의 차이는 통계적으로 유의미한 차이가 나는 것으로 확인되었다. 이는 단일어 사전이 어휘를 이해 영역을 표현 영역으로 전환하는 데에 효과가 크다고 할 수 있다. 다시 말하면 단일어 사전은 이해 능력에는 큰 차이를 주지 않지만 표현 능력의 향상에는 더 도움이 된다는 것을 확인할 수 있다.

3) 사후 2차 어휘 테스트 결과

이중어 사전과 단일어 사전이 어휘 장기기억에 미치는 효과를 측정하기 위해서 사후 1차 어휘 테스트가 끝난 일주일 후에 사후 2차 어휘 테스트를 실시하였다. 사후 1차 어휘 테스트와 같은 방식으로 어휘의 의미 제시와 문장 만들기로 나눠서 단어의 뜻을 기억하고 있는지, 이 단어를 사용할 수 있는지 측정하였다. 집단 간에 차이가 있는지 알아보기 위해 t-검증을 실시하였고 결과는 다음 〈표 5〉과 같다.[18]

〈표 5〉 사후 2차 어휘 테스트 결과

연구 집단	N	이해 영역 평균 점수	표준 편차	t값/ 유의확률	표현 영역 평균 점수	표준 편차	t값/ 유의확률
이중어 사전 집단	10	8.70	3.92	-2.766/. 013*	4.80	3.19	-5.147/ .000*
단일어 사전 집단	10	12.80	2.57		11.40	2.50	

*p<.05

장기기억의 효과를 측정한 실험에서는 단기기억과는 달리 두 영역 모두에서 단일어 사전 집단이 좋은 점수를 얻은 것이 통계적으로 유의미한 차이가 있는 것으로 드러났다. 이러한 결과를 1차 테스트와 비교해 보면 이해 영역의 어휘 점수에 있어 이중어 사전의 경우에 단기기억

---

18 두 집단의 차이에 대한 비모수 통계 분석 결과도 두 영역 모두 통계적으로 차이가 있는 것으로 판명되었다.

을 측정한 것에서는 높은 점수를 보였던 집단인데 비해 장기기억에서 점수 폭에 변화가 크게 나타났기 때문이다. 1차 테스트와 2차 테스트 점수를 비교한 점수를 〈표 6〉에 제시하였다.

〈표 6〉 사후 1차 어휘 테스트와 사후 2차 어휘 테스트 비교

어휘 테스트	이중어 사전 집단		단일어 사전 집단	
	이해 영역	표현 영역	이해 영역	표현 영역
사후 1차 어휘 테스트	16.60	7.10	16.40	14.80
사후 2차 어휘 테스트	8.70	4.80	12.80	11.40
비교(감소폭)	7.90	2.30	3.60	3.40

단기기억이 장기기억으로 넘어가면서 가장 어휘 점수가 감소한 경우는 이중어 사전을 사용한 이해 어휘의 측정 능력이었다. 단일어 사전을 사용한 경우에는 점수 감소폭이 3.6점에 불과하였지만 이중어 사전을 사용한 경우는 감소폭이 그 배에 이른다. 반면에 단일어 사전을 사용한 경우에 있어서는 이해 영역이나 표현 영역 점수의 감소폭이 비슷하게 나타났다. 이러한 결과를 종합하여 보면 단일어 사전이 어휘의 장기기억에는 도움이 된다는 점을 알 수 있다.

4) 사전 유형에 따른 효과 분석 결과

앞에서 제시한 어휘의 단기기억 및 장기기억에 영향을 미치는 두 가지 유형의 사전 사용을 한 눈에 볼 수 있도록 〈그림 1〉에서 비교하여 제시하였다.

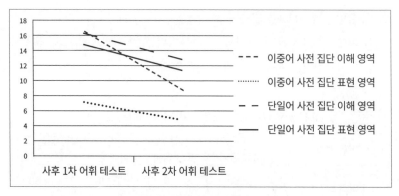

〈그림 1〉 1,2차 어휘 테스트 비교 결과

사전 사용이 어휘 학습에 미치는 효과에 대한 단기기억 측정에 있어서는 이중어 사전이나 단일어 사전이 모두 어휘의 이해 능력 측정에 있어서는 큰 차이를 보이지 않았다. 표현 영역에 있어서는 단기기억에 있어서 차이가 나타났는데 이중어 사전의 경우에는 표현 어휘 능력이 현저하게 낮게 나타났다. 이는 이중어 사전은 어휘의 표현 능력을 획득하는 데에는 상대적으로 효과가 없음을 드러내주는 결과라고 할 수 있다.

어휘 학습의 장기기억을 측정한 결과를 살펴보면 이중어 사전을 사용한 이해 영역의 어휘 능력 점수의 감소폭이 가장 크게 나타났다. 이는 이해 어휘가 장기기억으로 넘어가는 데 있어서 이중어 사전보다 단일어 사전이 훨씬 효과적임을 알게 해주는 결과이다. 또한 표현 어휘의 경우에 있어서도 단일어 사전의 효과가 이중어 사전에 비해 훨씬 높은 것을 확인할 수 있었다. 다시 말하면 단일어 사전을 사용한 집단이 이중어 사전을 사용한 집단에 비해 더 많은 어휘를 산출로 전환하고 있음을 알 수 있는 결과이다.

4. 결과의 함의 및 제언

본 연구를 계획할 때는 텍스트 이해의 경우에 이중어 사전이 학습자들에게 더 효율적인 정보를 제공할 수 있을 것이라는 가설을 생각해 보고 실험을 실시하였으나 실험 결과는 차이가 없었다. 추후에 분량이 더 많은 읽기 텍스트를 제공하거나 텍스트 수준이 높은 고급 학습자의 경우에는 어떻게 나타나는지에 대한 연구가 보완된다면 두 가지 유형에 대한 사전 사용이 읽기 텍스트 이해에 미치는 영향에 대한 연구 결과를 보완할 수 있을 것이라 생각한다. 본 실험에서는 중급 한국어 학습자들의 경우에 읽기 텍스트 이해에 두 가지 사전의 유형은 큰 차이를 보이지 않았다고 할 수 있겠다.

두 번째는 어느 사전이 어휘 단기기억과 장기기억에 더 도움이 되는가를 실험한 것으로, 본 연구는 어휘를 수용적 이해와 생산적 사용으로 측정하기 위해 이해 영역과 표현 영역으로 나눠서 사후 어휘 테스트를 실시하였다. 이중어 사전은 단일어 사전에 비해 어휘의 단기기억에 있어서는 상대적으로 효과가 있지만 어휘의 이해를 사용으로 전환하는 데에 효과적이지 못함을 알 수 있었다. 장기기억에 대한 사후 테스트 결과 역시 단일어 사전이 이해 영역 및 표현 영역 모두에 더 좋은 효과를 나타내었다. 이 결과를 정리하면 단일어 사전이 한국어 중급 학습자의 어휘 학습에는 더 도움이 되는 것으로 판단된다.

이러한 연구 결과는 선행 연구에서 보여준 결과와 크게 다르지 않다. 박꽃새미(2008)과 이청(2012)에서도 학습자들은 이중어 사전을 선호하는 것으로 밝혀졌고 쓰기나 어휘 습득 결과는 단일어 사전을 사용한 것이 더 효과적임을 밝혔다. 본 연구의 결과도 학습자들의 면담을 통해 학습자들은 이중어 사전을 선호한다고 밝혔으나 어휘 습득 결과를 보면 단일어 사전이 더 습득에 도움이 되는 것으로 나타났다. 다만 본 연구는 실험 대상 학습자 수가 적으며 실험에 사용된 읽기 텍스트의 선정과 실험이 단기간에 진행되었다는 것을 연구의 한계로 지적하고자 한다.

그럼에도 불구하고 사전 사용의 효과를 측정하기 위한 연구 결과로 의의가 있으며 이를 바탕으로 하여 한국어 학습자의 어휘 학습과 읽기 이해를 위해 다음과 같은 몇 가지 제언을 하고자 한다.

첫째, 학습자들은 읽기 텍스트를 읽거나 어휘를 학습할 때 단일어 사전에 비해 이중어 사전을 선호하며 본 연구 결과 읽기 이해를 위한 사전 사용의 경우에 이중어 사전의 효과가 단일어 사전에 비해 크게 차이가 나지 않는다. 그러므로 학습자들이 빠른 이해를 위해 이중어 사전을 사용하게 하는 것이 어휘 교수를 위해 타당한 방법의 하나일 수 있음을 이해하여야 한다.

둘째, 학습자들이 이해를 위한 어휘 습득이냐 표현을 위한 어휘 습득이냐에 따라 사전 사용을 달리할 필요가 있다. 이해를 위한 어휘 습득의 경우에 이중어 사전의 의미 파악은 단기기억에 있어 단일어 사전에 비해 뒤지지 않는다. 다만 학습자들의 장기기억이나 생산적 지식을 습득하기 위한 어휘 학습이라면 한국어 목표어로만 된 단일어 사전이 더 효과적임을 이해하고 교수 학습 방법을 계획하는 것이 필요하다.

셋째, 이중어 사전과 단일어 사전의 어휘 교육 및 읽기 교육의 효과는 어휘 지식의 종류 및 읽기 텍스트의 이해 문항의 종류에 따라 다르다. 그러므로 단순한 이분법적인 사고로 사전의 유형에 따른 언어 교육의 효과를 논하기 보다는 위에서 논의한 것처럼 언어 교육의 목적에 따른 선택이 되어야 한다.

향후 관련 연구를 위한 제언

본 연구는 모어로 사전의 정보를 파악하는 것이 어휘 학습에 도움을 줄 수 있다는 것을 증명해 보고자 시도한 실험적 연구이나 연구 결과는 표현 어휘의 학습을 위해서는 단일어 사전의 사용이 더 효과가 있었다는 기존 연구들과 같은 결과를 얻었다. 추후 연구로는 학습자의 수준에 따라 달라지는지에 대한 연구가 필요하며, 텍스트 이해 및 어휘 측정을 위한 문제 수를 좀 더 많이 해서 연구의 타당성을 확보해 볼 필요가 있다.

또한 현실적으로 학습자들이 웹사전의 사용이 일반적인데 웹사전의 정보 처리 방법에 대해서도 학습자의 학습 선호도 및 학습 효과와 함께 연구해 본다면 사전 사용과 어휘 학습에 관한 의미 있는 결과를 얻게 될 것이다.

6. 한국어교육의 어휘 교수 방법 연구의 동향에 대한 논의

어휘 교육에 관한 연구는 문법 연구에 비해 늦게 주목받았으나 교수법과 그 효과를 측정하기 위한 도구로서 다른 분야에 비해 많은 실험 연구가 이루어졌다. 본 절에서는 그동안 이루어진 어휘 교육 연구를 모아서 어떤 기준으로 분류 가능하며, 이를 바탕으로 소규모의 메타분석을 시행하여 보도록 하겠다.

☑ 한국어 어휘 교수 방법의 효과에 관한 연구[19]

이 연구를 진행할 때는 두 가지의 목적이 있었다. 하나는 한국어교육의 실험 연구에서 학습자 변인이 어떻게 결과에 영향을 미치는가를 알아보기 위해 실험 대상을 어떤 변인으로 나누어 살펴보고 있는가를 살펴보는 것이었고, 또 하나는 어휘 교육의 실험 연구들이 많아진 이 시점에 이 중에 어떤 경우에 어휘 교육 효과가 있을까를 검증하는 작업이었다. 결론적으로는 어휘 교육 연구들 전체를 변인에 따라 효과크기를 비교해 보는 것은 가능했으나 어휘 교육 연구의 주제별 분류에 따른 결과를 연구 자료의 제한으로 인해 살펴볼 수 없었다. 다만 이 연구를 통해 그동안 한국어교육의 어휘 교육을 대상으로 진행된 실험 연구의 경향을 살펴보는 것은 어휘 교육 연구에서 양적 연구들의 동향을 살펴볼 수 있다는 점에서 의의가 있을 것이다.

1. 한국어 어휘 교육에서 실험 연구는 어떻게 진행되어 왔나?

본고는 먼저 한국어교육 연구 중에 어휘 교육 방법이나 어휘 교수

---

19   원미진(2017) '한국어 어휘 교육 연구의 학습자 변인에 대한 메타분석'(문법교육)의 내용을 재구성하였다.

방법의 효과를 증명하고자 실시된 실험 연구를 수집하여 어떻게 학습자 집단을 선정하고 범주화하여 연구하고 있는가를 살펴볼 것이다. 그리고 실험 설계 방법이 일정하게 이루어진 연구를 선정하여 교수 방법의 효과크기를 비교하면서 변인에 따라 달리 나타난 교수 방법의 효과를 살펴보기 위해 메타분석(meta-analysis)을 실시하고자 한다. 이를 통해 학습자 변인의 특성에 따라 어휘 교수 방법의 효과가 어떻게 나타나고 있는가를 통합적으로 살펴보고, 학습자 집단의 특성에 따른 교수 효과의 문제에 대한 시사점을 제시하고자 한다. 본고에서는 어휘 교수 학습과 관련된 실험 연구들의 학습자 집단의 특성을 규명하기 위해 각각의 연구에 참여한 대상자의 성격을 범주화하는데 있어 학습자 집단의 언어권, 언어 숙달도, 그리고 언어 교수 환경으로 나누어 분석해 보고 언어권과 언어 숙달도 및 학습자의 기타 교수 환경의 특성에 따라 교수 방법의 효과가 어떻게 달리 나타나는지를 살펴보고자 한다. 이를 통해 현재까지 진행된 어휘 교육의 실험 연구에 나타난 교수 효과가 학습자 집단의 특성에 따라 어떻게 나타나고 있는가를 파악해 볼 것이다.

2. 연구 대상 및 연구 방법
1) 연구 대상 선정

본 연구는 메타분석을 위한 선행 연구 선정을 위해 먼저 riss에서 '한국어교육' '어휘 교육' '실험 연구'라는 키워드와 이를 조합한 키워드를 사용하여 연구 대상 논문을 우선 검색하였다. 한국어교육 연구에서 이루어진 실험 연구는 대체로 학위 논문에서 수행된 경우가 많으므로 우선 학위 논문을 중심으로 살펴보았다. 학위 논문이 아닌 학술지 논문도 포함하고자 하였으나 학술지 논문의 경우에 학위 논문으로 발표된 논문을 다시 게재했거나 발표 전에 게재한 것들이 있고 이에 대한 판별이 정확하지 않을 경우에 두 개의 연구가 들어갈 우려가 있다. 학위 논문에 비해 학술지 논문에는 한국어 어휘 교육과 관련된 실험 연구의 숫자가 상대적으로 적으며, 또한 학술지 논문의 경우는 학위 논문으로 발표된 논문 중에 교수 학습의 효과가 유의미한 경우에 학술지 게재 가능성이 높다는 점을 고려해서 본 연구에서는 우선적으로 학위 논문만을 대상으로 진행해 보았다.

한국어 어휘 교육과 관련된 키워드를 통해 검색한 결과 400여 편의 논문이 선정되었으며, 1차적으로 이 목록의 제목을 검토하면서 한국어 교육이 아닌 논문을 제외하였다. 상당수의 논문은 영어 교육의 논문이거나 다른 영역에서 이루어진 논문이었다. 또한 제목을 통해 읽기나, 쓰기, 말하기의 교수 방법의 효과에 대한 측정이 제목에 나타난 논문을 제외하였다. 논문의 제목은 대체로 '(어휘) 교육 방안'이나 '(어휘) 교수 효과', '(어휘) 교수 효과의 영향' 등으로 끝나는 논문으로 약 150여개의 논문이 2차로 선정되었고, 이 논문들을 하나씩 검토하는 작업을 진행하였다. 2차 검토 과정을 통해 논문의 본문이 공개되고 있지 않아서 자료에 대한 접근이 불가하거나 내용이 어휘 교육과 관련이 없는 논문을 제거하여 총 108편의 석사 학위 논문이 연구 대상으로 남았다.[20]

연구 대상은 모두 어휘로 실험을 진행하여 실험 결과의 효과 측정 결과를 제시한 논문들이며, 실험이라고는 할 수 없지만 어휘에 대한 인식 조사, 어휘에 대한 설문 조사가 들어 있는 양적 연구 논문으로 한정하였다. 본 메타분석의 연구 대상을 선정할 때는 발간 연도를 특정하지 않았는데 대부분의 연구는 2000년대 이후에 수행된 연구였으며 대부분의 연구는 2010년 이후에 이루어졌다.

---

20 연구 대상 목록은 본서 205p의 〈부록〉에 제시하였다.

<표 1> 연구 대상 논문의 발간 연도

년도	~2000	2001 ~ 2005	2006 ~ 2008	2009	2010	2011	2012	2013	2014	2015	2016	합계
논문수 (편)	2	1	7	11	13	8	20	19	11	9	7	108

〈표 1〉에서 보는 것처럼 본 연구의 대상이 되는 실험 연구들은 2009년부터 한 해에 열 편 이상씩 나오기 시작하였다. 이는 한국어교육을 전공하는 석·박사생들의 급속한 증가와 연관되어 있음은 물론이지만, 한국어교육의 연구 방법으로서의 실험 연구가 자리를 잡기 시작했음을 의미하는 것으로 볼 수 있다. 구민지(2010)에서는 한국어교육 전체의 실험 연구 논문을 선정하여 그 연구 절차를 살펴봤을 때 실험 연구로 판단할 수 있는 학위 논문을 64편으로 제시하였고 어휘 교육에 대한 연구는 이 중에서 10편으로 보았다. 그런데 불과 5~6년 사이에 어휘 교육에 관한 실험 연구 논문이 이렇게 많이 이루어졌다는 것은 어휘 교육 방법에 관한 연구의 양적 확장을 넘어선 의미를 던져준다. 이와 같은 연구의 경향은 한국어교육 연구에 있어서 실험 연구의 정착 및 연구 결과에 대한 이론적인 연구 방법론상의 논의가 심도 있게 진행될 수 있는 기반이 마련되고 있음을 뜻하는 것으로 볼 수 있다.

2) 연구 방법

메타분석은 많은 선행 실험 연구의 결과가 존재하고 있는 연구 주제에 대해 그 연구 결과들이 논쟁적이거나 다양한 결과를 제시하고 있을 때 이를 통합한 결과를 내기 위하여 사용하는 양적 통계분석 방법이다.

본고에서는 한국어 어휘 교육의 효과와 관련된 논문들을 모아서 어떤 변인들의 조건이 교수의 효과를 높이고 있는가를 살펴보기 위해 메타 분석의 기법을 선택하였다.

어휘 교수 방법의 효과를 검증하기 위한. 양적인 메타분석으로는 Stahl & Fairbanks(1986)의 어휘 교수법의 효과에 대한 메타분석을 들 수 있는데, 이 연구는 모국어로서의 영어 어휘 교수법의 효과를 검증한 것이었다. 한국어교육 연구에 있어서 메타분석 연구는 백재파(2015, 2016)에서 한국어 쓰기 교육의 효과에 대한 분석을 들 수 있다. 이 연구들은 교수 방법과 피드백의 유형을 나누어 각 방법의 효과를 검증하여 보았다.

메타분석이 가능하기 위해서는 선행 실험 연구가 이미 존재하여야 한다는 것과 그 실험 연구들의 조건이 일정 부분 공유되는 부분이 있어야 한다는 것이 전제되어야 한다. 즉, 어휘 교수 방법의 효과를 나누어 보기 위해서는 연구에서 측정해 보려고 한 어휘 교수 방법을 나누어 보는 것이 중요한데 모든 교수 방법이 어느 정도 공통의 성질은 있지만 조금씩 다른데 이를 한 번에 묶어 본다는 것이 메타분석의 단점이기도 하다. 그럼에도 불구하고 메타분석은 각각의 개별 연구에서 제시한 결론을 함께 비교하여 볼 수 있다는 장점이 있으므로 같은 조건이나 이론적 배경, 혹은 이론적 가설을 검증하기 위한 연구들을 함께 묶어서 살펴보는 것이다. 본 연구에서도 어휘 교수 방법에 있어 가장 비슷한 것끼리 묶는 작업을 하였으나 구체적으로 어휘 교수 방법에 대한 검증은 이루어지지 못했으며, 본고에서는 실험이 진행된 학습자 집단의 변인에 따른 검증만을 우선적으로 실시하였다.[21]

---

21 본 논문이 어휘 교수 방법에 따른 효과 검증의 차이에 초점을 맞춘 논문이라면 어휘 교수 방법에 대한 다양한 이론적 검토와 이를 범주화할 수 있는 기준이 필요하다. 그러나 본고의 목적은 한국어 어휘 교육 연구의 학습자 변인의 특성에 대한 탐색에 있으므로 학습자 변인의 특성에 따른 효과 검증을 목표로 두었음을

교수 방법의 효과를 비교하는 실험 연구는 통제집단과 실험집단으로 나누어 실험을 진행하는 것이 일반적이며, 본 연구에서도 메타분석을 하기 위해서 통제집단과 실험집단으로 이루어진 실험 연구를 수집하였다. 연구 대상인 108개의 논문 중에 52개의 논문이 통제집단과 실험집단으로 나눈 실험 연구를 진행하였다. 메타분석을 실시하기 위해 각각의 연구에서 진행된 실험 결과를 다시 한 번 같은 기준으로 변환하여 비교해야 하는데, 이 수치를 효과크기(d : effect size)라고 한다. 효과크기를 구하기 위한 공식은 다음과 같다.[22]

$$d = \frac{\overline{X}_t - \overline{X}_c}{S_p}$$

효과크기를 구하기 위해서는 평균과 표준편차 그리고 실험에 참여한 참여자의 수를 알아야 하는데 본 연구 대상이 된 연구들 중에 실험 결과를 제시할 때 이들 통계 숫자를 제시하지 않았거나, 다른 분석 결과를 제시하느라고 이 세 가지 중에 하나라도 누락된 정보가 있을 때는 이 연구는 본 메타분석의 대상으로 사용할 수가 없다. 예를 들어 몇몇의 연구는 통계량이 제시되어 있지 않거나 평균의 제시 없이 향상률이나 증

밝힌다. 각각의 어휘 교수 방법의 효과에 대한 검증을 위해서는 더 많은 실험 연구들이 진행되어야 한다. 이러한 실험 연구를 바탕으로 구체적인 어휘 교수법의 특성을 반영한 실험 결과의 메타 분석이 가능할 것이다. 이를 위한 연구는 추후 좀 더 선행 실험 연구가 많아지고, 많은 연구 자료를 모은 뒤에 다시 진행하기로 한다.

22 효과크기(d)를 구하기 위한 공식은 실험집단의 평균에서 통제집단의 평균을 뺀 수치를 두 표준편차의 평균의 루트로 나눈 것이다(Hedge & Olkin, 1985). 공식의 Xt는 실험집단의 평균, Xc는 통제집단의 평균, Sp는 두 표준편차 평균의 루트를 의미한다.

가율만 보여 주는 경우가 있었고, 몇몇의 연구는 평균은 제시하고 있지만 표준편차가 제시되어 있지 않은 연구들이 있었다. 그러나 표준편차가 제시되어 있지 않은 연구들이라고 하더라도 학습자 개개인의 측정값이 모두 제시된 경우에는 본 연구자가 표준편차를 계산해서 사용할 수 있었으나 개인별 점수 없이 평균만 제시한 경우는 어쩔 수 없이 메타분석의 자료로 쓸 수 없었다.

분석은 먼저 1차 연구 자료는 엑셀에 코딩하였고, 메타분석을 위해서는 CMA(comprehensive meta-analysis) 패키지를 사용하였다. 코딩을 위해서는 학습자 변인에 대한 범주화가 진행되어야 하므로 실험에 참여한 연구 대상자의 특성을 나누어 보기 위해 먼저 학습자의 언어권과 언어 숙달도를 코딩하였고, 현재 언어를 배우고 있는 기관, 그리고 연구 대상자들이 현재 한국에 있는지(KSL), 외국에 있는지(KFL)에 따라 나누어 보았다.

3. 어휘 교육 연구의 경향 분석
1) 연구 집단의 특성에 따른 경향 분석

어휘 교수 방법의 효과나 교수 방법의 영향을 실험한 연구를 본 연구의 목적에 따라 학습자의 언어권, 언어 숙달도, 언어 학습 기관, 그리고 언어를 배우고 있는 나라를 기준으로 분류를 실시하여 보았다. 108개의 연구를 분석한 결과는 다음 〈표 2〉와 같다.

〈표 2〉 연구 대상 논문의 학습자 변인 분류에 따른 분석

학습자 언어권	학습자 숙달도	학습 기관	학습 국가
다국적 (32) 중국어권 (54) 일본어권 (4) 영어권 (2) 태국 (1) 몽골 (1) 베트남 (1) 터키 (1) 다문화아동 (1) 여성결혼이민자 (1) 북한이탈주민(1) 무언급 (8)	초급 (16) 중급 (36) 고급 (13) 초중급 (7) 중고급 (18) 초중고급(6) 무언급 (12)	언어 교육 기관 (56) 대학/대학원 (17) 다문화센터(복지관) (8) 모집 (11) 온라인 (1) 교회 (1) 재한몽골학교(1) 무언급 (13)	국내 (85) 중국 (9) 베트남 (1) 터키 (1) 국내외 (2) 무언급 (10)

( )안은 연구 논문의 숫자

먼저 실험에 참여한 학습자의 언어권부터 살펴보겠다. 가장 많은 수를 차지하고 있는 연구는 중국어권 학습자들 대상으로 한 연구이며 이에 해당하는 연구의 수는 본 연구의 선정 대상 108개의 반에 이르는 54개에 이른다. 현재의 한국어교육 환경을 고려한다면 중국어권 학습자를 대상으로 한 연구가 많은 것은 당연한 현상이다. 연구자의 측면에 있어서도 한국어교육을 전공하는 중국어권 학습자들의 급격한 증가는 연구 대상자의 국적을 중국어권(홍콩, 대만 포함)으로 쏠리게 하는 결과를 가져왔음을 확인할 수 있다. 석사 논문을 집필한 연구자의 상당수가 중국인임을 알 수 있는데 이름만으로는 정확하게 알 수는 없지만 대략 25명 정도의 연구자는 중국어권의 연구자로 추측된다. 그 이외에는 일본어권이 네 편이며 기타 언어권 연구로 한 두 편의 연구가 존재한다. 이렇게 각각의 개별 연구에서 연구 대상을 한 언어권으로 제한하는 경우는 연구 가설이 학습자의 모국어가 언어 교수 방법에 미치는 영향을

통제하고자 하는 경우이다. 그러나 교수 방법의 효과를 다루는 실험 연구의 경우에 한 언어권으로 실험집단과 통제집단을 구성할 수 있는 실험 대상자를 모으는 것은 현실적으로 쉽지 않다. 특히 중국어권이 아닌 다른 언어권 학습자를 대상으로 두 집단을 구성해서 수업을 하는 것은 현실적으로 더 어려울 수밖에 없다. 그래서 한국인 연구자들의 연구도 실험 집단의 언어권을 통제한 실험을 할 때 중국인 학습자들로 한정을 하는 경우가 많을 수밖에 없는 현실적인 한계를 확인할 수 있었다.

여러 언어권의 학습자들을 섞어서 연구 대상으로 설정한 경우의 연구는 학습자들의 모국어가 영향을 미칠 것이라는 가정보다는 모국어에 상관없이 어휘 교육의 효과를 검증하고자 하는 경우로 볼 수 있다. 다국적 학습자들을 대상으로 한 연구가 대략 32편이 있는데, 이 연구들 가운데 언어권에 따른 차이를 검증하고자 한 연구는 찾아볼 수가 없었다. 이는 모국어의 변인이 작용하지 않을 것이라는 가설을 가지고 있기 때문이라기보다는 중국어권 학습자 이외에 다른 언어권 학습자를 함께 연구하기가 현실적으로 어려움이 있었기 때문이라고 생각된다. 그러므로 다국적 학습자를 대상으로 한 연구는 모국어 변인은 통제하지 않고 진행된 연구라고 생각하면 될 것이다.

두 번째 학습자의 숙달도는 중급을 대상으로 한 연구가 가장 많았다. 중급만을 대상으로 한 경우가 가장 많은 36편이었고 중급과 고급을 함께 연구 대상으로 설정한 연구는 18편이어서, 이 둘을 합하면 중급 학습자를 대상으로 한 연구가 전체 연구의 반에 이른다고 할 수 있다. 중급 학습자를 대상으로 선정한 경우가 많은 것은 교육 효과를 측정하고자 하는 어휘 목록의 선정 문제와 관련이 있을 것으로 생각한다. 초급의 경우는 어휘 교육의 효과를 위한 어휘 선정에 있어 제한이 많고, 고급의 경우 역시 실험 대상의 어휘를 선정하는 작업에 어려움이 있는 것은 물론이거니와 측정 방법을 통제하는 것이 상대적으로 어려울 것으로 추측된다. 중급 다음으로는 초급 학습자를 대상으로 한 연구가 많으며 그 다음으로 고급의 순이다. 연구 방법에 따라서 숙달도에 따른 차이를 보려고 한 경우에 두 급 이상을 함께 본 연구들이 있다. 이 경우에 초중급보다는 중고급에 해당하는 학습자를 대상으로 한 경우가 많다.

셋째, 학습자의 언어 학습 기관을 살펴보면, 대부분의 연구 참여자들은 현재 한국에서 언어 학습 기관에 재학하는 학습자를 대상으로 한 연구가 가장 많은 56편이었다. 학문 목적 학습자의 증가로 인해 대학이나 대학원에 재학 중인 학습자를 대상으로 한 연구도 상당수가 있으며, 그 이외에는 다문화 여성을 대상으로 진행되고 있는 복지관에서 이루어진 수업이나 특정 어학당이 아닌 연구자의 개별적인 모집에 의해 이루어진 실험 연구가 몇 편 존재한다.

마지막으로 연구 환경이 KSL인가 KFL인가를 보기 위해 분석하여 보았는데, 대부분의 연구는 한국에서 진행된 KSL연구이며, 중국에서 진행된 9편의 연구 이외에 다른 국가에서 진행된 연구는 한 두 편이 존재한다.

2) 연구 주제에 따른 어휘 교육 연구의 경향 분석

어휘 교육에 대한 연구의 주제는 크게는 어휘의 유형에 따른 교육 방안의 효과를 살펴본 연구와 어휘 교수 방법 중에 특정 이론에 근거한 과제나 활동 유형의 효과를 검증한 연구들로 나눠볼 수 있다. 연구 설계에서 어휘 유형과 어휘 교수에 동시에 관심을 가진 연구들도 있겠지만 본고는 메타분석의 특성상 개개 연구의 특이성보다는 전체로 범주화하여 살펴보는 것이 더 의미 있는 작업이므로 연구자가 제시한 제목에 초점을 맞춰 연구 주제를 어휘 유형이나 어휘 교수 방안으로 나누어 보았다. 어휘 유형에 따른 교육에 관심을 가진 연구들은 관용어, 한자어, 파생어, 유의어, 연어와 같은 범주로 나누었거나 품사에 따라 형용사, 조사, 부사와 같이 유형별 어휘에 대한 교수 방안과 효과에 관심을 두었다.

특정 교수 방법에 초점을 맞춘 연구들은 어휘 학습 전략이나 의식고양, 의미협상과 같이 학습자들이 어휘 학습에서 사용해야 하는 것들에 초점을 맞추거나 어휘 교육 자료로써 어휘 주석 방법, 문맥 활용, 멀티미디어 활용, 그림이나 도식 활용과 같은 것의 효과를 살펴본 연구들로 나누어 볼 수 있었다.

그러므로 본고에서는 다양한 어휘의 유형과 교수 방법에 대한 연구를 나누는 것이 그리 간단하지는 않지만 대체적으로 어휘 교수 방법을 진행하는 데 있어 연구에서 검증하고자 하는 핵심이 무엇이었나에 초점을 맞춰 다음의 〈표 3〉에서 보는 것처럼 네 가지의 범주로 나누어 보는 것이 가능하다.

〈표 3〉 선정 대상 실험 연구의 연구 주제별 분류

어휘 종류	품사별 어휘	어휘 교수 방법	어휘 교육 활용 자료
정형화된 표현 (2)	사동표현 (1)	과제 복잡성 (3)	게임활용 (1)
관용어 (4)	서술어 (1)	동료피드백 (1)	그림 (1)
다의어 (1)	양태부사 (1)	문맥 활용 (3)	대중매체 (1)
동음이의어 (1)	피동표현 (2)	반복 (2)	도식조직자 (1)
반의어 (1)	접속부사 (1)	상세화 (1)	동화활용 (2)
사자성어 (1)	조사 (1)	어휘 과제 (1)	딕토글로스 (1)
색채어 (1)	품사일치 (1)	어휘 교육 (1)	마인드맵 (1)
어휘 종류 (1)	형용사 (1)	어휘장 (2)	문학텍스트 (1)
연어 (6)		어휘 학습 전략 (6)	어휘주석 (8)
외래어 (3)		의미초점 (4)	모바일 앱 (2)
유의어 (2)		작업기억 (1)	반이중어사전 (1)
의성의태어 (2)			자막 (2)

준말 (1) 파생어 (3) 한자어 (16)			웹기반 지도 (2) 읽기 (2) 제3언어학습 경험(1) 페이스북 (1)

(   )안은 연구 논문의 숫자

3) 실험 설계 방법에 따른 어휘 연구 경향 분석

본고의 분석에 사용한 연구 중에 대략 반 정도는 교육적 효과를 검증하기 위해 실험집단과 통제집단으로 나누어 실험한 연구들이다. 통제집단과 실험집단으로 나누어 연구한 실험 연구 이외에도 한 집단의 사전 실험과 사후 실험을 비교한 연구가 있으며, 동일 언어권의 학습자 집단을 학습 성취가 높은 집단과 낮은 집단으로 나누어 분석하거나 숙달도에 따른 두 집단을 비교 분석한 연구가 있다. 집단을 나누는 또 다른 방법은 통제 집단을 설정하지 않고 몇 가지 유형의 과제에 따라 집단을 나누어 보거나 하나의 통제집단을 두더라도 2~3개의 실험 집단을 두고 집단에 따른 차이를 분석한 연구들이 있다. 이를 표로 정리하여 보면 아래 〈표 4〉와 같다.

〈표 4〉 실험 설계 방법 분류

실험 설계	연구 개수
과제 비교 설계	6
교재, 교육 방안 제시	7
단일집단 향상(사전사후 대응)	3
수준별 상하 집단 비교	7
설문, 인식 조사	18
통제. 실험 설계	53
질적, 통시적 설계	1
오류 분석	10

4. 어휘 교수 방법의 효과에 대한 메타분석
1) 전체 어휘 교수 방법의 효과

본 연구는 어휘 교수 방법의 효과를 검증하기 위해 메타분석을 실시한 연구로 앞에서 제시한 것처럼 분석은 CMA(comprehensive meta-analysis) 패키지를 사용하였다. 위에서 살펴본 어휘 교육의 효과를 검증한 선행 연구 108개 중에 메타분석을 위한 조건에 맞는 연구는 53개의 실험집단과 통제집단으로 이루어진 연구였으며, 이 중에 필요한 통계 자료가 빠짐없이 기술된 46개의 연구만을 메타분석에 사용하였다. 분석에 사용된 46개의 연구는 각 실험 조건에 따라 79개의 하위 그룹으로 분류되어 분석되었다.[23]

메타분석은 원 연구가 가지고 있던 통계값을 다시 동일한 효과크기로 계산해서 그 효과의 차이를 비교해 보는 방법이다. 앞에서 제시한 공식에서 보는 것처럼 효과 크기 값은 실험집단과 통제집단의 효과의 차이를 비교하는 경우에는 두 집단의 표준화된 평균의 차이를 계산하게 되는데 이를 효과크기(d)[24]로 표시한다.

본 연구에서 분석한 어휘 교육의 전체 효과를 알아본 결과 전체 연구

---

23 실험 설계에 있어 통제집단과 실험집단을 대상으로 하나의 과제나 실험만 있는 경우는 한 연구가 한 개의 하위 그룹으로 들어가지만 연구에 따라서는 하나의 연구 안에 급에 따라 초급과 중급을 나누어 봤을 때는 2개의 연구로 들어간다. 하나의 연구는 초급을 대상으로 한 연구이며 또 하나는 중급을 대상으로 한 또 하나의 연구로 코딩된다. 또한 통제집단 하나에 두 개의 실험 집단이 있을 때는 2개의 하위 연구로 들어가게 되어 통계 분석에 사용된 연구의 숫자는 모두 79개의 연구였다. 통계 프로그램에 입력된 연구 데이터는 앞의 연구 방법에서 제시한 〈그림 1〉에서 보는 것과 같다.

24 효과크기의 차이에 대한 해석은 단순한 퍼센트나 비율로 해석하기 힘들지만 대체적으로 0~.32는 작은 크기/.33~.55는 중간크기/.56 이상은 큰 효과 크기로 해석하는 경향이 일반적이다(황성동, 2016;29).

의 효과 크기는 d= .727로 계산되었다. 이것은 어떤 어휘 교수 방법을 누구한테 수행하든지 어휘 교수 방법의 효과는 있다는 결론이라고 할 수 있다. 다음으로 앞에서 나누어 본 것처럼 학습자 변인, 다시 말하면 실험 집단의 특성에 따른 효과크기를 비교하여 보겠다.

2) 언어권에 따른 어휘 교수의 효과

본 분석에 사용된 연구는 앞에서 제시한 것처럼 중국어권 학습자를 대상으로 한 연구가 많은 수를 차지하고 있었다. 언어권에 따른 효과를 비교할 수 있는 경우는 중국어권 학습자와 다국적 언어권을 대상으로 한 연구들을 비교하는 것만 가능하였다. 기타 언어권의 경우는 연구 샘플수가 작아서 통계적인 분석이 불가능하다. 이는 현재까지 이루어진 실험 연구가 부족하기 때문에 이미 이루어진 선행 연구를 대상으로 하는 메타분석에서 나타날 수밖에 없는 연구의 한계라고 하겠다. 그럼에도 불구하고 두 집단의 연구 결과들을 모아 메타분석을 해 보는 것은 나름의 의의가 있다. 아래의 표는 두 종류의 연구들의 결과를 통합하여 메타분석의 결과를 보여준 것이다.

〈표 5〉학습자의 언어권에 따른 어휘 교육의 효과 분석

학습자 언어권	연구 수	효과 크기 d
다국적	31	.680
중국어권	40	.923

어휘 교수 방법의 효과는 다국적 학습자를 대상으로 한 것보다는 중국어권 학습자를 대상으로 한 연구의 경우가 효과크기가 훨씬 크게 나타났다. 이 결과를 해석하면서 중국어권 학습자를 대상으로 한 어휘 교

수의 효과가 크다고 해석할 수도 있겠지만, 다국적의 학습자를 대상으로 하는 어휘 교수 방법의 효과보다는 한 언어권의 학습자 집단을 대상으로 한 실험 연구의 효과가 더 크다고 해석하는 것이 더 타당하다고 볼 수도 있을 것이다. 즉 어휘 교수 방법의 효과는 단일한 언어권에 맞는 알맞은 교수 방법을 사용하는 것이 교수의 효과를 높이는 방법이라는 추측이 가능하다.

3) 언어 숙달도에 따른 어휘 교수의 효과

본 메타분석에 사용된 실험 연구들은 중급을 대상으로 한 경우가 가장 많았으며, 그 다음이 초급이었다. 이 연구들을 학습자의 언어 숙달도에 따라서 효과 크기를 비교하여 보면 다음 〈표 6〉과 같다

〈표 6〉 학습자의 수준에 따른 어휘 교육의 효과 분석

학습자 수준	연구 수	효과 크기 d
고급	10	.556
중급	46	.830
초급	17	1.011

학습자의 수준에 따른 어휘 교수법의 효과를 살펴보면 초급에서 효과가 가장 크게 나타났고, 그 다음이 중급, 그리고 고급에서의 효과가 가장 작은 것으로 분석되었다. 이 효과크기의 결과를 바탕으로 한국어 학습자를 대상으로 한 전반적인 어휘 교육의 효과는 학습자의 숙달도가 낮을수록 어휘 교수법의 효과가 크다고 말할 수 있겠다. 이는 상식선에서 예측 가능한 결과일수도 있지만 이를 그간의 연구를 바탕으로 통계적으로 확인한 결과도 예측과 크게 다르지 않다는 것을 확인한 것은

의미 있는 결과라고 하겠다. 또한 이 결과는 초급 학습자를 위한 어휘 교수 방법은 잘 마련되어 있지만 고급 학습자들을 대상으로 한 어휘 교수 방법의 모색이 더욱 필요할 것이라고 할 수도 있을 것이다.

4) 언어 학습 환경에 따른 어휘 교수의 효과

다음으로 학습자들의 학습 기관에 따른 변인의 특성을 살펴보겠다. 이를 위한 분류는 대학교의 언어 교육 기관에서 공부하는 일반 목적 학습자를 대상으로 한 연구와 대학이나 대학원에서 공부하는 학문 목적 학습자들, 그리고 센터나 복지관에서 한국어를 배우는 여성 결혼 이민자나 다문화 가족의 성격에 따른 교수 효과를 살펴보는 것과 같은 개념이라고 할 수도 있다.

〈표 7〉 한국어 학습 환경에 따른 어휘 교육의 효과 분석

한국어 학습 기관	연구 수	효과 크기 d
언어 교육 기관	49	.796
대학/대학원	9	.788
센터, 복지관	10	.822

〈표 7〉의 결과를 보면 한국어 학습자들이 한국어를 배우는 기관에 따른 어휘 교수 방법의 효과에 별 차이가 없는 것으로 확인이 되었다. 또한 학습자가 배우는 환경(KFL/KSL)의 차이는 현재의 연구 자료로는 검증이 불가능하였다. 이는 아직까지 국외에서 이루어진 연구의 수가 부족하기 때문이다.

위에서 제시한 분석은 연구에 사용된 모든 연구들을 대상으로 어휘 교수의 효과를 실험 연구의 변인에 따라 분석한 결과를 통해 효과의 차

이를 검증해 본 것이다. 앞에서 어휘 교수 연구의 주제에 따라 각각의 어휘 교수 방법 혹은 어휘 유형에 따른 교수 방법으로 범주화하여 살펴 본다면 구체적인 어휘 교수 방법과 학습자 변인의 관계를 설명할 수 있었을 것이다. 그러나 앞에서 살펴보았듯이 현재까지 나와 있는 실험 연구들은 각각의 경우에 해당하는 연구를 하나로 묶어서 통합적으로 메타분석을 할 정도로 숫자가 많지는 않아서 분석이 가능하지 않았다. 또한 본 연구의 목적은 특정 어휘 교수 방법이 효과가 있는가를 살펴보는 것이 아니라 전반적으로 어휘 교수 방법이 어떤 학습자 변인을 중심으로 살펴봤을 때에 더 효과가 좋은가를 보기 위해 개별 연구들을 통합적으로 살펴보기 위한 목적이다. 그러므로 위의 결과를 다시 정리해 보면 학습자의 언어권에 따른 어휘 교수 효과 검증은 다국어권의 학습자보다는 단일어권인 중국어권을 대상으로 한 연구가 효과가 컸으며, 언어 숙달도를 중심으로 보면 초급에서의 효과가 가장 높았다. 또한 이들의 효과가 좋은 집단은 그들이 어디에서 언어를 배우느냐에 따라서는 큰 차이가 없다는 결론을 제시할 수 있다.

5. 연구의 의의와 한계

본고는 한국어 어휘 교육의 실험 연구에서 학습자 변인을 어떻게 설정하고 있으며 그것이 실험 연구 결과에 준 영향을 살펴보기 위해 어휘 교육 연구를 수행한 실험 연구를 수집하여 연구 방법과 연구 결과에 나타난 학습자 변인의 문제를 탐색해 보았다. 급속도로 증가한 한국어 전공 연구자들은 한국어 어휘 교육 연구에 있어서 실험 연구의 팽창을 가져왔다. 이 연구들을 바탕으로 한국어 어휘 교수 방법의 효과를 검증해 보기 위해 구체적인 학습자 변인으로서의 학습자의 언어권, 언어 숙달도, 그리고 언어 학습 환경에 따른 어휘 교육 방법의 효과를 검증해 볼 수 있었던 점은 그간 이루어진 실험 연구의 성과로 인해 가능하였다. 특히 실험 연구를 진행하는 현실적인 환경과 절차적인 어려움에도 불구하고 많은 연구자들이 연구를 수행하였기에 일정 부분의 메타분석이 가능하였고, 이러한 실험 연구의 성과 덕분에 어휘 교육의 효과 연구들을 양적인 방법으로 통합해 볼 수 있었다.

어휘 교육의 효과에 대한 실험 연구의 결과를 종합하여 학습자의 변인에 따른 효과 특성을 정리하면 교수 방법의 효과는 단일 언어권의 학습자(중국어권)를 대상으로 하고 학습자의 숙달도가 낮을수록 효과가 좋았다는 결론을 내릴 수 있었다. 구체적인 어휘 교수 방법에 대한 효과 검증은 어휘 교수에 초점을 맞춰 이론적인 바탕으로 교수법을 분류하고 각 교수법으로 수행된 연구가 일정 숫자로 수행되었을 때에 가능하기에 구체적인 방법에 따른 학습자 변인의 특성에 따른 결과는 추후의 연구로 미룰 수밖에 없었다.

실험 연구 설계는 언어 교수 학습 이론에 근거한 가설을 증명하기 위해 설계되어야 한다. 이런 점을 고려하여 설계된 연구들은 때때로 현실적인 실험 진행을 위해 언어권이나 학습자의 수준을 한쪽으로 치우치게 만드는 결과를 초래하기에 현재 한국어교육의 실험 연구는 중국어권의 학습자, 그리고 중급 학습자를 대상으로 한 연구로 치우쳐 있음을 확인하였다. 이 때문에 다양한 학습자 변인을 살펴보지 못한 아쉬움이 남는다. 추후 다양한 언어권, 다양한 학습 목적을 가진 학습자를 대상으로 한 연구가 축적된다면 현재의 메타분석에서 진행하지 못한 학습자 변인이 어휘 교수 방법의 효과에 미치는 영향을 살펴볼 수 있을 것이다. 또한 특정 어휘 교수 방법의 효과들에 대한 통합적 검증으로서의 어휘 교수 방법에 대한 메타분석 연구는 본고와 다른 절차로 진행되어야 함을 밝힌다. 본고가 어휘 교수 방법의 효과와 관련된 메타분석 연구임에도 불구하고 교수법들의 차이를 살펴보지 못했다는 측면에서 연구의 한계가 있으나 이를 살펴보기 위한 선행 작업으로서 실험 연구의 학습자 변인들에 따라 효과가 어떻게 나타났는가를 살펴봤다는 점은 의의가 있다고 할 수 있겠다.

향후 관련 연구를 위한 제언

위 연구에 나타난 실험 연구의 경향을 생각해 본다면 어휘 교수법의 효과를 검증하기 위한 실험 연구가 많이 진행되었다고 보기는 어렵다. 어휘 범주별 습득의 문제나 특정 교수법의 효과를 다루는 실험 연구는 여전히 많이 필요하다. 위 연구는 연구 대상을 석사학위 논문으로 잡았고, 어휘 교육의 실험 연구들 중에 통제집단과 실험집단을 대상으로 진행한 연구의 결과만을 가지고 메타분석을 실시하였다. 대상을 넓혀 메타분석을 진행할 수 있다면 어휘 교수법의 범주로 나누어 보는 것도 가능할 것이다.

위 연구는 양적인 메타분석 연구여서 연구 결과에서 이 분석에 포함될 수 없었던 많은 연구들의 결과가 포함되지 못했다. 포함되지 못한 연구들은 양적인 종합이 아니라 질적인 방법으로 선행 연구들의 결과가 정리되어야 할 것이다.

부록

1. 강경민, 한국어 초급 학습자를 위한 서술어 교육 내용 연구, 2013, 서울대학교 대학원
2. 강서영, 중국어권 한국어 학습자의 어휘적 연어 사용 연구, 2007, 이화여자 대학교 대학원
3. 강현진, 과제의 인지적 복잡성이 한국어 학술 인지 기본어휘 습득에 미치는 영향, 2014, 이화여자대학교국제 대학원
4. 경윤재, 멀티미디어를 활용한 어휘 주석이 우연적 한국어 어휘 학습에 미치는 영향, 2015, 이화여자대학교 국제대학원
5. 곽소원, 中人學習者를 위한 韓國語 同形異義 漢字語 教育 方案 研究, 2013, 중앙대학교 대학원
6. 권애선, 고급한국어 학습자를 위한 맛 표현 어휘장을 활용한 한국어교육, 2016, 숙명여자대학교 대학원
7. 권혜진, 중급한국어 학습자를 위한 파생어 교육의 내용과 방법 연구, 2015, 숙명여자대학교 대학원
8. 김광미, 한자어 조어법을 활용한 한국어 어휘 교육 방안 연구, 2009, 동국대학교 대학원
9. 김대옥, 그림을 이용한 어휘지도가 여성결혼이민자의 한국어 어휘 학습에 미치는 효과, 2013, 이화여자대학교 국제대학원
10. 김명, 성인 한국어 학습자를 위한 한자어 교육 연구, 2013, 충북대학교 교육대학원
11. 김민정, 교사피드백과 동료피드백이 한국어 다시쓰기에 미치는 영향 비교, 2008, 이화여자대학교 교육대학원
12. 김세용, 대중매체를 이용한 한국어교육이 학습자의 어휘습득에 미치는 영향, 2013, 韓國外國語大學校 大學院
13. 김수정, 문맥을 통한 韓國語 어휘 教育, 1998, 이화여자대학교 대학원
14. 김은혜, 연상을 활용한 한국어 어휘 의미 교육 연구, 2012, 인하대학교 대학원 일반대학원
15. 김의숙, 어휘장을 활용한 한국어 어휘 교육, 2015, 숙명여자대학교 대학원
16. 김주희, 몽골 전래동화를 활용한 한국어 어휘 지도 방안, 2005, 경기대학교 국제·문화대학원
17. 김지연, 중급 학습자를 위한 반의어 어휘 교육 방안, 2011, 중앙대학교 대학원
18. 김지혜, 다문화 가정 미취학 아동의 한국어 어휘력 신장을 위한 동화 활용 교육 연구, 2014, 경희대학교 교육대학원
19. 김혜진, 한국어 수준과 모국어에 따른 한국어 학습자의 덩어리 표현 습득 양상 연구, 2012, 이화여자대학교 교육대학원

20. 남명애, 한국어 동작성 서술명사 교육 연구, 2013, 경희대학교
21. 남상은, 어휘 학습 전략이 어휘 기억에 미치는 영향, 2011, 경희대학교
22. 남유진, 문맥 추론을 활용한 한국어 어휘 학습 과제 개발 연구, 2013, 경희대학교 교육대학원
23. 뇌뢰, 한국어 피동표현의 교육 방안에 관한 연구, 2012, 중앙대학교 대학원
24. 두정, 한국어 '잡다'와 중국어'抓'의 대조를 통한 다의어 교육, 2015, 숙명여자대학교 대학원
25. 등남, 中國人 學習者를 위한 漢字語 教育 方法 研究, 2010, 한양대학교 대학원
26. 림타우쁘라팟, 태국인 중급 한국어 학습자를 위한 한자어 교육 연구, 2013, 경희대학교 대학원
27. 마주영, 자기주도적 학습을 위한 웹기반 한국어 어휘 교육 연구, 2010, 경희대학교 교육대학원
28. 마키노미키, 일본인을 위한 효과적인 한자 어휘 교육 연구, 2012, 고려대학교 대학원
29. 맹수미, 한국어 어휘 교육을 위한 게임 활용 방안 연구, 2012, 청주대학교
30. 박민진, 주석이 한국어 관용어의 우연적 학습에 미치는 영향, 2009, 이화여자대학교 국제대학원
31. 박성은, 중급 단계 중국인 한국어 학습자의 한자어휘 학습 전략 연구, 2008, 이화여자대학교 대학원
32. 박지영, 한국어 학습자를 위한 외래어 교육 방안, 2011, 숙명여자대학교 대학원
33. 배예빈, 작업기억 용량의 개인차가 새로운 어휘의 개념학습에 미치는 영향, 2012, 이화여자대학교 국제대학원
34. 백승주, 멀티미디어 어휘주석과 학습자 인지양식이 우연적 한국어 어휘 학습에 미치는 영향, 2011, 이화여자대학교 국제대학원
35. 백영경, 비한자어권 학습자의 일본어 학습 경험이 제3언어로서의 한국어 어휘추측에 미치는 영향, 2013, 이화여자대학교 국제대학원
36. 범신성, 중국인 한국어 학습자의 어휘사용 실태 및 어휘 교육 방안 연구, 2011, 계명대학교 대학원
37. 비소성, 中國人을 위한 韓國語 慣用語의 教育 方案에 관한 研究, 2009, 중앙대학교 대학원
38. 사근, 中國人 學習者를 위한 韓國語 擬聲語·擬態語 教育 方案의 研究, 2013, 중앙대학교 대학원
39. 사미란, 教育演劇을 活用한 韓國語 感情形容詞類 義語 教育 方案 研究, 2013, 중앙대학교 대학원

40. 서희연, 어휘 학습 전략 활동을 활용한 한국어 수업 방안 연구, 2009, 경희대학교 교육대학원

41. 송효진, 시청각자료를 활용한 유도된 한국어 쓰기 수업 효과 연구, 2013, 이화여자대학교 교육대학원

42. 신선미, 반복과 L1어휘화가 우연적 한국어 어휘 습득에 미치는 영향, 2012, 이화여자대학교 교육대학원

43. 신유정, 문맥중심 어휘지도 방법이 한국어 어휘 학습에 미치는 효과, 2011, 이화여자대학교 교육대학원

44. 신준화, 읽기를 매개로 한 의미 중심 형태 교수 상황에서의 어휘 습득 연구, 2008, 이화여자대학교 국제대학원

45. 신혜진, 북한이탈주민의 외래어 지식 측정과 학습 효과 연구, 2014, 경희대학교

46. 심윤진, 모바일 게임 앱의 활용이 한국어 어휘 학습에 미치는 영향, 2013, 이화여자대학교 국제대학원

47. 심은경, 일본인 한국어 학습자의 체언+용언 형태의 연어 사용 양상 연구, 2012, 이화여자대학교 국제대학원

48. 안가희, 딕토글로스(dictogloss)가 한국어 어휘습득에 미치는 영향 연구, 2012, 고려대학교 교육대학원

49. 안기정, 텍스트 상세화가 한국어 읽기이해와 우연적 어휘 학습에 미치는 영향, 2010, 이화여자대학교 교육대학원

50. 안재경, 한국어 어휘능력 향상을 위한 연어 교육 연구, 2012, 서울대학교 대학원

51. 오솔샘, 어휘 과제 유형이 한국어 관용어 습득에 미치는 영향, 2012, 이화여자대학교 국제대학원

52. 오유영, 연어 주석이 우연적 연어 학습에 미치는 영향, 2009, 이화여자대학교 교육대학원

53. 오주환, 한국어 학습자의 능동적 어휘 발달 양상 연구, 2010, 부산외국어대학교 대학원

54. 옥혜정, 어휘주석과 전자사전이 초급한국어 학습자의 어휘 학습에 미치는 영향, 2009, 이화여자대학교 국제대학원

55. 웅빈, 중국인 학습자를 위한 한자어휘의 교육 방안에 관한 연구, 2012, 중앙대학교 대학원

56. 원영춘, 중국인학습자를위한학문목적어휘교육방안연구, 2013, 서울대학교 대학원

57. 유란, 한국어 학습자를 위한 준말 교육 방안, 2015, 숙명여자대학교 대학원

58. 유추문, 한국어 학습자를 위한 유의어 교육 연구, 2011, 숙명여자대학교 대학원

59. 윤경미, 어휘 교수·학습 전략이 어휘능력 향상에 미치는 영향 연구, 2009, 연세대학교 교육대학원

60. 이미경, 읽기 텍스트상의 한자 병기가 중국인 한국어 학습자의 우연적 한자어 학습에 미치는 영향, 2008, 이화여자대학교 교육대학원

61. 이미림, 페이스북을 활용한 한국어 어휘 학습 전략 연구, 2016, 경희사이버대학교 문화창조대학원

62. 이미희, 정형화된 표현을 활용한 어휘 교육 방안 연구, 2014, 경희대학교 교육대학원

63. 이수잔소명, 자막영상을 활용한 한국어 어휘 교육 방안 연구, 2016, 서울대학교 대학원

64. 이아람, 어휘주석의 유형과 학습자의 숙달도가 한국어의 우연적 어휘 학습에 미치는 영향, 2008, 이화여자대학교 교육대학원

65. 이양금, 대조를 통한 한국어 관용어 교육 연구, 2010, 부산외국어대학교 대학원

66. 이영희, 외국인을 위한 한자어 교육 연구, 2008, 숙명여자대학교 대학원

67. 이원미, 어휘접근법을 활용한 한국어 연어 교육 연구, 2010, 동국대학교

68. 이유림, 한국어 학습자의 어휘 학습 전략이 표현 어휘력 향상에 미치는 효과 연구, 2016. 경희대학교 대학원

69. 이정화, 말하기 전략 활성화를 위한 어휘 교육 연구, 2010, 이화여자대학교 대학원

70. 이희욱, 웹기반 협력적 쓰기를 통한 한국어 어휘력 향상 연구, 2014, 이화여자대학교 교육대학원

71. 임헌영, 읽기 텍스트 수정 유형이 한국어 관용어 습득에 미치는 영향, 2015, 이화여자대학교 교육대학원

72. 장지영, 문맥을 통한 어휘추론 전략의 교수가 우연적 한국어 어휘 학습과 읽기이해에 미치는 영향, 2009, 이화여자대학교 교육대학원

73. 장학련, 中國人 學習者를 爲한 韓國語·擬聲語·擬態語 敎育 硏究, 2012, 釜山外國語大學校

74. 전진애, 제2언어로서의 한국어교육에서 문법의식고양의 효과에 관한 연구, 2010, 영남대학교 대학원

75. 정선영, 단어분석전략과 문맥단서 활용을 통한 한자어 접미사 교육이 비한자권 학습자의 어휘력 향상에 미치는 영향, 2010, 이화여자대학교 국제대학원

76. 정소민, 도식조직자(GraphicOrganizers)를 활용한 한국어 어휘 지도 모형 연구, 2009, 인하대학교 교육대학원

77. 정연화, 의미협상이 한국어 어휘습득에 미치는 영향, 2010, 이화여자대학교 국제대학원

78. 정정정, 한국어 외래어의 교육 방안에 관한 연구, 2012, 중앙대학교 대학원

79. 조미선, 비한자권 한국어 학습자를 위한 한자어 교육 방안 연구, 2012, 영남대학교 대학원

80. 조미영, 장면-상황 중심의 감정형용사 유의어 교육 방안 연구, 2010, 계명대학교 대학원

81. 조예리, 중국인 학습자의 한국어 어휘 학습에서 나타나는 단어 빈도 효과, 2014, 안동대학교

82. 조현경, 비명시적 문맥단서를 활용한 읽기가 문맥추론 전략 향상과 우연적 어휘 학습에 미치는 영향, 2014, 부산외국어대학교 교육대학원

83. 주은진, 한국어 어휘 학습을 위한 마인드맵 모형 설계 방안 연구, 2015, 경희사이버대학교 문화창조대학원

84. 채윤정, 과제의 복잡성이 한국어 어휘습득에 미치는 영향, 2010, 이화여자대학교 국제대학원

85. 채희혜, 중국인 학습자를 위한 한국어 파생형용사 교육 방안 연구, 2014, 중앙대학교 대학원

86. 최승희, 선교목적 한국어교육을 위한 성경 스토리텔링의 효과 연구, 2010, 경희대학교

87. 최인영, 한자를 활용한 한국어 한자어 교육 연구(초급과정 한자권 중국인 결혼이민자 대상), 2013, 군산대학교

88. 최주미, 문학텍스트내 어휘주석 유형에 따른 한국어 연어 습득 연구, 2016, 이화여자대학교 국제대학원

89. 추민, 중국어권 한국어 학습자를 위한 한국어 조사의 교육 방안에 관한 연구, 2012, 중앙대학교 대학원

90. 하지걸, 중국인 학습자를 위한 한국어 접속부사 교육 방안 연구, 2011, 중앙대학교 대학원

91. 한굉민, 중국인 학습자를 위한 2음절 한자어 교육 연구, 2013, 전남대학교 대학원

92. 한민지, 구두 반복학습 전략과 음운 단기기억능력이 한국어 어휘 학습에 미치는 영향, 2012, 이화여자대학교 국제대학원

93. 한여빈, 중국인 한국어 학습자를 위한 한자어 교육 방안 연구, 2009, 계명대학교 대학원

94. 한주연, 연어관계를 이용한 의성어·의태어 교육 방안 연구, 2015, 경희사이버대학교 대학원

95. 허영화, 한국어 학습자를 위한 주제 중심 연어 교육 방안, 2009, 상명대학교 교육대학원

96. 혁미평, 중국인 학습자를 위한 한국어 사동표현 교육 연구, 2013, 고려대학교 대학원

97. 호길, 한국어 고유어 동사 동음이의어 교육 연구, 2014, 경희대학교 일반대학원

98. ADACHI,Noriko, 일본인 한국어 학습자 대상 신체어휘 관용구 교육 방안, 2015, 이화여자대학교 국제대학원

99. Chen,Siwei, 중국어권 학습자를 위한 한국어 색채어 교육 연구, 2013, 서울대학교 대학원

100. Dursun,ESSIZ, 터키인 학습자를 위한 한국어 양태부사 교육 연구, 2014, 서울대학교 대

학원

101. Huang,Jing, 한국어 촉각형용사 교육 방안 연구: 중고급 중국인 학습자를 중심으로, 2013, 서울대학교 대학원

102. Jin,Huiying, 중국인 한국어 학습자의 관용표현 이해도 및 이해 전략 연구, 2013, 이화여자대학교 국제대학원

103. LI,QIAN, 한국어 어휘 학습에 반이중어 사전의 필요성, 2012, 이화여자대학교 국제대학원

104. Luo,Hui, 한중 심리 용언의 품사 일치 여부에 따른 중국어권 한국어 학습자의 심리 용언 습득 연구, 2016, 이화여자대학교 국제대학원

105. Ma,Jinshan, 중국인 한국어 학습자를 위한 한자어 교육 연구, 2012, 서울대학교 대학원

106. NISHIYAMA,China, 영화자막이 한국어 학습자의 우연적 어휘 습득에 미치는 영향, 2014, 이화여자대학교 국제대학원

108. Peng,LinLin, 중국어권 한국어 학습자의 사자성어(四字成語) 습득 연구, 2016, 이화여자대학교 국제대학원

108. Yamagiwa,Takako, 일본인 한국어 학습자를 위한 한국어 한자어 교육에 관한 연구, 2012, 서울대학교 대학원

4장

어떻게 평가할 것인가:
학습자 어휘 능력 평가에 관한 연구

4장. 어떻게 평가할 것인가: 학습자 어휘 능력 평가에 관한 연구

1. 어휘 능력으로서의 어휘량 측정과 평가

외국어 능력 혹은 언어 능력의 중요한 평가 지표의 하나는 학습자의 어휘 능력이다. 어떻게 학습자의 어휘 능력을 평가할 것인가의 문제는 언어 숙달도 측정 지표의 하나인 어휘 능력의 평가라는 점에 있어서 중요성이 있으나 한국어교육에서 어휘 능력의 평가에 대한 논의는 활발하지 않았다. 더군다나 토픽(TOPIK) 시험에서 어휘의 독립적 능력에 대한 평가 문항이 사라지면서[1] 어휘 문항 개발이나 어휘 능력의 타당한 평가 방법에 대한 논의는 오히려 관심을 줄어들었다고 할 수 있다. 그러나 어휘 능력의 측정이나 평가는 학습자의 언어 능력을 측정하는 도구로서뿐만 아니라 학습자의 어휘력 발달 단계를 파악하고 이를 바탕으로 언어 숙달도 및 학습자 언어 능력의 성격을 파악하는 데에 도움을

---

1 2014년 개정된 토픽 시험에서는 분리된 어휘 능력 측정 문항이 없다. 이러한 경향은 토플의 어휘 능력 측정 문항이 맥락화된 통합적 방식으로 측정하는 경향과 같은 방법으로 가고 있는 것이라 할 수 있으나 그렇다고 해서 어휘 능력을 측정하는 가장 좋은 방법이 맥락 안에서 통합적인 방법으로 측정하는 것이라고 보기는 힘들다.

줄 수 있는 기초 자료가 될 수 있다는 점에 있어서 중요하다.

국어교육에서 어휘 평가에 대한 논의는 첫째 어휘 능력의 평가 대상인 어휘 선정 기준을 제시한 연구(송창선, 1998), 평가 문항에 관심을 가지고 평가 문항을 유형화해서 정리한 연구(이문규, 1998), 어휘력 평가의 목적과 목표를 정리하여 본 연구(임지룡, 1998)로 나타난다. 특히 어휘 평가의 목표와 관련하여 임지룡(1998)에서는 크게 세 부분으로 나누어 평가의 목표를 말하고 있는데 우선 어휘의 의미에 대한 지식, 둘째, 그 어휘와 관련된 관련어에 대한 지식, 셋째, 그 어휘를 맥락 안에서 사용할 수 있는 지식이 있는가를 평가할 것을 제안하였고, 단계별로 기초적인 의사소통에 필요한 어휘들을 1단계로 놓고, 2단계에서는 학습자의 감성과 지성을 표현하는 어휘, 3단계에서는 언어문화 창조에 이바지할 수 있는 심화된 어휘 능력을 평가할 것을 제안하였다.

한국어교육에서도 선행 연구들에서 논한 어휘 능력의 평가 범위에 대한 논의가 있었지만 주로 한국어능력시험(TOPIK)의 어휘 영역의 구성 문제들이 어휘력의 평가에 적합한가에 대한 논의가 주를 이루었다. 한국어능력시험 문제에 초점을 맞추다보니 어휘 내용의 구성을 어휘 지식 자체에서 출발하는 것이 아니라 능력 시험에서 측정하고 있는 어휘 내용을 의미 관계에 따라 유의어, 다의어, 반의어로 나누어 살펴보고, 어휘의 특성에 따라 관용 표현이나 음성 상징어 등에 집중해서 연구되었다. 또한 그것에 대한 평가 문항으로 선택형과 응용형의 적합성 여부에 대한 논의를 통해 조현용(2000)에서는 어휘 평가의 개선 방향을 제시하여 평가의 목적이 분명하고, 신뢰도가 확보된 문제 유형이 필요함을 지적하였다.

다양한 어휘 측정 방법으로 어휘 측정을 시도해 본 실험 연구들에서는 대체적으로 개개의 학습 상황과 어휘 교수 방법의 유용성을 파악해 보기 위해 수용적 어휘 지식을 측정하여 본 연구들이 많다(박지현; 2007, 신준화; 2008, 김민지; 2009, 박민진; 2009, 오유영; 2009, 옥혜정; 2009, 장승연; 2010, 채윤정; 2010). 다만 이들 연구는 어휘 교수 방법의 효과를 측정하기 위한 수단으로 어휘 능력을 평가한 것이며 학습자의 어휘 능력 자체를 평가하기 위한 어휘 측정 방법은 아니다.

어휘를 평가한다는 것은 양적인 평가와 질적인 평가로 나눌 수 있다. 양적인 평가는 다시 말하면 어휘 지식의 범위나 지식의 폭과 관련되어 있는 단어의 수를 얼마나 알고 있는가의 문제이며, 질적인 평가는 어휘 지식의 깊이와 관련된 능력으로 어휘의 다양한 측면에 대한 이해의 질을 평가하는 문제이다. 본절에서는 어휘 능력 평가를 위한 양적 평가 방법으로 학습자의 어휘량을 측정하는 방법을 살펴보겠다.

☑ 학습자의 어휘량 측정에 관한 연구[2]

한국어 학습자의 어휘량을 파악하기 위해 '한국어기초사전'의 5만 어휘 목록에서 고급의 한국어 학습자가 어느 정도의 어휘를 알고 있는가를 측정해 본 연구이다. 학습자의 어휘량을 세는 방법은 (1) 학습자의 산출물에 나타난 어휘를 세는 방법 (2) 사전의 어휘 수를 세고 그 중에 어느 정도를 아는가를 테스트하는 방법 (3) 다양한 빈도 수준의 어휘에서 표본을 추출해서 어휘를 아는지를 테스트한 후에 각 수준의 어휘의 수를 대략적으로 계산해 보는 3가지 방법이 있다. 위 연구는 두 번째 방법을 사용하여 고급의 한국어 학습자가 대략적으로 어느 정도의 어휘량을 가지고 있는가를 실험적으로 측정해 본 연구이다.

1. 어휘 능력 측정의 필요성 및 방법

어휘 능력을 측정하는 연구가 많이 이루어지지 못한 것은 관심이 부족해서라기보다는 측정 방법이 잘 마련되어 있지 않기 때문이다. 어휘의 양을 측정하는 가장 기본적인 3가지의 방법은 ① 그 사람이 산출해낸 어휘의 수를 세는 방법, ② 사전에 있는 어휘의 수를 세고, 그 중에 어느 정도의 어휘를 알고 있는지를 테스트하는 방법, ③ 다양한 빈도 수준의 어휘에서 표본을 추출해서 어휘를 아는지 테스트하고, 각 수준에 있는 어휘의 수를 대략적으로 계산해 보는 방법이 있다(Nation & Webb, 2011:196) 이러한 방법은 각 방법마다 장점과 단점이 있을 수 있는데 본고에서는 두 번째의 방법을 선택하였다. 이 방법은 어휘량 측정의 초기부터 사용되었지만 방법적인 한계로 인하여 비판을 받아오기도 했다. 그러나 현실적으로 ①의 방법은 불가능하므로 방법적인 한계에도 불구하고 ②의 방법을 선택하였다.

---

2 원미진 (2017), 한국어 학습자의 어휘 능력 측정 방법에 대한 고찰 〈언어와 문화〉 의 연구를 재구성하였다.

이 방법을 선택하였을 때 어려운 점은 우선 무엇을 어휘 측정의 단위로 볼 것이냐의 문제와 무슨 사건을 대상으로 평가하느냐의 2가지 문제이다. 평가를 위해 우선 한국어 학습자가 알아야 하는 어휘의 범위를 결정해야 하며 그 중에 얼마나 많은 어휘를 알고 있는가를 평가하는 작업이 진행되어야 한다. 본고에서는 한국어 학습자가 알아야 하는 어휘의 범위를 〈한국어기초사전〉의 5만 어휘를 대상으로 하였다. 〈한국어기초사전〉은 현재 한국어교육을 위한 어휘 목록 중에 가장 광범위한 목록이다. 5만 어휘 정도가 보통 한국에서 대학에 다니는 성인이 알아야 하는 어휘이고 이를 넘어선 어휘들의 수는 보통 전문어의 영역에서 만날 수 있는 어휘들이다.[3] 어휘량 평가를 위한 대상을 〈한국어기초사전〉으로 선정함으로써 무엇을 측정 어휘의 단위로 보느냐 하는 문제도 결정되었다고 할 수 있다. 즉 이 사전의 표제어는 개별어 단위로 선정되었기 때문에 이를 측정의 대상 어휘로 본다는 말은 단어족 개념의 의미 단위 평가가 아니라 개별 단어 항목을 하나의 단위로 평가하기로 결정한 것이다.[4]

다음 단계로는 평가를 위한 목록의 개수를 결정하고 평가 목록을 선정하는 일이 필요하다. 가장 기본적인 방법은 전체 목록의 100분의 1

3　현재까지 한국 성인 화자의 어휘량을 측정한 연구를 찾아볼 수 없었으나 김광해 (2003)에 의하면 고등학교를 졸업한 모국어 화자는 약 3만 정도, 그 후에 대학에서 약 3만 정도의 어휘를 습득해 대학을 졸업한 모국어 화자의 어휘량을 약 6만으로 보고 있다.

4　〈한국어기초사전〉의 5만 목록은 파생어나 합성어를 모두 하나하나의 의미 단위로 선정하였고, 예를 들면 명사가 '하다'나 '되다'의 '-적'의 접미 파생어가 붙는 경우를 하나의 명사 단어로 선정한 것이 아니라 4개의 단어로 선정한 목록이다. 예를 들어 공개라는 명사를 예로 들면 〈한국어기초사전〉은 명사 공개, 동사 공개하다, 공개되다, 그리고 품사통용어인 관형사/명사이 공개적이 모두 각각 하나의 의미 단위로 제시되어 있다. 그러므로 5만 어휘를 단어족의 개념 단위로 보았을 때는 5만은 아니다.

(해당 목록의 1%)의 어휘를 선정하고 이를 측정해 보는 방법이다. 이 경우 5만 어휘의 100분의 1에 해당하는 500개의 어휘를 측정해야 하는데 이는 쉬운 일은 아니다. 만약에 측정 목록의 표본수를 줄이면 오차의 범위가 늘어나게 되며, 측정 목록의 표본수를 늘리면 평가 대상자들의 부담이 늘어난다. 본 연구에서는 실험 참여자들의 노력에 대한 보상을 전제로 목록의 수를 500개로 유지하는 방법을 선택하였다.[5]

또한 측정 방법의 타당성을 위해 무작위적인 어휘 선정(ramdom sampling)을 하였으며, 선정 목록에 따라 결과가 얼마나 달라지는가 파악해보기 위하여 각각 임의로 선정된 500단어로 이루어진 목록을 3가지를 만들었으며, 3번의 실험을 실시하였다. 이러한 방법은 평가의 신뢰성을 확보하기 위한 것이기도 하다.[6]

이 실험을 위한 어휘 선정 및 실험 절차는 구체적으로 다음의 절차를 따랐다.[7]

1단계: 대상자가 알고 있는 어휘를 포함하는 충분한 표제어 크기의 사전을

---

5 무작위 표본(random sampling)에서 표본의 수에 따른 신뢰구간을 살펴보면 (90% 신뢰수준일 때), 표본수가 100이면 신뢰구간이 8이고, 150일 때 7, 200일 때 6, 300은 5, 400은 4, 600일 때는 3이다. 예를 들면 표본의 수가 100일 때 그 중에 50개를 안다고 하면 실제로 이 사람의 점수는 100점 만점에서 42점~58점 사이에 있다고 말할 수 있지만 600개 중에 300개를 안다고 대답했을 때의 신뢰구간은 47점에서 53점 사이에 있다고 말할 수 있다(Nation & Webb, 2011: 209).

6 시험의 신뢰도를 계산하는 방법은 3가지가 있다. 첫째 재측정 신뢰도를 구하는 방법이 있고, 대체 검사지를 사용하여 동형검사 신뢰도를 구하는 방법도 있으며, 반분 검사법을 사용하여 반분 신뢰도 지수를 구하는 방법도 있다. 본 실험에서 3번의 실험을 실시하여 신뢰도를 구하여 본 것은 일종의 동형검사신뢰도를 구하는 방법이며 이를 통해 각 목록 선정의 타당성과 어휘량 측정의 타당성을 확인해 볼 수 있도록 하였다.

7 이 절차는 Nation & Webb(2011)에서 제시하고 있는 어휘 수 측정 방법의 절차 중에 사전에서 표본을 뽑아 어휘 수를 측정하는 절차를 제시한 방법이다.

선택하라.

2단계: 사전의 모든 표제항목의 수를 결정하는 신뢰성 있는 방법을 사용하라.

3단계: 어떤 항목은 세지 않고 어떤 항목을 단어족으로 볼 것인가에 대한 명백한 기준을 세워라.

4단계: 종이 사전에서 한 단어가 많은 공간을 차지하는 경우와 한 페이지에 많은 항목이 들어있는 경우를 같이 계산하지 않도록 편중되지 않는 방법을 사용하라.

5단계: 합리적인 정도의 신뢰를 줄 수 있는 어휘량을 계산할 수 있을 정도의 충분한 표본을 선정하라.

6단계: 선정된 표본은 제외 항목과 포함 항목의 범위가 잘 적용되었는지 확인하라.

7단계: 고빈도 항목으로 편향된 표본 선정이 되지 않았는지 빈도 목록과 대조하여 살펴봐라.

위에 제시된 절차에 따라 본 실험에서는 1단계로 〈한국어기초사전〉 5만 어휘의 사전을 선택하여 무작위적으로 몇 번째 어휘를 선정하는 방법을 취하였으며 충분한 표본의 크기가 되도록 500개의 단어 항목을 선정하였다. 2단계와 3단계의 절차는 요즘 같은 웹사전에서는 쉽게 결정할 수 있는 부분이다. 기초사전은 전체 표제 항목의 수를 알 수 있으며 표제 항목에 있는 것들을 하나의 어휘로 간주하였다. 단어족의 개념이 아니라 하나하나의 단어를 어휘수에 포함하고자 하였다. 4단계 작업과 7단계 작업의 경우는 종이 사전을 사용할 때 주의할 점으로 본 연구에서는 고려하지 않아도 되는 항목이었으며, 5단계에서 충분한 추정치의 신뢰도를 위해 500개를 선정하기로 하였다. 6단계의 절차에 따라 조사와 어미, 고유명사를 삭제한 결과 실험에 사용된 목록은 3개 목록의 어휘 수가 470개, 475개, 492개의 항목으로 결정되었다.

본 연구에서는 평가할 어휘를 선정하고, 어휘량 측정을 위한 실험을 진행하기 위해 어휘량의 측정에 가장 많이 사용되는 점검표 유형의 평가를 실시하였다. 점검표 유형의 시험은 학습자가 자가 인식으로 아는지 모르는지를 체크하는 방법이다. 이러한 방식은 많은 양의 표본을 다루기에 가장 유용한 방법이기는 하지만 학습자 스스로의 판정에 대한 신뢰도가 문제가 될 수 있다.[8] 영어의 어휘량 측정 평가에서는 '가짜 단어'를 만드는 방법으로 자가 평가의 과소평가나 과대평가를 보완하는 작업을 하는 경우도 있으나 본 실험은 실험 대상의 어휘 항목의 표본이 많고, 많은 항목에 대한 체크일 경우에는 '가짜 단어'를 끼워 넣는 것이 타당하지 않을 것[9]으로 판단되어 3번에 걸친 실험을 하는 방법을 선택하여 시험의 신뢰도를 측정하고자 하였다.

또한 결과를 보완하기 위해 추가로 학문 목적 학습자들의 사고도구어[10]를 대상으로 한 어휘량 측정 점수와 상호 비교하여 학습자 어휘의 양의 특성을 파악하는 작업을 추가하였다. 사고도구어는 신명선(2004)에

8 영어의 어휘량 측정에서는 Anderson & Freebody(1983)는 '가짜 단어'를 포함시키는 방법으로 학습자들이 안다고 체크한 것의 신뢰성을 보완하는 작업을 하였으며 Meara & Jones(1988)은 이러한 방법을 활용하여 '유로센터 어휘량 시험'을 고안하였다(Read, 2001 재인용).

9 적은 숫자의 어휘의 평가에서라면 가짜 단어를 넣는 방법을 고안할 수 있을 것이다. 그러나 본 어휘량 측정은 500개의 어휘를 보고 빠르게 자신이 아는 어휘를 체크하는 경우이므로 가짜 단어를 넣는 것이 크게 영향을 미치지 못하는 것으로 판단하였다. 예비 실험에서 가짜 단어의 작업을 해 보기 위한 시도를 해 보았으나 학습자의 수준에 따라 가짜 단어가 다르게 판명이 되었다. 어떤 단어의 경우는 거의 쓰이지 않지만 고급의 어휘로 존재하는 경우도 있었고, 익숙한 단어의 경우에 앞 뒤 음절을 바꾸게 되면 지나치게 쉽게 가짜 단어인 것이 드러나게 되었다. 이러한 가짜 단어에 대한 연구는 추후의 연구로 미루고 본고에서는 제시하지 못하였음을 밝힌다.

10 사고도구어 목록은 신명선(2004)의 목록을 대상으로 하였다. 900여개의 목록을 1%만 선정하는 것은 문제가 되기에 이 경우에는 10분의 1에 해당하는 90여개를 선정하기로 하였다.

서 제시한 목록을 엑셀에 입력하여 903개의 어휘 목록 중에 10분의 1에 해당하는 91개의 목록을 무작위로 선정하였다. 사전 어휘로 측정한 어휘의 양이 5만개의 어휘 중에 어느 정도를 아는가를 파악해 보려고 하는 것이었다면 그 어휘들이 학습자들에게 필수적인 어휘인가에 대한 보완을 통해 학습자 어휘 능력의 성격을 규명하고자 하였다.

2. 연구 결과 분석

5만 목록에서 무작위[11]로 선정한 세 개의 목록으로 각각 실험해 본 결과 학습자들 간에 목록에 따른 편차가 약간 존재하였지만 통계적으로 유의미하게 차이가 큰 결과는 아니었다. 〈표 1〉은 각 실험 대상자의 3가지 목록의 평가 결과를 학습자의 토픽 등급 순으로 배열한 것이다. 학습자 1의 경우는 최저 백점 만점을 기준으로 하면 최저 35점에서 최고 44점의 점수를 얻었다고 볼 수 있는데 20명의 학습자를 대상으로 3번의 실험의 평균을 내어보면 7점 정도의 차이가 있다.[12] 이러한 점수의 차이는 500개의 표본을 선정하여 어휘의 양을 측정할 때 나타나는 측정 점수의 신뢰구간에서 크게 벗어나지 않는 결과이며 목록의 선정이 무작위하게 이루어졌을 경우에 어휘량의 측정은 선정 목록에 따라 크게 좌우되지 않는다는 것을 입증하는 결과라고 하겠다.

---

11 목록 선정은 1.501, 1001 번째 오는 어휘와 같은 방법으로 선정한 2가지 방법과 모든 목록을 품사별로 정렬한 후에 품사 비율에 맞게 선정한 경우가 있는데 이 실험 결과를 통해 보면 어떤 방법을 사용해도 학습자들이 느끼는 난이도에 큰 차이가 없다는 것을 보여준다.

12 한 학습자가 18점 정도 큰 차이가 있었고 대부분의 10점 이상 차이가 있는 3명의 학습자가 있었다. 대부분의 학습자는 3점에서 7점 사이에 점수가 존재하고 있었다.

<표 1> 학습자의 어휘량 측정 실험 결과 비교

학습자	토픽 등급	시험 목록1 (470)[13]	비율	시험 목록2 (475)	비율	시험 목록3 (492)	비율	점수 범위 (%)
1	5	163	35%	199	42%	217	44%	35~44
2	5	287	61%	251	53%	262	53%	53~61
3	5	129	27%	101	21%	78	16%	16~27
4	5	203	43%	195	41%	193	39%	39~43
5	5	149	32%	163	34%	153	31%	31~34
6	5	294	63%	294	62%	276	56%	56~63
7	6	237	50%	232	49%	231	47%	47~50
8	6	332	71%	344	72%	373	76%	71~76
9	6	266	57%	257	54%	266	54%	54~57
10	6	186	40%	159	33%	166	34%	33~40
11	6	319	68%	259	55%	361	73%	55~73
12	6	232	49%	210	44%	192	39%	39~49
13	6	256	54%	301	63%	284	58%	54~63
14	6	262	56%	266	56%	260	53%	53~56
15	6	193	41%	176	37%	180	37%	37~41
16	6	167	36%	142	30%	145	29%	39~36
17	6	317	67%	257	54%	288	59%	54~67
18	6	88	19%	108	23%	96	20%	19~23
19	6	169	36%	163	34%	151	31%	31~36
20	6	325	69%	355	75%	363	74%	69~75

또한 각 목록의 순위 상관관계[14]를 분석해 보니 상관관계가 크게 나타났다(spearman rho를 구한 결과 각각의 목록 간의 상관계수는 모두 .9 이상임). 다시 말하면 무작위로 선정된 학습자의 사전 어휘량 측정 결과는 학습자 어휘의 양을 측정하는 데에 신뢰도 있는 결과를 제시하

---

13 ( )안의 숫자는 시험에 사용한 어휘의 개수임. 5만 목록에서 선정한 500개의 어휘가 대상이어야 하나 선정된 목록에서 조사와 어미, 그리고 고유명사 등은 제외하고 실험을 실시한 각 목록의 정확한 단어 숫자이다.
14 시험 평가의 경우는 순위 상관 계수를 살펴보는 것이 유용하며 상관관계를 보기에 학습자 20명의 샘플이 작을 수도 있지만 순위의 상관계수라는 점에서 상관관계를 살펴보는 것은 의미가 있다고 하겠다.

고 있다고 할 수 있다.

이 실험에 참여한 학습자들 중에서 고급의 한국어 학습자들의 어휘의 양을 제시해 보면 토픽 5급 학생들의 경우에 평균 196~204개 정도의 어휘를 안다고 할 수 있다.[15] 이를 바탕으로 실험에 참여한 학생들은 어휘량을 5만 개의 목록에서 추정해 보면 2만 개 정도의 어휘를 안다고 말할 수 있다. 토픽 점수 6급의 학생의 경우는 230~240개 정도였으니 어휘량 추정값으로 2만 3천개에서 2만 4천개 정도의 어휘를 아는 것으로 나타났다. 그러나 이 결과는 5급 학습자 6명, 6급 학습자 14명의 결과를 분석한 것이므로 일반화를 할 수 있는 정도의 점수는 아니다.

그렇다면 이러한 학습자들의 어휘량이 2만개 정도라고 하는 것의 해석은 학습자가 알아야 하는 고급의 어휘를 모두 포함한 것일까에 대한 의문이 든다. 이 실험 목록의 성격을 파악하고 학습자가 안다고 하는 어휘의 특성을 파악하기 위해서는 다른 평가가 동반되어야 한다. 왜냐하면 실험에 사용한 어휘 목록은 측정 대상이 되는 5만 어휘에서 빈도순이나 중요도 순으로 선정한 목록이 아니기 때문이다. 학습자들이 2만개의 어휘를 안다고 추정한다고 해서 한국어 교육용 어휘 목록에서 제시한 만여 개의 어휘가 모두 들어가 있는 목록은 아니다. 그러므로 학습자들의 어휘량의 성격을 규명하기 위해 학습자들이 알아야 한다고 생각하는 어휘 목록과의 비교를 해 보는 것이 필요하다.

이를 규명해 보기 위해 다음 단계로 사고도구어 목록을 가지고 같은

---

15 학습자들의 개별적인 점수는 토픽 수준과 달리 5급 학생이 6급 학생보다 많이 아는 경우도 있고, 6급 학생인데 상당히 어휘를 안다고 대답한 비율이 작은 경우도 있다. 이는 학습자의 언어권에 따른 특성도 있으며, 안다고 체크한 경우에 있어 학습자의 개별적인 차이가 존재하는 경우이다. 20명의 샘플이어서 언어권별 차이나 학습자의 개별적인 변인의 문제는 여기에서 측정하지 못한 것이 한계임을 밝힌다.

방법으로 어휘량 측정을 시도하였다. 사고도구어 903개 중에 10%인 91 개를 무작위로 선정하였고, 이를 대상으로 실험을 해 본 결과 학습자들 은 최소 45개에서 최대 88개를 아는 것으로 응답을 하였다. 실험 결과 는 아래의 〈표 2〉에 제시되어 있다. 다시 말하면 한국어 학습자들은 사 고도구어 측정 실험에서 60%내지는 평균 80% 정도의 어휘를 안다고 체크하였으므로 2만 여개의 어휘를 안다고 하는 것과 상관없이 아직까 지 사고도구어에 대한 어휘 지식을 더 늘릴 필요가 있다는 점을 확인한 것이다.

이 결과를 앞에서 측정한 사전에서 선정한 어휘의 양의 평균값과 비 교하여 보니 상관관계 높은 편이었다(spearman rho는 0.72 이상임). 상 관관계가 높게 나타났다는 것은 어휘량이 큰 학습자들이 사고도구어도 많이 알고 있다는 해석을 가능하게 한다. 실험 결과를 통해 5급의 학습 자들은 사고도구어 중에 약 67%를 6급의 학습자들은 77%를 아는 것으 로 단순 추정할 수 있었고 이러한 결과가 어휘량의 추정치와 높은 상관 관계를 보여 주고 있다고 할 수 있겠다.

〈표 2〉 학습자의 어휘량과 사고도구어 측정 결과 비교

학습자	토픽등급	어휘량 평균 개수	비율	사고도구어 개수	비율
1	5	193	40%	71	78%
2	5	267	56%	77	85%
3	5	103	21%	56	62%
4	5	197	41%	60	66%
5	5	155	32%	63	69%
6	5	288	60%	75	82%
7	6	233	49%	71	78%
8	6	350	73%	88	97%
9	6	263	55%	77	85%
10	6	170	36%	79	87%
11	6	313	65%	86	95%

12	6	211	44%	73	80%
13	6	280	59%	88	97%
14	6	263	55%	87	96%
15	6	183	38%	80	88%
16	6	151	32%	78	86%
17	6	87	60%	81	89%
18	6	97	20%	45	49%
19	6	161	34%	68	75%
20	6	348	73%	88	97%

3. 연구의 의의와 한계

본고에서는 학습자 어휘 능력의 특성을 측정해 보기 위해 어휘의 양을 측정하는 시험을 시범적으로 실시하였으나 어휘 지식의 질을 측정하는 시험을 실시하지는 못하였다. 앞에서 측정한 어휘량 측정 평가는 자가 인식 평가이므로 과소평가되거나 과대평가 되었을 가능성이 존재한다. 이러한 자가 인식 평가의 문제점을 파악하기 위해서 같은 학습자들을 대상으로 다양한 목록을 대상으로 어휘 지식의 질을 평가하는 실험이 진행되어야 한다.

그럼에도 불구하고 아직까지 한국어 학습자의 어휘량에 대한 측정이 시도되지 않았다는 점에서 측정 방법의 절차에 따라 실험을 진행하였고, 이 방법의 적용 가능성을 모색해 보았다는 점에 있어서 의의가 있다고 할 수 있다. 추후 다른 사전 목록의 실험이 진행되고, 컴퓨터를 사용한 실험 도구가 갖춰진다면 학습자의 어휘량을 측정하는 방법을 사용한 학습자의 언어 능력 평가에 유용하게 사용할 수 있는 기초 연구로서의 의의가 있다고 하겠다.

향후 관련 연구를 위한 제언

학습자의 어휘 능력을 평가하기 위한 시험 목록을 선정할 때 학습자가 알아야 하는 어휘 목록의 빈도순으로 몇 번째 어휘를 무작위로 선정하거나 초, 중, 고급의 어휘를 각각 빈도순으로 몇 개씩 선정한 목록을 사용할 수 있다. 이 목록을 모두 사용하는 것보다는 학습자들이 모르는 어휘가 몇 개 이상 나타나면 거기에서 멈추게 하는 방법을 사용하여 시험 문항의 수를 줄이는 방법을 고안해 볼 수 있을 것이다. 앞에서 제시한 어휘 측정 방법 중에 생산 어휘의 수를 세 보거나 각 수준별 목록에서 선정된 어휘를 테스트해 보는 방법으로 보완될 수 있을 것이다. 또한 다른 사전을 사용하여 같은 연구를 해 본 뒤에 본고의 연구 결과를 비교해 보는 작업도 이루어진다면 학습자의 어휘량의 측정이 타당한가에 대한 검증이 이루어질 수 있을 것이다.

고급 학습자가 아닌 초중급 학습자의 어휘량을 측정하는 연구도 진행되어야 한다. 고급에 비해 상대적으로 어휘의 수가 제한적이므로 초중급 어휘 선정 목록을 대상으로 이와 같은 방법으로 진행할 수 있을 것이며. 어휘량의 측정을 통한 어휘 능력과 다른 언어 능력의 점수를 상관분석해 볼 수 있다면 다른 언어 능력의 지표로서 활용될 수 있는 연구로 나아갈 수 있을 것이다.

2. 어휘 풍요도 측정

제2언어 학습자의 언어 발달을 측정하는 방법의 하나는 학습자의 언어 산출에 나타난 어휘의 양과 질을 평가하는 것이다. 앞 절에서는 양을 평가하는 방법을 살펴보았다. 이 절에서는 학습자가 사용하는 어휘의 특성을 파악할 수 있는 방법을 알아보자. 제2언어 학습자들이 모어 화자와 같은 수준의 언어를 사용하기 위해서는 정확한 문장의 연결과 확장뿐만 아니라 전문적인 어휘를 다양하게 사용하여 자신의 의사를 전달할 수 있는 능력도 중요하다. 다시 말해, 모어 화자와 같은 수준의 언어 능력은 정확성과 유창성 이외에 정교하면서도 세련되고 복잡한 구조로 언어를 사용할 수 있는 능력이 필요하다고 할 수 있다. 이러한 필요성에 의해 언어 발달을 측정할 수 있는 지표로 언어의 복잡성, 정확성, 유창성(CAF: Complexity, Accuracy, Fluency)이 제2언어 수행과 언어 발달을 측정하는 지표로 사용하기 시작하였다. 정확성이 목표어의 규칙을 얼마나 잘 구사하느냐를 보는 것이라면 유창성은 휴지나 망설임 없이 사용하는 언어 산출물이며, 복잡성은 학습자가 얼마나 더 세분화하여 언어학적으로 어려운 언어를 사용하려고 하는 의지에 따라 나타나는 양상이라고 보았다(Skehan 1996). 언어 학습자는 상황에 따라 어떤 때는 정확성에 어떤 때는 복잡성 혹은 유창성에 초점을 두는데 이를 측정하는 방법으로 여러 가지가 사용된다.[16] 이 세 가지 요소 복잡

16 Ellis & Barkhuizen(2005)의 7장에서 분석하고 있는 방법에 따르면 구어의 정확성을 측정하는 방법으로는 자율 수정 개수, 오류가 없는 절의 비율, 100단어 당 오류, 목표어 같은 동사 형태 사용, 목표어 같은 복수의 사용 비율, 목표어 같은 어휘 사용 여부로 측정한 연구들을 소개하고 있다. 유창성을 측정하기 위해서는 시간적인 변수와 망설임 현상을 주로 측정하며, 복잡성을 측정하기 위해서는 언어의 특성에 따라 상호작용적 특성, 명제적 특성, 기능적 특성, 문법적 특성을 살펴보는 데 문법적인 면을 분석하는 방법으로 어휘의 유형을 살펴보고 있다.

성 연구에서 다루어 온 하위 범주는 크게 문법적인 복잡성과 어휘적 복잡성으로 구분된다. 복잡성을 제2언어 습득의 언어 발달로 측정한 대부분의 연구들은 통사적 복잡성에 중점을 두어 왔다. 그러나 학습자 언어의 발달은 문법적인 발달뿐만 아니라 어휘 사용의 발달도 동반되어야 한다. 어휘적 복잡성을 측정하는 방법의 하나로 아래에 설명하는 어휘 풍요도 측정 방법을 생각해 볼 수 있다.

어휘 풍요도(Lexical richness)는 학습자의 산출물에 나타난 어휘의 효과적인 사용 능력을 말한다. 이러한 어휘 풍요도는 어휘의 다양도(Lexical diversity), 어휘 밀도(Lexical density), 어휘 세련도(Lexical sophistication)로 측정할 수 있다(Read, 2000: 276). 각각의 구체적인 개념 정의와 측정 방법을 살펴보면, 먼저 어휘 다양도(Lexical diversity)란 학습자가 얼마나 다양하고 풍부한 어휘를 사용하는지를 말한다. 학습자가 반복적으로 한정된 수의 어휘를 사용하는 것보다는 다양한 어휘를 사용하는 것이 어휘 지식의 발달을 나타내는 것으로 볼 수 있다. 어휘 다양도는 학습자가 산출한 전체 어휘 중에서 중복되지 않은 어휘가 얼마나 많은지로 측정할 수 있다. 새로운 어휘의 유형수(어휘 유형, type)와 총 어휘가 출현한 수(어휘 구현, token)의 비율로 어휘 다양성을 나타낼 수 있다. 이 비율(type-token ratio, TTR)은 언어 사용자가 산출한 어휘 유형(type)수를 어휘 구현(token) 수로 나눈 것이다. TTR은 아동의 언어 발달을 보여 주기 위한 어휘 다양성의 근거로 가장 많이 사용되어 왔고, 최근까지 제1언어뿐만 아니라 제2언어 발달 연구에도 폭넓게 적용되어 왔다. 어휘 다양도를 측정하는 공식은 다음과 같다.

$$\text{어휘 다양도(TTR)} = \frac{\text{어휘유형수}}{\text{어휘수}} \times 100\%$$

어휘 밀도(Lexical density)란 전체 어휘 사용에 있어 내용어를 사용하는 비율이다. 어휘 지식을 문법적인 역할을 담당하는 기능어에 대한 지식과 실질적 내용 의미를 가진 내용어 지식으로 나눈다면 내용어의 사용이 높은 텍스트가 읽고 쓰기에 어려움이 있는 텍스트이다. 이런 측면에서 학습자의 언어가 발달할수록 내용어의 사용 비율이 높아질 것이라는 점을 가정해 볼 수 있다. 실제로 이 측정 방법을 창시한 Ure(1971)은 구어와 문어를 구별하는 하나이 특성으로 어휘 밀도를 보고 있다. 어휘 밀도를 측정하는 방법은 다음과 같다.

$$어휘\ 밀도(LD) = \frac{내용어수}{어휘수} \times 100\%$$

어휘 세련도(Lexical sophistication)는 학습자가 사용한 어휘들 중에서 고급 어휘의 사용 비율이다. Read(2000)은 어휘 세련도를 "학습자의 언어 텍스트에서 상대적으로 덜 흔하고 더 수준이 높은 어휘의 비율"이라고 하였다. 일상적으로 사용하는 고빈도 어휘 외에 고급의 전문적인 어휘를 얼마나 많이 사용할 수 있는지를 말한다. 언어 학습자가 언어를 산출할 때 일반적이고 빈도가 높은 어휘를 사용하는 것보다 빈도가 낮은 어휘를 산출한다면 그 언어 사용자의 언어 숙달도는 더 높다고 할 수 있다. 어휘 세련도를 계산하는 방법은 아래와 같다.

$$어휘\ 세련도(LS) = \frac{저빈도어휘유형수}{어휘유형수(조사미포함)} \times 100\%$$

본 연구는 학습자의 쓰기 자료에 나타난 어휘 풍요도를 계산하여 숙달도에 따른 차이를 본 것이다. 또한 어휘 풍요도 점수가 언어 능력의 측정 지표로 숙달도 예측이 가능할 것인가를 모색해보고자 한 연구이다.

1. 어휘 풍요도 측정은 언어 능력 발달의 지표가 될 수 있는가?

본고에서는 어휘 복잡성을 어휘 풍요도의 개념으로 접근하며 중고급 학습자의 어휘 풍요도 발달 양상을 살펴보고, 어휘 풍요도 측정이 언어 발달의 측정 지표로 사용 가능한가를 모색해 보려고 한다.

어휘의 복잡성이 학습자 언어 발달의 지표라는 전제로 이루어진 한 국어교육에서의 연구는 대부분 어휘 사용의 다양성과 사용 빈도 분석에 집중하였다. 어휘의 다양성에 대한 연구로는 서로 다른 어휘 유형(type)과 어휘 구현 수(token)를 중심으로 분석하여 숙달도에 따른 발달 양상을 살펴본 연구들이 있으며(김선정, 2012; 배도용, 2012), 최근에는 구어 어휘의 다양성을 분석하여 모어 화자와 발달 양상을 비교한 연구(남주연·김영주, 2014)가 있다.

어휘 다양도와 어휘 밀도를 연구한 배도용(2012)에서는 학습자들의 작문을 분석하여 어휘 다양도와 함께 어휘 밀도를 연구하였다. 베트남어권, 일본어권, 중국어권 학습자 2명씩 모두 6명을 대상으로 과제기반 수업에서 글쓰기를 한 자료를 분석하였는데, 어휘 다양도(TTR)에서 중국어권 〉 일본어권 〉 베트남어권의 순으로 나타났다. 어휘 밀도에서 중국어권 〉 베트남어권 〉 일본어권의 순으로 높게 나타났다고 밝혔다. 박

---

17 원미진 외(2017) '한국어 학습자의 쓰기에 나타난 어휘 풍요도 연구-숙달도 측정 도구로써 어휘 풍요도 측정 가능성을 중심으로'(어문론총)

정은·김영주(2014)에서는 고급 학습자들을 대상으로 서로 다른 장르의 쓰기를 실시하여 어휘 다양도(TTR)를 연구하였다. 다양도 측정 결과에서 그룹 간의 어휘 다양도는 유의미한 차이가 없었지만, 장르 간에는 차이가 있었다고 하였다.

최근에는 한국어 연구에서 학습자들의 구어 발화를 분석하여 어휘 복잡성을 비교한 연구도 있었다. 김선정(2012)에서는 여성 결혼 이민자의 구어 연구를 위해 평균 발화 길이(MLU)와 어휘 다양도(TTR)를 측정하였다. 여성 결혼 이민자의 평균 발화 길이와 어휘 다양도는 한국인 주부보다 낮았는데 특히, 여성 결혼 이민자들은 문법 형태소 사용에 큰 어려움을 겪고 있었다.

남주연(2015)에서는 한국어 학습자 미국인(10명), 프랑스인(9명), 중국인(22명), 일본인(14명) 총 55명을 대상으로 그들의 구어 복잡성을 통사 복잡성과 어휘 복잡성으로 구분하고, 각각의 복잡성이 어떻게 발달하며 숙달도와 어떤 관계가 있는지를 밝혔다. 한국어 학습자는 어휘적으로 더 다양한 어휘 유형과 저빈도어를 사용함으로써 정교하게 구어 복잡성을 발달시킨다는 결과를 제시하였다. 이복자(2016)에 따르면 2급에서 3급 과정을 마친 프랑스, 러시아, 중국, 싱가포르 국적을 가진 한국어 학습자 4명의 작문에 나타난 어휘 정확성과 복잡성의 변화 양상을 살펴봄으로써 개별 학습자들의 학습자 간, 학습자 내 역동적 발달 과정을 살펴보았다. 정확성은 시간이 지남에 따라 감소되는 현상이 나타난 반면, 복잡성과 어휘 다양성은 숙달도가 향상될수록 증가되는 현상을 밝혔다.

국외에서는 어휘 풍요도와 쓰기 능력의 관계에 대한 연구가 있다. Nihalani(1981)에 따르면 우수한 에세이들은 높은 비율의 내용어와 다양한 단어를 사용하는 경향이 있었으나 통계적으로 상당한 차이가 나지는 않았음을 밝혔다. Linnarud(1986)에서는 어휘 풍요도 중 어휘 세련도만이 스웨덴 학생들 작문의 총체적인 평가와 상당한 상관관계(.47)가 있다는 것을 확인하였다(Read(2000)에서 재인용).

　본 연구에서는 선행 연구에서 나타난 결과를 바탕으로 하여 어휘 풍요도 측정을 통해 학습자의 언어 발달의 숙달도 측정 가능성을 탐색해 보고자 중국어권 한국어 학습자의 작문 자료에 나타난 어휘 풍요도를 측정하고자 한다. 언어 발달의 지표로서 숙달도가 올라감에 따라 어휘 풍요도 지표가 어떻게 달라지고 있는가를 살펴본 몇몇의 연구들의 결과는 다양도가 올라간다는 연구와 다양도의 차이가 없다는 연구가 혼재하고 있으며 다양도의 차이는 장르의 차이이거나 언어권의 차이라는 연구 결과를 제시하고 있다. 본고에서는 토픽에서 같은 점수를 받은 학습자의 쓰기 자료의 어휘 풍요도를 측정하고, 이 결과와 어휘 밀도, 어휘 다양도, 어휘 세련도에 대한 분석 결과를 비교하여 살펴보겠다. 선행 연구에서는 개별 학습자들의 발달이나 학습자의 작문에 나타난 어휘 풍요도를 분석한 연구들은 있지만 이를 통해 어휘 풍요도의 분석 결과가 한국어 학습자들의 쓰기 능력을 측정하는 지표로써 적용할 수 있는지에 대해서는 논의가 되지 않았다. 본고에서는 향후 평가 지표로서의 활용 가능성을 염두에 두고 어휘 풍요도를 분석하여 언어 숙달도의 측정 지표로써의 활용 가능성을 검증해 보고자 하는 것이 최종적인 연구의 목표이다.

2. 연구 대상 및 절차

　본고는 중국어권 중급, 고급 한국어 학습자들의 작문 자료를 연구 대

상으로 삼았으며 구체적인 정보는 다음 〈표 1〉과 같다.[18]

〈표 1〉 연구 대상 정보

연구대상	3급	4급	5급	6급	총 편수	총 어절수
중국어권	10편	10편	10편	10편	40편	4523개

각 급별 10편의 작문은 모두 같은 주제에 대해서 쓴 작문이다. 선행 연구에서 살펴본 것처럼 어휘의 다양도나 밀도는 쓰기 장르에 따라 다르게 나타날 수 있으므로 본 연구의 측정 도구로서의 가능성 탐색을 위해 모두 같은 주제의 글을 선정하였다. 작문 길이를 통제하기 위해 어절 수가 비슷한 작문을 선정하되, 길이가 다른 경우에는 150개의 어휘를 포함하는 작문을 선정하였다.[19]

어휘 풍요도 분석을 위해 선정된 학습자 작문은 다음의 절차로 분석되었다. 먼저 어휘 단위로 엑셀에 입력한 후, 코딩기준에 따라 내용어, 기능어, 유형(type), 구현수(token), 어휘 등급[20] 등을 각각 코딩을 하였다. 그 후에 각 개인별 어휘 밀도, 어휘 다양도, 어휘 세련도를 계산하였다. 어휘 풍요도 발달 양상을 살펴보기 위해 각 급 간의 차이를 집단 간의 차이를 통계적으로 분석하였고, 어휘 풍요도 결과와 쓰기 점수의 상관관계를 알아보기 위해 상관계수를 구하였다. 그 다음에 어휘 풍요도가 쓰기 점수에 영향을 미치는지를 알아보기 위해 위계적 회귀분석을 실시하였다.

본고의 연구 자료 입력은 4명의 연구자가 코딩을 실시하고 분석을 하

---

18 본 연구에서 사용한 자료는 시범적으로 토픽 시험을 본 학습자의 자료이며 평가 점수가 부여된 자료를 사용하였다. 작문 제목은 '칭찬과 충고'였다.

19 이러한 엄격한 기준을 가지고 쓰기 작문을 선정하다보니 많은 자료를 선정할 수 없었다.

20 한국어어휘교육내용개발 선정 어휘(초급, 중급, 고급) 목록을 기준으로 하였다.

였기 때문에 정확한 측정을 위해 기준을 맞추는 것이 중요하다. 어휘 풍요도 계산을 위해서는 다음의 네 가지 질문에 대한 기준이 있어야 한다. 첫째, 단어가 무엇인가? 둘째, 단어족에서 어떻게 단어 형태를 분류하는가? 셋째, 내용어를 기능어와 어떻게 구별하는가? 넷째, 저빈도 단어로 셀 수 있는 것은 무엇인가?

본 연구에서는 표준 국어 대사전에 등재된 단어는 하나의 단어로 간주하였다. 형태가 같은 단어를 한 단어로 보되 그럼에도 불구하고 동형어의 구별을 위해서 수작업으로 동형어를 확인하는 절차를 거쳤다. 그 다음으로 내용어와 기능어를 나누기 위해 다음과 같은 기준을 사용하였다. 기능어에는 조사, 대명사, 의존명사, 접속부사, 지시관형사[21]를 포함시켰으며 그 이외의 어휘들은 모두 내용어로 처리하였다. 또한 저빈도어의 판단을 위해 초급과 중급의 어휘는 고빈도어로 처리하였고, 초중급에 나타나지 않은 어휘를 고급의 저빈도어로 판단하여 어휘 세련도를 측정하였다. 그 이외에도 몇 가지 어휘 판단에 대한 기준이 있었고 4명의 연구자가 같은 기준을 적용하여 판단하도록 하였다.[22]

---

21 한국어 단어 품사 중에 조사만 기능어로 보는 견해가 일반적이나 본 연구에서는 학습자들의 어휘의 밀도 측정을 위해서는 실질적인 의미를 가지고 있는 것만 내용어로 보는 것이 적합하다는 판단으로 아래와 같은 구체적인 기준을 가지고 판단하였다.
가) 조사: '이/가'와 같은 격조사 및 '는/은과 같은 보조사는 기능어 로 처리한다.
나) 대명사: '이것, 저것'과 같은 대명사를 기능어로 처리한다.
다) 의존명사: '수, 것'과 같은 실질적인 의미가 없는 의존명사는 기능어로 처리하고, '빌', '개'와 같은 단위성 의존명사는 내용어로 처리한다.
라) 접속사: '그래서', '그런데'와 같은 접속성 부사는 기능어로 처리한다.
마) 지시관형사: 관형사 중에 지시 기능을 나타내는 '이, 그, 저'와 같은 지시관형사는 기능어로 처리한다.

22 ① 조사의 경우, 모두 이형태대로 코딩한다. 예를 들어 '는/은, 이/가, 를/을' 등을 모두 이형태대로 각각 처리하였다. ② 동형이의어의 경우에는 같은 형태이지만 품사가 다른 어휘들을 나중에 코딩할 때 구분할 수 있도록 표준국어대사전을 참

학습자의 작문에 나타난 개별 어휘를 모두 분석한 뒤에, 어휘 풍요도 측정을 위해 사용한 공식은 앞 절에서 제시하고 있는 공식과 같다.

3. 어휘 풍요도 발달 분석

학습자들이 쓰기에서 나타난 어휘 풍요도 분석 결과가 학습자들의 한국어 등급에 따라 어떻게 달라지는가를 살펴보기 위해 각 어휘 점수의 평균값을 제시하면 다음 〈표 2〉와 같다.

〈표 2〉 학습자의 어휘 풍요도 급별 평균 (%)

중국어권	3급	4급	5급	6급	평균
어휘 밀도	60.82	61.15	64.46	66.47	63.30
어휘 다양도	50.25	53.38	52.77	55.64	53.08
어휘 세련도	12.43	19.00	15.35	21.43	17.16

학습자의 어휘 다양도는 급에 따른 차이가 없으며, 어휘 밀도와 세련는 급이 올라갈수록 점수가 올라가는 양상을 보이고 있다. 이러한 경향

고하여 의미번호를 추가해서 입력하였다. 예를 들면 '이 사람이'같은 경우에서 첫 번째 '이'는 관형사 '이05'로 두 번째 '이'는 주격조사 '이27'로 입력한다. ③ 합성어의 경우, 표준국어대사전을 기준으로 하였다. 표준국어대사전에서 하나의 표제어로 등재되어 있는 것이라면 하나의 어휘로 보았다. ④ 숫자의 경우, 한국어 수사는 그대로 입력하고 아라비아 숫자를 모두 제외하였다. ⑤ 파생어의 경우도 합성어와 같이 표준국어대사전을 기준으로 하여 하나의 표제어로 등재되어 있는 것이라면 하나의 어휘로 코딩하였다. 단, 예를 들어 '사람들'과 같은 표제어가 아닌 경우에 접사인 '들'은 기능어(2)로 처리한다. ⑥ 구문 같은 경우에 띄어쓰기 기준으로 하였다. 예를 들어, '-고 싶다', '-기 전에'. '-고 있다', '-어 있다' 등과 같은 구문은 '-고'와 '있다', '싶다'로 따로 입력하여 코딩한다. ⑦ 오타는 정확한 형태로 수정하였다. 예를 들면, '칭찬'이라는 단어를 오타로 '친찬'(혹은 다른 오형태)이라고 썼을 때 오타를 정확한 형태인 '칭찬'으로 수정하여 입력하였다.

이 통계적으로 유의미한 차이가 있는가를 분석하기 위해 각 급에 따른 점수의 차이를 볼 수 있는 일원배치분산분석(F-검정)을 실시하였다.

〈표 3〉 중국어권 등급 간에 어휘 풍요도 결과

		N	평균	표준편차	F/ 유의확률	사후검정
밀도	3급	10	.6082	.02235	5.757/ .003*	6급>3,4급
	4급	10	.6115	.04355		
	5급	10	.6446	.04129		
	6급	10	.6647	.03214		
	전체	40	.6322	.04187		
다양도	3급	10	.5025	.05221	1.346/ .275	
	4급	10	.5338	.07440		
	5급	10	.5277	.03822		
	6급	10	.5564	.06969		
	전체	40	.5301	.06117		
세련도	3급	10	.1243	.04228	4.944/ .006*	6급>3급
	4급	10	.1900	.06967		
	5급	10	.1535	.04265		
	6급	10	.2143	.06550		
	전체	40	.1705	.06446		

*$p < 0.05$

분석 결과를 보면 어휘 밀도는 등급 간에 유의미한 차이(p=.003, F=5.76)가 있으며, 어휘 세련도 역시 통계적으로 유의미한 차이 (p=.006, F=4.94)가 있음을 알 수 있다. 어휘 밀도의 차이는 위의 표에서 보는 것처럼 평균값에 있어서 6급의 경우는 3, 4급과 차이가 있음을 볼 수 있다. 이는 같은 주제의 작문에 있어 6급 정도가 되는 학습자들의 글에서는 3, 4급의 중급의 학습자의 글과 비교하였을 때 내용어의 비율이 높다는 것을 의미한다.

그러나 어휘 세련도는 등급 간에 유의미한 차이를 보이지만 6급 학자 경우의 어휘 세련도만 3급에 비해 통계적으로 유의미한 차이가 있는 것으로 나타났다. 세련도의 평균값은 3급은 .12, 4급은 .19, 5급은 .15, 6급은 .21로 전체적으로 올라가는 추세가 나타나고는 있지만 4급에서 5급에 걸쳐 6급에 올라감에 따라 잠시 'U'자형으로 나타났다.

어휘 다양도의 경우는 각 급간에 통계적으로 유의미한 차이를 나타내지 않았다. 이것은 어휘 다양도의 경우는 학습자들의 쓰기 점수와 큰 상관이 없는 것으로 분석할 수 있다. 결론적으로 이 분석 결과를 살펴보면 중국인 학습자들의 글에 나타난 어휘 풍요도는 다양도에 있어서는 크게 달라지지 않는다는 것을 확인하였고, 밀도와 세련도에 있어서의 차이는 6급 정도의 고급 학습자가 되었을 때는 3, 4급의 중급 학습자와 어휘 사용에 있어 차이가 있다고 할 수 있다.

4. 어휘 풍요도와 쓰기 점수 간의 관계

학습자들의 작문에서 나타난 어휘 풍요도 요인 중에 어느 요인이 학습자의 쓰기 점수와 상관관계가 있는지를 알아보기 위하여 상관관계 분석을 실시하였다.

⟨표 4⟩ 언어권별 학습자 어휘 풍요도와 쓰기 점수 간의 상관관계

		쓰기 점수 (등급)	밀도	다양도	세련도
쓰기 점수 (등급)	Pearson 상관	1	.548**	.288	.411**
	유의확률 (양측)		.000	.071	.009
	N	40	40	40	40
밀도	Pearson 상관		1	.546**	.318*
	유의확률 (양측)			.000	.043
	N			41	41
다양도	Pearson 상관			1	.234
	유의확률 (양측)				.140
	N				41

	세련도					
세련도	Pearson 상관					1
	유의확률 (양측)					
	N					41

*p < 0.05, **p < 0.01

분석 결과, 〈표 4〉에서 보는 것처럼 쓰기 점수와 가장 상관관계가 높은 것은 어휘 밀도였다. 어휘 밀도와 쓰기 점수는 상관계수가 .548이었고, 그 다음으로는 세련도와 쓰기 점수가 .411의 상관계수를 가진 것으로 분석되었다. 그러나 어휘 다양도와 쓰기 등급 간에는 상관관계가 없는 것으로 분석되었다. 이 결과를 바탕으로 하여 중국어권 학습자들이 쓰기 점수와 상관관계가 있는 요인들이 얼마나 쓰기 점수에 영향을 미치는가에 대해 알아보기 위하여 위계적 회귀분석을 실시하였다. 위계적 회귀분석은 독립변수가 종속변수에 영향을 미칠 때, 독립변수들 간에 영향을 미치는 상대적 영향력의 크기를 순서대로 파악할 수 있는 방법이다.

〈표 5〉 쓰기 점수에 영향을 미치는 위계적 회귀분석 검정 결과

모형		비표준화 계수		표준화 계수	t (유의도)	공차 한계	통계량
		B	표준오차	베타			
모형 1	상수	-4.872	2.325		-2.096 (.043)		R^2=.301, 수정된 R^2 =.282, F=16.323, p=.000
	밀도	14.824	3.669	.548	4.040 (.000**)	1.000	
모형 2	상수	-4.264	2.267		-1.881 (.068)		R^2=.365, 수정된 R^2 =.331, F=10.629, p=.000
	밀도	12.598	3.725	.466	3.382 (.002**)	.905	
	세련도	4.686	2.419	.267	1.937 (.060)	.905	

모형 3						
상수	-4.239	2.299		-1.844 (.073)		R^2=.366, 수정된 R^2 =.313, F=6.098, p=.001 Durbin-Watson-1.012
밀도	13.124	4.388	.485	2.991 (.005**)	.669	
세련도	4.730	2.458	.269	1.924 (.062)	.899	
다양도	-.689	2.935	-.037	-.235 (.816)	.701	

**p < 0.01

위의 〈표 5〉는 쓰기 점수에 영향을 미치는 어휘 풍요도 변수들의 위
계적 회귀모형을 제시하였다.[23]

쓰기 점수를 향상 시킬 수 있는 변수들 간의 상대적 영향력을 평가하
면 어휘 밀도가 가장 큰 영향력을 보이는 변수인 반면에 세련도나 다양
도가 점수에 영향을 줄 것이라는 가설은 기각되었다고 볼 수 있다.

5. 연구의 의의와 한계

본 논문에서 중국어권 한국어 학습자들의 쓰기에서 중급, 고급으로

---

23 모형1을 살펴보면 어휘 밀도는 쓰기 점수 변량의 30.1%를 설명하고 있는데, 이
는 밀도가 높을수록 쓰기 점수가 높아지는 것으로 볼 수 있다(t=4.040, p=.000).
모형2는 모형1에서 추가로 세련도를 더 넣어서 회귀시킨 것으로 36.5%를 설명
하고 있어 모형 1에 비해 6.4%를 더 설명하고 있다. 그리고 이 경우에 밀도는 통
계적 유의수준 하에서 긍정적인 형향을 미치지만(t=3.382, p=.002), 세련도의 경
우는 통계적 유의수준 하에서 영향을 미치지 못하는 것으로 나타났다(t=1.937,
p=.06). 모형3의 경우 다양도를 추가하여 회귀시킬 경우에는 모형2와 설명력의
차이도 거의 없으며 세련도와 다양도 모두 종속변수인 쓰기 점수에 긍정적인 영
향을 미치지 못하는 것으로 나타났다. 공차한계는 모두 0.1 이상의 수치를 보여
다중공선성에는 문제가 없는 것으로 판단할 수 있고 Durbin-Watson은 1.012
로 0이나 4에 가깝지 않기 때문에 잔차들 간에 상관관계가 없는 것으로 판단할
수 있어 회귀모형에 적합하다고 해석할 수 있다.

올라가면서 어휘 풍요도의 발달 양상이 어떻게 나타나는가를 살펴 본 결과 어휘 밀도는 등급 간에 유의미한 차이가 있는 것으로 나타나서 쓰기 점수의 등급이 올라갈수록 그 작문에 사용된 어휘 밀도값은 올라간다고 말할 수 있다. 어휘 세련도도 등급 간에 유의미한 차이를 보였다. 그러나 어휘 세련도는 등급이 올라감에 따라 잠시 'U'자형으로 나타나기도 하였고 3급과 6급만 통계적으로 유의미한 차이를 보여줬다. 특히 어휘 다양도는 쓰기 점수와 관련이 없는 것으로 나타났다. 이러한 연구 결과는 앞에서 살펴본 선행 연구의 결과와도 일치하는 결과이다. Nihalani(1981)의 연구에서는 우수한 에세이들의 경우에 밀도에서 차이가 있다고 하였고, Linnarud(1986)에서는 어휘 풍요도 중 어휘 세련도만이 스웨덴 학생들 작문의 총체적인 평가와 상당한 상관관계(.47)가 있다고 하였다. 본 연구에서는 밀도의 차이와 세련도의 차이가 쓰기 작문 점수와 상관관계가 있는 것으로 분석되었기에 선행 연구에서 쓰기 연구와 어휘 풍요도의 관계를 살펴본 연구들의 결과를 한국어에서도 확인하였다는 것을 알 수 있다.

두 번째 연구 문제는 어휘 풍요도 분석 결과가 쓰기 측정 지표로 한국어교육에 적용할 때 적합한가에 대한 문제이다. 어휘 풍요도 점수를 독립변수로 놓고 쓰기 점수를 종속변수로 하여 종속변수에 영향을 미치는 변수로서의 어휘 풍요도 점수를 확인한 결과 어휘 밀도는 30% 정도의 설명력을 가진 것을 확인하였다. 이 결과는 학습자의 쓰기 점수의 30% 정도는 어휘 밀도의 점수로 설명이 가능하다는 점이다. 어휘 세련도와 어휘 다양도는 큰 영향을 주지 못하였다는 점을 고려한다면 학습자의 쓰기 점수를 줄 때 어휘 밀도를 계산하는 방법을 사용한다면 어느 정도 점수의 신뢰성을 확보할 가능성을 확인하였다고 할 수 있겠다.

쓰기 작문에서 어휘의 밀도, 다양도의 경우는 객관적으로 측정이 가능한 지표이다. 쓰기나 말하기와 같은 수행 평가는 채점자 간의 차이를 줄이는 것이 평가의 시행을 위해 가장 중요한 요인인데 이러한 주관적 평가의 신뢰성을 확보하기 위한 방안으로 객관적으로 확인 가능한 점수를 주는 것은 주관적 평가의 기초 자료로서 의의가 있다고 하겠다.

본 연구는 학습자의 쓰기 점수와 어휘 풍요도의 관계에 대한 연구가 없었다는 점을 고려할 때 언어 발달 양상을 파악하기 위해 어휘 풍요도를 분석하였다는 점에 있어서는 의미가 있다고 할 수 있다. 어휘 밀도와 다양도, 세련도의 상관관계를 파악할 수 있었다는 점, 그리고 어휘 밀도가 학습자의 쓰기 점수에 미치는 영향을 고려하여 쓰기 평가의 측정 지표로서의 가능성을 모색해 봤다는 점에 있어서는 연구의 의의를 찾을 수 있겠다.

향후 관련 연구를 위한 제언

언어 능력 발달의 측정 지표로 본 연구의 결과가 실제로 적용되기 위해서는 다양한 언어권의 학습자를 대상으로 이와 같은 연구가 진행되어야 할 것이다. 또한 본고에서는 밀도를 계산하기 위한 내용어와 기능어를 나누는 기준을 세우고 분석하였는데 기능어의 범위를 달리했을 때 어떠한 결과가 나타날지도 추후에 다른 방법으로 연구되어야 한다. 본고에서는 제한된 연구 대상의 글을 사용하기 위해 작문의 내용과 길이, 학습자의 언어권을 통제하다보니 연구 대상으로 삼은 자료의 수가 많지 않았다. 추후에 길이가 더 긴 글이나 짧은 글을 대상으로 같은 연구를 진행한다면 어느 정도의 길이로 측정을 하는 것이 가장 좋을지도 판단할 수 있을 것이다. 장르에 따라 달리 나타난다는 선행 연구의 결과를 받아들인다면 장르의 영향도 함께 파악하는 연구도 진행되어야 할 것이다.

3. 이해 어휘와 표현 어휘 능력 측정

어휘 지식은 다면적 지식이기 때문에 어휘 지식을 측정한다는 것이 어휘 지식의 각 부분을 어떻게 측정할 것이냐의 문제로 나누어 생각해 볼 수 있다. 어휘 지식의 문제는 첫째, 어휘량의 문제와 어휘 지식의 깊이의 문제로 나누어 볼 수 있는데 이것도 또한 이해에 필요한 어휘량과 깊이, 실제로 표현에 사용하고 있는 어휘량과 어휘 지식의 수준의 문제로 나누어 볼 수 있다. 어휘 지식의 평가 방법 어휘 지식의 깊이 혹은 정도성의 문제를 측정하는 것으로 이해 어휘 지식이냐 표현 어휘 지식이냐를 묻는 일반적인 평가 방법이 있다. 우선 Vocabulary Level Test(Nation, 1983;1990, Schmitt et al, 2001)에서는 다음과 같은 문항을 제시하여 이해 어휘를 측정하도록 하였다.

You must choose the right word to go with each meaning.
Write the number of that word next to its meaning
  1. concrete
  2. era   ___circle shape
  3. fiber   ___top of a mountain
  4. hip   ___a long period of time
  5. loop
  6. summit

위에 제시된 샘플은 Nation의 어휘 테스트 방법을 사용하여 Schmitt et al(2001)에서는 어휘 빈도에 따라 2000, 3000, 5000, 10,000 빈도 수준의 어휘량을 측정할 수 있는 도구를 제시하였고, 학문적 분야(Academic section)의 샘플로 고안된 것이다. Schmitt에서 제시한 어휘 테스트 문제 작성 시 주의해야 하는 사항을 살펴보자 Schmitt et al. 2001;59).

① 어휘의 사전적 정의 대신에 선택 옵션이 될 수 있도록 할 것
② 정의를 하더라도 짧게 하여 최소한의 읽기가 되도록 할 것
③ 어휘 지식의 누적성과 어휘의 다의성을 고려하여 부분적 지식이 있는 학습자가 답을 할 수 있도록 고안할 것
④ 추측하여 맞는 답을 선택할 수 있는 확률을 최소화하도록 어휘 항목은 알파벳 순으로 정의 부분은 짧은 문장에서 긴 문장으로 배열할 것
⑤ 정의말에 쓰인 어휘는 더 빈도가 높은 쉬운 어휘로 할 것
⑥ 목표 어휘는 기본 형식으로 제시할 것
⑦ 목표 어휘들은 될 수 있으면 다른 알파벳으로 시작하는 것으로 할 것

표현 어휘의 측정에 대한 제2언어 영어 교육의 연구는 Laufer & Nation(1999)에서 사용한 방법으로 의미 있는 문장 안에 단어의 앞 글자를 제시하여 그 글자로 시작하는 단어를 제시할 수 있는가를 측정하는 방법이 있다. 이 방법은 표현 어휘를 측정할 수 있는 여러 방법 가운데 교사나 연구자의 통제를 통해 목표 어휘를 생산해 낼 수 있도록 하는 장점이 있기 때문에 고안된 방법으로 앞의 몇 글자를 제시하는 방법을 사용하여 의미가 비슷한 다른 수준의 어휘를 선택하는 것을 방지하고 자 하였다.

> The picture looks nice; the colours bl_____ really well.
> Nuts and vegetables are considered who _____ food.
> The garden was ful of fra_____ flowers.

기본적으로 이해 어휘 능력은 문장 안에서 의미를 이해하고 있는가를 측정하는 방법이기에 위의 방법 이외에도 다양한 방법으로 측정이 가능하다. 이 외에 예를 들어 선택지에서 선택하는 것, 의미를 모어로 적어보도록 하는 것도 가능하다. 표현 어휘 능력은 위에서 본 것처럼 직

접 문장 안에 단어를 적는 것부터 단어를 주고 문장을 만들어 보는 문항을 사용할 수 있을 것이다.

☑ 이해 어휘와 표현 어휘 측정 방법을 적용한 연구[24]

본 연구는 영어 어휘의 평가를 위해 사용된 문항 유형을 한국어에 적용 가능한가를 시도해 본 연구이다. 학습자의 이해 어휘와 표현 어휘 능력을 측정하고 이것이 학습자의 성취도와 어떻게 관련이 되어 있는가를 살펴보았다. 나아가 어휘 습득의 측면에서 이해 어휘 점수와 표현 어휘 점수에 영향을 미치는 변인을 살펴본 연구이다.

1. 학습자의 이해 어휘와 표현 어휘 능력에 차이가 있는가?

본 연구는 한국어 학습자의 어휘 습득의 문제에 대한 체계적인 접근을 위해 어휘 습득이란 무엇이며, 학습자의 이해 어휘와 표현 어휘가 얼마나 질적이고 양적인 차이를 가지고 있는가를 검토해 보고자 하는 연구이다. 고급 학습자의 의사소통 능력은 상당 부분 어휘의 양에 따라 달라짐에도 불구하고 어휘 능력이 어느 정도 중요하며, 특히 학습자의 이해 어휘량과 표현 어휘량이 학습자의 언어 능력에 얼마나 다른 비중을 차지하고 있는가에 대한 검토가 이루어지지 않았다. 이해 어휘의 양이 증가하면 표현 어휘의 양이 증가한다는 명백한 전제는 있으나 학습자의 개별적인 변인이 이것에 미치는 영향에 대한 연구가 없었다. 그러므로 한국어 학습자의 이해 어휘와 표현 어휘의 특성을 규명하여 한국어

---

24 원미진(2013), '학문 목적 한국어 학습자의 어휘 습득 변인 연구:이해 어휘와 표현 어휘 관계를 중심으로', 언어와 문화에 게재된 논문을 요약하였음

학습자의 어휘 습득 연구에 기초적인 자료를 제시해 보고자 한다.

2. 연구 대상 및 연구 방법

실험에 참여한 학습자들은 서울 시내 대학에 재학 중인 외국인이며, 대학에서 교양 과목으로 학문 목적 글쓰기 수업을 듣는 학생들을 대상으로 하였다. 실험 대상의 성격은 다음 〈표 1〉에 제시하였다. 대부분의 중국인 학습자로 20세에서 25세 사이의 학습자들이다.[25]

〈표 1〉 실험에 참여한 학습자들 기본 정보

	변인	빈도	퍼센트	비고
성별	남성	23	34.8	결측값 없음
	여성	43	65.2	
학년	1학년	10	15.2	결측값 2
	2학년	8	12.1	
	3학년	33	50	
	4학년	13	19.7	
한국 거주 기간	1년 미만	20	30.3	결측값 1
	1~2년 미만	10	15.2	
	2~3년 미만	14	21.2	
	3~4년 미만	13	19.7	
	4~5년 미만	4	6.1	
	5 이상	4	6.1	
한국어 학습기간	1년 미만	16	24.2	결측값 2
	1~2년 미만	22	33.3	
	2~3년 미만	15	22.7	
	4년 이상	11	16.7	

이들의 한국어 능력은 약간의 차이가 있으나 교양으로 진행되는 수업을 이해하고 수업에서 제시된 과제를 해결하는 능력을 갖추고 있다

---

25 실험에 참가한 학습자의 국적은 중국 62명, 일본 2명, 대만 1명 몽골 1명이다.

는 점에 있어서는 고급 학습자라고 할 수 있겠다. 학습자에 따라 한국어 학습 기간이 1년 미만인 경우도 있으나 한국어능력시험 4급 이상에 합격한 학습자들이기 때문에 고급 학습자로 볼 수 있다.

이 연구는 학문 목적 학습자들의 이해 어휘와 표현 어휘의 차이에 대한 연구를 목적으로 한 시범적인 실험 연구여서 테스트 문항은 선행 영어 어휘 측정 연구들이 사용한 문항을 학습자의 수준에 맞게 한국어로 개발한 것을 사용하였다. 이해 어휘 측정에 사용한 문항은 Vocabulary Level Test(Nation, 1983;1990, Schmitt et al, 2001)에서 개발된 것과 같은 방법으로 학습자들은 여섯 개 중에 3개를 선택할 수 있도록 고안했다.[26] 본 연구는 다음과 같은 방법으로 이해 어휘 문제를 고안하였다.

---

1. 발달하다
2. 뛰어나다   _____ 만들어 내다
3. 생산하다   _____ 움직임이 힘차다
4. 수출하다   _____ 어떤 일을 잘 하다
5. 유리하다
6. 활발하다

표현 어휘를 측정하는 방법은 Laufer & Nation(1999)에서 사용한 방법으로 의미 있는 문장 안에 단어의 앞 글자를 제시하여 그 글자로 시

---

26 2) 실험의 대상 어휘는 학습자들이 사용하는 교재(유학생을 위한 대학한국어 1, 이화여자대학교 출판부) 에서 선정하여 이미 한 번 이상 학습자들이 교재에서 본 어휘들이다. 한국어교육에 있어 아직까지 어휘 수준을 평가하는 측정도구가 만들어져 있지 않고 학문 목적 어휘 목록의 선정도 이루어져 있지 않기 때문에 우선적으로 학문 목적 학습자들을 위한 어휘 테스트를 위해 수업에 사용하는 교재에서 선택할 수밖에 없었다. 어휘 테스트 방법에 대해서는 영어에서 사용한 방법의 타당성 여부에 대해서 추후에 여러 가지 방법으로 그 타당성을 검증해 볼 필요가 있음을 밝혀 둔다.

작하는 단어를 제시할 수 있는가를 측정하는 방법을 택하였다. 영어 표현 어휘 테스트에서 수준이 다른 어휘인데 문법적으로나 의미적으로 맞는 어휘를 선택하는 것을 방지하고자 하였던 것처럼 한국어에서도 앞 글자를 제시하여 선택에 제한을 두었다. 이 연구가 실험적인 연구임에 비추어 표현 어휘는 앞 글자만 제시하는 것으로 제한하지 않고 마지막 글자를 제시하여 맞는 단어를 선택하게 하는 문장도 제시하였다.[27]

---

1. 서쪽은 지형이 낮아서 긴 강이 흐르고 강 주변에는 평야와 분지가 발_____.
2. 서울과 위성도시로 이루어진 수_____은 노동력이 풍부하고 교통이 편리하다
9. 원료를 수입하고 제품을 수출하기에 유리한 지리적 조건은 _____화를 빨리 이루는 _____력이 되었다.
11. 부산은 우리나라 최대의 _____항이자 서울 다음으로 큰 국제도시이다.

실험에 사용한 문항수는 이해 어휘 15문제, 표현 어휘 15문제이다. 이해 어휘를 30개를 측정한 Schmitt의 연구와 달리 15개 항목만 실시한 이유는 30개씩 60항목을 측정했을 경우에 학습자들이 오히려 집중하지 않을 가능성이 더 높다고 보았기 때문이다.[28]

---

27 표현 어휘의 경우에는 앞글자와 뒷글자를 제한하였어도 정답으로 정해진 어휘 이외에 문맥에 의해 맞는 문장을 생산했을 경우에 맞는 것으로 판정하였다. 예문 9의 답은 산업화와 원동력이지만 산업화 대신 공업화, 원동력 대신 동력도 맞는 것으로 판정하였다. 또한 표현 어휘의 경우에 문제1에서 보는 것처럼 발달하였다와 같이 문법적으로 맞는 문장을 생산한 것도 있지만 발달하다와 같이 어휘의 기본형만을 제시한 학습자도 있어 이런 경우도 점수를 주었다. 그리고 실험을 할 때는 생각하지 못했지만 토론 과정에서 토론자 선생님의 의견을 반영한다면 추후에선 한국어의 특성상 음절수를 제시하여 학습자의 선택의 범위를 제한하는 것도 하나의 방법으로 고려될 수 있음을 밝힌다.
28 시범적으로 15항목씩 측정해 본 결과가 학습자의 충분한 어휘 능력을 평가하기에 부족한 점이 있을 수도 있겠지만 이 연구가 시범적인 연구임을 고려할 때 의미 있는 결과를 제시할 수 있었다는 점에 있어서 크게 문제가 나타나지 않았다

3. 연구 결과 및 논의

학습자들의 실험 결과를 분석하기 위하여 SPSS18을 사용하여 분석하였다. 학습자들의 어휘 테스트 항목의 평균값은 〈표 2〉 다음과 같다.

〈표 2〉 실험에 참여한 학습자의 평균값

		학습자수	평균값	표준편차
한국어학습기간		64	2.33	1.039
학업 성취도		65	4.12*	1.566
어휘사용능력	이해 어휘	66	12.59	1.763
	표현 어휘	66	9.41	3.118

*학업 성취도 만점은 6점이다.

실험에 참가한 모든 학습자들의 평균 거주 기간과 한국어 학습 기간은 2년이 넘는다.[29] 이 학습자들의 이해 어휘 점수는 15점 만점에 12.59점이고, 표현 어휘의 점수는 9.41로 나타났다. 학습자들의 어휘 점수의 평균값으로 볼 때 전체적으로는 이해 어휘 점수는 표현 어휘 점수에 비해 3점(비율로는 20%) 정도 높다. 그러나 한국어 학습 기간에 따라 학습자들의 점수를 살펴보면 다음의 〈표 3〉에서 제시한 것처럼 학습 기간이 길어질수록 조금씩 평균값이 올라가고 있지만 이해 어휘와 표현 어휘의 증가에는 차이가 있음을 알 수 있다.

고 판단된다.

29 실험을 설계할 때는 학습자의 거주 기관과 학습 기간이 다른 변인이 될 수 있을 것으로 생각하였다. 그러나 학습자들이 기본 정보를 살펴보니 한국어 학습기간과 거주 기간 사이에 큰 차이점이 없었기 때문에 분석을 할 때는 한국어 학습 기간이라는 하나의 변수만을 가지고 분석하였다.

〈표 3〉 학습기간에 따른 이해 어휘와 표현 어휘의 평균값

한국어학습기간	이해 어휘 평균	표준편차	표현 어휘 평균	표준편차	학습자 수
1년 이하	11.56	1.632	8.88	2.802	16
1~2년	12.32	1.673	9.68	3.400	22
2~3년	13.47	1.302	9.40	2.586	15
4년 이상	13.64	1.748	10.45	3.357	11
합계	12.62	1.759	9.55	3.044	64

　학습자들의 어휘 습득량이 학습자의 한국어 학습 기간에 어떤 상관관계가 있는가를 알아보기 위해 상관관계 분석(Correlation Analysis)를 시도해 보니 한국어 학습 기간과 이해 어휘는 유의미한 상관관계에 있었다($r=.45$). 그러나 표현 어휘는 한국어 학습 기간과 유의미한 상관관계가 나타나지 않았으며, 표현 어휘와 상관관계에 있는 변수는 학습자의 학업 성취도였다($r=.55$). 표현 어휘가 학업 성취도와 .55의 상관계수를 나타내는 데 비해 이해 어휘와 학업 성취도는 유의미한 상관관계를 보여 주고 있긴 하지만 낮은 상관 계수의 값을 보이고 있다. 학습 기간과 이해 어휘의 점수 사이에 상관관계가 있기 때문에 학습 기간을 통제하고 이해 어휘의 점수를 예측하는 분석을 해보는 것이 의미 있다고 판단이 되어 다시 회귀 분석을 시도하였다. 회귀 분석(regression)을 시도한 결과 한국어 학습 기간은 이해 어휘 점수를 예측할 수 있는 변인임이 확인되었다.[30] 회귀분석 결과를 해석하면 한국어 학습기간이 1년 늘

30　이해 어휘와 한국어학습기간 간의 회귀분석 결과를 제시하면 다음과 같다.

모형		계수ª			t	유의확률
		비표준화 계수		표준화 계수		
		B	표준오차	베타		
1	(상수)	10.852	.489		22.208	.000
	한국어학습기간	.762	.192	.450	3.969	.000

a. 종속변수: 이해 어휘

어날수록 이해 어휘 점수는 0.76점 증가한다고 볼 수 있다. 그러나 한국어 학습기간과 표현 어휘의 점수를 회귀 분석한 결과 한국어 학습기간은 표현 어휘 점수에는 유의미한 영향을 주지 않은 것으로 드러났다.

한국어 학습자의 표현 어휘와 상관관계가 있는 것은 학습자의 학업 성취도였기 때문에 학습자의 학업 성취도를 통제하고 다시 이해 어휘와 표현 어휘의 관계를 알아보기 위한 회귀분석을 하였다.[31] 학업 성취도는 표현 어휘량을 예측할 수 있는 의미 있는 변수임을 알 수 있는데 학업 성취도가 한 단계 올라갈수록 학습자들의 표현 어휘 점수는 1.09점이 올라가는 것을 볼 수 있다. 물론 이해 어휘도 학업 성취도와 관련이 없다고 할 수 없으나 표현 어휘에 비해 상대적으로 점수는 0.4점이 증가함을 보여 주었다.

위의 분석을 통해 논의할 수 있는 학습자 어휘의 특성은 크게 두 가지이다. 첫째, 학문 목적 학습자들이 한국어 학습 기간이 증가한다고 해도 그들의 이해 어휘량이 증가하는 것처럼 표현 어휘량도 증가하는 것은 아니라는 점이다. 학습자들의 이해 어휘량은 학습 기간이 길어질수

---

31 학습자의 학업 성취도는 대상 학습자들의 학기말 학점으로 대체하였다. 학점은 A+(6),A(5), B+(4). B,(3) C+(2),C(1)의 여섯 단계로 나타났기 때문에 각각을 한 단계씩으로 하여 분석하였다. 회귀분석 결과를 제시하면 다음과 같다.

계수ª					
모형	비표준화 계수		표준화 계수	t	유의확률
	B	표준오차	베타		
1 (상수)	10.996	.567		19.398	.000
성적	.400	.129	.365	3.110	.003

a. 종속변수: 이해 어휘

계수ª					
모형	비표준화 계수		표준화 계수	t	유의확률
	B	표준오차	베타		
1 (상수)	4.956	.912		5.436	.000
성적	1.097	.207	.555	5.301	.000

a. 종속변수: 표현 어휘

록 늘어나고 있지만 표현 어휘량은 이런 경향을 보이지 않는다. 오히려 표현 어휘량의 증가는 학습 기간이 짧고 긴 것에 의하기 보다는 학습자의 학업 성취 능력과 상관관계가 있는 것으로 나타났다. 앞의 선행 연구에서 본 것처럼 학문 목적 학습자의 학업 성취는 어휘 지식의 깊이에 의존한다고 보았는데 그런 점에 있어서 이 연구 결과는 학습자의 지식이 이해 어휘의 수준에 머물 때보다 표현 어휘의 수준에까지 나아갔을 때 학업 성취도가 높아진다는 것을 증명해주는 결과라고 하겠다. 다시 말하면 같은 학습 기간을 가진 학습자라도 어휘 지식의 깊이가 표현 어휘 정도의 지식을 가진 학습자들이 이해 어휘 수준의 지식에 머물러 있는 학습자들보다 학업 성취도가 높다고 할 수 있다.

둘째, 학습자의 이해 어휘 점수와 표현 어휘 점수가 상관관계를 맺고 있는 변인이 다르다는 것은 이 두 종류의 지식은 다른 습득 과정을 거친다는 점이다. 학습 기간이 길어지면 특별하게 노력하지 않아도 이해 어휘의 수가 자연적으로 증가하고 있지만 표현 어휘는 학습 기간이 길어진다고 해도 저절로 증가할 수 있는 어휘 지식은 아니다. 이 결과는 한국어 학습자뿐만 아니라 모든 언어 학습자들에게도 마찬가지겠지만 왜 오랜 기간 그 언어를 배운 학습자들이 사용하는 어휘 수준에는 제한이 있는가를 설명할 수 있는 근거가 될 수 있는 결과라고 생각된다. 어휘를 이해한다는 것과 그것을 직접 사용할 수 있는 능력까지 이르는 단계는 다른 습득 과정과 단계에 놓여 있음을 확인할 수 있었다. 그렇기 때문에 학습자들의 어휘 교수를 위해서는 어휘 교수의 목표를 어디까지 둘 것인가에 따라 교수 방법이 달라져야 한다는 점을 지적하지 않을 수 없으며, 학습자들이 표현 어휘의 지식에까지 도달하기 위해서는 더 많은 시간과 노력이 요구된다는 것을 명백히 보여 주고 있다고 하겠다.

4. 연구의 의의 및 한계

이 연구는 한국어 학습자의 이해 어휘와 표현 어휘의 습득에 영향을 미치는 변수가 무엇인가를 측정해 보려는 시도였기 때문에 학습자의 한국어 학습기간이나 학업 성취도가 각각 어떻게 영향을 주고 있는가를 분석해 보았다. 제2언어 학습자를 대상으로 일반적으로 이해 어휘의 양이 증가하면 표현 어휘의 양이 증가한다는 전제는 있으나 학습자의 개별적인 변인이 이것에 미치는 영향에 대한 연구가 없었다. 학문 목적 한국어 학습자들의 경우에 이해 어휘량은 표현 어휘량보다 20% 정도 많았다. 그러나 한국어 학습기간이 길어진다고 해서 표현 어휘량이 저절로 늘어나는 것은 아니다.

이 연구는 시범적으로 한국어 학습자의 표현 어휘와 이해 어휘를 측정해 보았기 때문에 측정의 타당성을 좀 더 검토할 필요가 있다. 제2언어로서의 영어 교육에서 이루어지고 있는 선행 연구의 이해 어휘 표현 어휘의 측정 방법을 따랐으나 그것이 타당한 것인가에 대한 논의와 검증이 추후의 연구를 통해 보충되어야 할 필요가 있다. 또한 단어의 선정이 학습자에게 적합한 어휘였는가 하는 것도 검토의 대상이 될 수 있으며, 실험 대상이 대부분 중국어 학습자였다는 점에서 다른 언어권으로 확대해서 연구해도 같은 결과를 얻을 수 있는지에 대한 검증이 이루어져야 할 것이다.

그럼에도 불구하고 이 연구는 어휘 습득의 정도의 문제를 이해 어휘와 표현 어휘로 나누어 각각의 어휘의 특성을 밝히기 위한 분석을 시도해보고 각 어휘들의 습득에 영향을 주는 변인을 측정해보려는 시도로서 의미가 있을 것으로 생각한다. 처음에 연구를 계획할 때에는 한국어 학습의 일정 기간이 지나면 표현 어휘량과 이해 어휘량의 차이가 적어지는 지점이 나타나고 그 지점을 연구해 보려는 목적이 있었으나 실험 대상이 한국어 학습기간이 4년 이상인 학습자가 많지 않았기 때문에 분석이 불가능하였다. 추후에 더 오랜 기간 한국어를 학습한 학습자들을 대상으로 하여 연구할 필요가 있다.

마지막으로 이 연구 결과는 선행 연구에서 보여준 것처럼 이해 어휘량에 비해 표현 어휘량이 적으며, 표현 어휘의 습득은 이해 어휘와 다른 습득 체계를 갖는다는 것을 보여 주었다. 그러나 다른 습득 체계를 증명하기 위한 변인들이 연구의 한계 상 충분히 분석될 수 없음을 밝혀둔다. 어휘 습득 체계에 변수로는 학습자의 학습 동기나 목표와 학습 방법이나 과정 등이 고려될 수 있을 것이다. 그러므로 이 결과는 앞으로 습득의 다른 변수가 무엇인가에 대한 논의뿐만 아니라 표현 어휘의 습득을 위한 교수 방법에 대한 논의로 이어져야 할 것으로 생각하며 이를 이후의 연구로 미룬다.

향후 관련 연구를 위한 제언

본 연구는 학문목적 학습자를 위한 연구였기에 연구 대상을 달리해 본 연구가 필요하다. 연구 대상 어휘 선정 역시 학문목적 어휘가 아닌 일반 어휘를 대상으로 한다면 어느 정도나 이해와 표현 어휘의 차이가 나는가도 연구해 볼 수 있겠다. 연구 문항의 경우 본 연구는 선행 영어교육의 형식을 차용했는데 다른 측정 가능한 문항의 유형을 생각해 볼 수도 있을 것이다.

▌참고문헌

이 책은 다음과 같은 연구 논문의 내용이 연구의 예로 선정되었다.
전문을 읽고 싶은 분을 위해 논문의 원출처를 밝힌다.

- 원미진(2010). 「한국어 학습자 어휘학습 전략에 관한 연구」, 『한국사전학』제15호.
- 강현화·신자영·원미진(2010). 「한국어 학습자 사전 표제어 선정을 위한 자료 구축 및 선정 방법에 관한 연구」, 『한국사전학』제16호.
- 원미진·한승규(2011). 「한국어 학습자사전 뜻풀이 어휘통제를 위한 기술 방법에 관한 연구」, 『언어와 언어학』, 제50호.
- 남신혜·원미진(2011). 「한국어교육을 위한 외래어 조어소 선정에 관한 연구」, 『이중언어학』46호.
- 원미진(2011). 「한국어 어휘 교육 연구의 방향 모색」, 『한국어교육』22-2.
- 원미진(2011). 「한국어 학습자 사전 용례 기술 방법에 대한 연구」, 『한국사전학』제18호.
- 원미진(2013). 「학문 목적 학습자의 어휘 습득 변인 연구: 표현 어휘와 이해 어휘의 관계를 중심으로」, 『언어와 문화』9호.
- 원미진(2014). 「한국어 학습자의 파생어 교육을 위한 접사 목록 선정 연구」, 『한국사전학』23호.
- 원미진(2015). 「학문목적 학습자를 대상으로 정형화된 표현을 사용한 쓰기 교육의 효과 연구」, 『언어사실과 관점』35호.
- 원미진·주우동(2016). 「사전 사용이 읽기 이해도 및 어휘 학습에 미치는 효과-단일어 사전과 이중어 사전 사용 비교-」, 『한국사전학』27호.
- 원미진(2017). 「한국어 학습자의 어휘 능력 측정 방법에 대한 고찰」, 『언어와 문화』13호.
- 원미진·왕억문·주우동·왕호(2017). 「한국어 학습자의 쓰기에 나타난 어휘 풍요도 연구-숙달도 측정 도구로써 어휘 풍요도 측정 가능성을 중심으로」, 『어문론총』71호.
- 원미진(2017). 「한국어 어휘 교육 연구의 학습자 변인에 대한 메타분석」, 『문법교육』31호.

강영환(1999).「국어사전의 뜻풀이 원칙에 관하여」,『백록어문』15, 제주대학교 사범대학 국어교육과 국어교육연구회, 7-41.

강현화(2009).「새로운 사전의 필요성과 발전 방향」,『새국어생활』19-4, 국립국어원.

강현화(2000).「코퍼스를 이용한 부사의 어휘 교육방안 연구」,『이중언어학』17, 이중언어학회.

강현화(2001).「한국어 학습용 이중어 사전 역할에 대한 논의-반이중어 사전 구축의 필요성에 대해」,『제2차 아시아 사전학회 국제 학술대회 발표논문집』, 아시아 사전학회, 44-49.

강현화·신자영·원미진(2010).「한국어 학습자 사전 표제어 선정을 위한 자료 구축 및 선정 방법에 관한 연구」,『한국사전학』16, 6-29.

강현화·원미진(2012).「한국어 학습자를 위한〈한국어기초사전〉구축 방안 연구」,『한국사전학』20, 한국사전학회, 7-30.

강현화·원미진(2014).「언어 학습자를 위한〈한국어기초사전〉편찬의 원리와 실제」,『민족문화연구』67, 고려대학교 민족문화연구원, 39-63.

고석주(2007).「어휘의미망과 사전의 뜻풀이」,『한국어 의미학』24, 한국어의미학회, 1-21.

고영근·구본관(2008).『우리말 문법론』, 집문당.

고주환(2008).「한국어 학습자를 위한 파생어 교수-학습 방안 연구」, 관동대학교 석사학위논문.

구민지(2010).「한국어교육학 연구방법론 경향에 대한 일고찰」,『한성어문학』29, 한성어문학회, 181-209.

구본관(1998).「단일어기 가설과 국어 파생 규칙」,『어학연구』34, 153-174.

국립국어원(2014).「한국어교육 어휘 내용 개발(1, 2, 3단계)」, 연구 책임자 강현화.

국립국어원(2001).『2001 신어』, 국립국어원.

국립국어원(2002).『2002 신어』, 국립국어원.

국립국어원(2003).『2003 신어』, 국립국어원.

국립국어원(2004).『2004 신어』, 국립국어원.

국립국어원(2005).『2005 신어』, 국립국어원.

국립국어원(2007).『사전에 없는 말 신조어』, 태학사.

김광해(1993).『국어 어휘론 개설』, 집문당.

김광해(2003).「국어교육용 어휘와 한국어교육용 어휘」,『국어교육』11. 255-291.

김광해(2003).『등급별 국어 교육용 어휘』, 박이정.

김동언(1995)「뜻풀이로 본 국어 사전 편찬사」,『한국어학』2-1, 한국어학회, 75-101.

김미정(2004).「중국인을 위한 한국 한자어 학습 사전 개발의 기초 연구」, 경기대학교 석사학위논문.

김민지(2009).「의미장을 활용한 수업이 한국어 학습자의 어휘력 향상에 미치는 효과 연구」, 이화여자대학교 석사학위논문.

김선정(2012).「여성 결혼 이민자의 한국어 발화 특성: 평균발화길이와 어휘 다양도를 중심으로」,『언어와 문화』8호, 한국언어문화교육학회, 1-17.

김인균(2004).「한국어교육에서의 파생어휘 교육」,『국제어문』31, 5-30, 국제어문학회.

김정은(2003).「한국어 파생어 교육 연구」,『이중언어학』22, 91-139, 이중언어학회.

김지영(2004) 논문 :「한국어 어휘 교육 항목 선정을 위한 기초 연구」.

김창섭(1992).「파생접사의 뜻풀이」,『새국어생활』2-1, 78-88

김하수 외(2007).『한국어교육을 위한 한국어 연어사전』, 커뮤니케이션북스.

김희정(2001).「외래어 사용에 대한 광고효과 연구」,『광고학연구』12-2, 한국광고학회, 145-163.

나은미(2008).「유추를 통한 한국어 어휘 교육」,『한국어학』40, 177-202, 한국어학회.

나은미(2010).「한국어 어휘교육을 위한 어휘군 구축 -[사람]어휘를 대상으로-」,『우리어문연구』37, 191-216, 우리어문학회.

남기심(1992).「표제어의 풀이와 표제어 설정의 문제」,『새국어생활』2, 국립국어연구원, 22-29.

남기심·고영근(1985/1993).『표준국어문법론』, 탑출판사.

남기심·고석주(2002).「국내 사전 편찬의 현황과 과제」.『한국사전학』1, 한국 사 전학회, 9-29.

남길임 (2011)「확장된 어휘 단위에 대한 연구 동향과 한국어의 기술」,『한국 사전학』Vol 18, 73-98

남길임(2006).「『외국인을 위한 한국어 학습 사전』에서의 어휘 기술 방법론 연구-시간표현을 중심으로」,『한글』271, 한글학회, 133-160.

남상은(2001).「어휘 학습 전략이 어휘 기억에 미치는 영향」, 경희대학교 석 사학위 논문.

남주연(2015).「한국어 학습자의 구어 복잡성 연구: 통사 및 어휘 복잡성을 중 심으로」, 경희대학교 대학원 박사학위논문.

남주연·김영주(2014),「한국어 학습자의 구어에 나타난 어휘 다양성 측정 : D 값을 중심으로」,『한국어의미학』45호, 한국어의미학회, 69-97.

문금현(1998)「외국어로서의 한국어 관용표현의 교육」,『이중언어학』15-1.

민현식(1998).「국어 외래어에 대한 연구」,『한국어의미학』2, 한국어의미학 회, 91-132.

민현식(2001).「간판 언어의 의미론」,『한국어의미학』9, 한국어의미학회, 221-259.

박꽃새미(2008).「중국인 한국어 학습자의 사전사용이 쓰기에 미치는 효과- 이중어 사전과 단일어 사전 사용 비교 연구」, 이화여자대학교 석사학위 논문.

박동호(1998).「대상부류에 대한 한국어 어휘기술과 한국어교육」,『한국어교 육』9-2, 국제한국어교육학회.

박민진(2009).「주석이 한국어 관용어의 우연적 학습에 미치는 영향」, 이화여 자대학교 석사학위논문.

박선옥(2008).「한국인과 중국인의 단어연상의미 조사분석과 단어연상활용 을 통한 한국어 어휘교육 방법」,『한국어의미학』25.

박성은(2008).「중급단계 중국인 학습자의 한자 어휘 학습 전략 연구: 의미 발 견 전략을 중심으로」, 이화여자대학교 석사학위 논문.

박수연(2006). 「한국어 학습 사전의 연구 동향 분석」, 『이중언어학회』31, 이중언어학회, 35-53.

박용찬(2008). 「국어의 단어 형성법에 관한 일고찰 -우리말 속의 혼성어를 찾아서-」, 『형태론』10-1, 111-128.

박정은·김영주(2014). 「한국어 고급 학습자의 작문에 나타난 어휘의 다양성」, 『한국어교육』25호, 국제한국어교육학회, 1-32.

박지현(2007). 「어휘 주석이 한국어 우연적 어휘 학습에 미치는 영향」, 『한국어교육』18권 2호 국제한국어교육학회, 115-134.

배도용(2012). 「한국어 학습자의 쓰기에 나타난 어휘 다양도 및 어휘 밀도 연구」, 『언어과학』19호, 한국언어과학회, 99-117.

백재파(2015). 「한국어 쓰기 교육의 효과에 대한 메타분석」, 『학습자중심교과교육연구』15, 학습자중심교과교육학회, 463-489.

백재파(2016). 「한국어 쓰기 교육에서 피드백 효과에 대한 메타분석 연구」, 『우리말연구』44, 우리말학회, 253-283.

서상규(2009). 『교육용 기본어휘 선정을 위한 기초 연구』, 국립국어원.

서상규 (2002) 『한국어 기본어휘와 말뭉치 분석』한국문화사.

서상규(2006). 「한국어 학습 사전 편찬과 기본어휘의 선정을 위한 기초 연구」, 조선어연구회 3.

서상규 외(2004). 『외국인을 위한 한국어 학습 사전』, 신원프라임.

서상규·강현화·유현경(2000). 「한국어교육 기초어휘 빈도 사전의 개발 사업 결과 보고서」, 문화관광부.

서상규·남윤진·진기호(1998a). 「한국어교육을 위한 기초어휘 선정 1- 기초어휘 빈도 저사 결과 보고서」, 문화관광부 한국어세계화추진위원회.

서상규·백봉자·남길임(2003). 「외국인을 위한 한국어 학습 사전 개발(실물 사전 및 전자 사전 개발) 최종 보고서」, 문화관광부 한국어세계화추진위원회.

서상규·강현화·유현경·정희정·한송화·남길임·김홍범·전영옥(2002). 「외국인을 위한 한국어 학습 사전 개발 최종 보고서」, 문화관광부 세계화추진위원회.

서희정(2006).「한국어 학습자를 위한 접두파생어에 대한 연구 -고유어 접두 사를 중심으로-」,『이중언어학』30, 209-243, 이중언어학회.

송창선(1998).「평가 대상 어휘의 선정」,『국어교육연구』30권 1호, 국어교육 학회, 85-100.

송철의(1992).『국어의 파생어 형성 연구』, 태학사.

신동광(2011).「어휘 교육의 발전 방향 탐색; 기본어휘의 선정 기준-영어 어휘 를 중심으로」,『국어교육연구』40권, 국어교육학회, 217-243.

신명선(2004).「국어사고도구어 교육 연구」, 서울대학교 국어교육과 박사학 위논문.

신명선(2008).『의미, 텍스트, 교육』, 한국문화사.

신명선(2006).「학문목적의 한국어 학습자를 위한 어휘 교육의 내용연구」, 『한국어교육』17 -1.

신윤호(1991).「중학교 국어교과서에 나타난 색채어 분석과 효과적인 지도방 안」, 梨花女子大學校 敎育大學院.

신준화(2008).「읽기를 매개로 한 의미중심 형태교수 상황에서의 어휘 습득 연구」, 이화여자대학교 석사학위논문.

신현숙(1998).『한국어 어휘 교육과 의미 사전』, 한국어교육, 9-.2,

신현숙(2000).『현대 한국어 학습사전』, 한국문화사.

신희삼(2010).「단어 형성의 원리를 이용한 한국어 어휘교육의 방안에 관하 여」,『한국언어문학』74, 한국언어문학회, 61-89.

안경화(2003).「중간언어 어휘론 연구의 관제와 전망」,『이중언어학』23호, 이 중언어학회, 167-186.

오유영(2009).「연어 주석이 우연적 연어 학습에 미치는 영향」, 이화여자대학 교 석사학위논문.

옥혜정(2009).「어휘 주석과 전자 사전이 초급 한국어 학습자의 어휘 학습에 미치는 영향」, 이화여자대학교 석사학위논문.

원미진(2010).「한국어 학습자의 어휘 학습 전략에 관한 연구」,『한국사전학』 15호, 한국사전학회, 194-219.

원미진(2011).「한국어 어휘 교육 연구의 방향 모색」,『한국어교육』22권 2호,

국제한국어교육학회, 255-279.

원미진(2011).「한국어 학습자 사전 용례 기술 방법에 대한 연구」,『한국사전학』18, 한국사전학회, 152-173.

원미진(2013).「학문 목적 학습자의 어휘 습득 변인 연구: 표현 어휘와 이해 어휘의 관계를 중심으로」,『언어와 문화』9(2). 한국언어문화교육학회, 193-213.

유미상(2008).「중·고급 한국어 학습자의 어휘 학습을 위한 한자어 접사 및 파생어 선정에 관한 연구 : 말뭉치를 기반으로」, 연세대학교 석사학위 논문.

유현경·강현화(2002).「유사관계 어휘정보를 활용한 어휘 교육방안」, 말 27-1.

유현경·남길임(2009).『한국어 사전 편찬학 개론』역락.

윤유선(2007).「어휘 학습 전략 훈련을 통한 한국어 학습자의 한자어 학습 효과」, 이화여자대학교 석사학위 논문.

이경·김수은(2014).「한국어교육에서의 어휘 능력 진단 평가 연구」,『Journal of Korean culture』25호, 한국어문학국제학술포럼, 191-216.

이기연(2011).「어휘력 평가의 평가 요소와 평가 유형에 대한 고찰」,『국어교육연구』42호,국어교육학회, 461-497.

이기황(2007).「사전 뜻풀이문의 패턴 분석을 위한 기초 연구」,『한국사전학』9, 한국사전학회, 123-142.

이문규(1998).「어휘력 평가의 실제」,『국어교육연구』30권 1호, 국어교육학회, 101-140.

이병근(2000).「『표준국어대사전』에서의 정의(뜻풀이)에 대하여」,『새국어생활』10-1, 국립국어연구원, 73-84.

이복자(2016).「한국어 학습자의 쓰기와 말하기에 나타난 복잡성, 정확성, 유창성에 역동성 발달 연구」, 연세대학교 대학원 박사학위논문.

이상섭(1997).「사전의 뜻풀이에 대한 소견」,『사전편찬학연구』8-1, 연세대학교 언어정보개발원, 7-32.

이승은(2011).「한국어 어휘교육 실험연구에 대한 연구방법론적 고찰」,『한국어교육』22호. 국제한국어교육학회, 321-346.

이승은(2007).「텍스트 상세화가 한국어 읽기 이해에 미치는 영향」,이화여자 대학교 석사학위 논문.

이신형(2009).「외래어의 자생적 기능에 관한 고찰」,『새국어교육』82, 한국국 어교육학회, 511-534.

이영희(2008).「한국어 학습자를 위한 한자어 파생어 교육 연구」,『한국어와 문화』4, 187-207, 숙명여대 한국어문화연구소.

이유경(2012).「외국인 학습자의 한국어 어휘 지식 평가를 통한 어휘 교육 방 안 연구-질적 지식의 평가를 중심으로-」,『한국어교육』23권 1호 국제한 국어교육학회, 61-182.

이유경(2005).「외국인의 대학 수학을 위한 어휘 목록 선정의 필요성 연구 - 한국어교육 전공 논문의 명사 어휘 중심으로」,『이중언어학』29.

이재욱·남기춘(2001).「특집 / 외국인을 위한 한국어교육 : 한국어 학습자의 어휘 습 전략 연구」,『우리어문연구』17.

이정화(2001).「한국어 학습자 사전 개발을 위한 몇 가지 검토: 한국어 교재와 기존 사존 검토를 중심으로」.『이화어문논집』19, 이화어문학회, 275-294.

이지욱(2009).「외국인을 위한 한국어 파생어 교육」,『이화어문논집』27, 159-172쪽, 이화어문학회.

이천(2012).「한국어 어휘 학습에 반이중어 사전의 필요성: 중급 중국인 한국 어 학습자를 중심으로」, 이화여자대학교 석사학위 논문.

이충우(2006).『좋은 국어어휘교육 어떻게 할 것인가?』, 교학사.

이효신(2009).「중국인 학습자의 한국인 어휘 학습 전략 연구」, 영남대학교 대학원 석사 학위 논문.

임동훈(1998).「어미의 사전적 처리」,『새국어생활』8, 국립국어연구원, 85-110.

임지룡(2010).「국어 어휘교육의 과제와 방향」,『한국어의미학』33호, 한국어 의미학회, 259-296.

임지룡(1991).「국어의 기초어휘에 대한 연구」, 1990년도 교육부 지원 한국

학술진흥재단의 자유공모과제 학술연구.

임지룡(1998).「어휘력 평가의 기본 개념」,『국어교육연구』30권 1호, 국어교육학회, 1-41.

임칠성(2002).「초급 한국어교육용 어휘 선정 연구」,『국어교육학연구』14, 국어교육학회

임홍빈(1993).「국어 어휘의 분류 목록에 대한 연구」, 국립국어연구원.

장승연(2010).「L1 어휘 주석이 어휘 학습에 미치는 영향」, 영남대학교 석사학위논문.

장혜연(2007).「신어의 조어 방식과 특성」, 한양대학교 교육대학원 석사학위논문.

전명미·최동주(2007).「신어의 단어 형성법 연구 -2002, 2003, 2004 신어를 대상으로-」,『한민족어문학』50, 한민족어문학회, 37-70.

전태현 (2003).「사전 편찬과 번역」,『한국사전학』2, 한국사전학회, 163-190.

정상근(2001).「일본어권 한국어 학습자를 위한 학습용 한일 사전 연구」, 경희대학교 석사학위논문.

정서영(2008).「고급단계 중국인 한국어 학습자의 한자어 어휘 교수·학습 전략 연구」, 상명대학교 석사학위 논문.

정영국 (2009).「외국인을 위한 한국어 학습 사전의 전망」,『한국사전학』14, 한 국사전학회, 52-79.

정윤주(2005).『「한국어 학습자를 위한 접미파생어 교육 방안 연구」, 경희대학교 교육대학원 석사학위논문.

조남호(2002).「현대 국어 사용 빈도 조사-한국어 학습용 어휘 선정을 위한 기초 조사」, 국립국어연구원.

조남호(2003).「한국어 학습용 어휘 선정 결과 보고서」, 국립국어연구원.

조남호(1988).「현대국어 파생접미사연구: 생산력이 높은 접미사를 중심으로」,『국어연구』85.

조재수(2003)「《표준국어대사전》의 뜻풀이 살펴보기」,『한국사전학』2, 한국사전학회, 45-84.

조평옥 외(1999).「사전 뜻풀이말에서 구축한 한국어 명사 의미계층구조」,

『인지 과학』10-4, 한국인지과학회, 1-10.

조현용(2000).「한국어능력시험 어휘 평가에 관한 연구」,『국어교육』101호, 한국국어교육연구회, 1-20.

조현용(2000).『한국어 어휘교육 연구』, 박이정.

조현용(1999).「한국어 어휘의 특징과 어휘교육」,『한국어교육』10-1, 265-281.

조현용(1999ㄱ).「한국어 어휘의 특징과 어휘 교육」,『한국어교육』10-1,국제 한국어교육학회.

조현용(2000).「어휘 중심 한국어교육방법 연구」, 경희대학교 박사학위논문.

진대영(2006).「한국어 쓰기능력 구성요소로서의 어휘에 대한 연구」,『이중 언어학』30호, 이중언어학회, 379-411.

채윤정(2010).「과제의 복잡성이 한국어 어휘 습득에 미치는 영향」, 이화여자 대학교 석사학위논문.

최길시(1998).『외국인을 위한 한국어교육의 실제』, 한국문화사.

최운선(2012).「어휘력 평가 영역 설정 기준에 대한 연구」, 한국어교육학회학 술발표회 1-27.

최준, 송현주, 남길임 (2010)「한국어의 정형화된 표현 연구」,『담화와 인지』 제17권 2호 163-190

하지형(2006).「사전 사용을 통한 효과적인 어휘 지도 방안 연구」, 국민대학 교 석사학위논문.

한국과학기술원 전문용어언어공학연구센터(2005).『어휘의미망 구축론』, Kaist Press.

한송미(2002).「학습자 자율성에 기초한 한국어 어휘 교육 사례 연구-인터넷 사전과 인터넷 자료 검색 과정을 중심으로」,『한국어교육』13(2). 국제 한국어교육학회, 279-307.

한송화(2001).「제2외국어로서의 한국어 문법 사전 (학습자용)의 사전적 기 술」,『제2차 아시아 사전학회 국제 학술대회 발표 자료집』,아시아 사전 학회, 288-295.

한송화·강현화(2004).「연어를 이용한 어휘 교육 방안 연구」,『한국어교육』

15. 295-318.

한정아(2007). 「창각적 입력이 어휘 단장기 기억에 미치는 효과」, 한국외국어 대학교 석사학위 논문.

홍성채(2010). 「'-적' 파생어의 효과적인 한국어교육 방안」, 계명대학교 석사 학위논문.

홍종선(2007). 「국어 사전 편찬, 그 성과와 과제(5): 풀이말 항목들의 설정」, 『어문 논집』56, 민족어문학회, 33-56.

홍종선 외(2009). 『국어사전학개론』, 제이엔씨.

황성동(2016). 「Free Software를 활용한 메타분석」, 경희대학교출판부.

황은하 외(2008). 「『연세현대한국어사전』의 뜻풀이용 어휘 통제를 위한 기초 연구」, 『언어정보와 사전편찬』22, 연세대학교 언어정보연구원, 77-107.

Anderson, N. (2005). L2 learning strategies. In E.Henkel(Ed), *Handbook of research in second language teaching and learning*.

Anderson, R. C. & Freebody, P.(1983). Reading comprehension and the assessment and acquisition of word knowledge. In B. Hutton (Ed.), *Advances in reading & language research: A research annual*. Greenwich, CT: JAI Press.

Anderson, R. C. & P. Freebody (1983). Vocabulary knowledge, In J. T. Guthrie(ed.), *Comprehension and Teaching: Research Reviews*, Newark, DE: International Reading Association, pp. 77-117.

Barcroft, J. (2004). Second language vocabulary acquisition: a lexical input processing approach. *Foreign Language Annals*. Vol.37.No.2. 200-208.

Bauer, F. (1989). "Vocabulary control in the definitions and examples of monoloingual dictionaries." in F.J. Hausmann, et al (eds), *An International Encyclopedia of Lexicography*. Berlin: Walter de, Gruyter, 899-905.

Bauer, L & Nation, I.S.P.(1993). Word families. *International Journal of Lexicography*, 6,4, 253-79.

Beck, I. L., Perfetti, C. A., & McKeown, M. G. (1982). The effects of long-term vocabulary instruction on lexical access and reading comprehension. *Journal of Educational Psychology,* 74, 506-521.

Beck, I.L. & Mckeown, M. G. (1991). Conditions of vocabulary acquisition. In R. Barr, M.L. Kamil, P.B. Mosenthal, and P.D. Pearson (Eds.) *Handbook of reading research* (Vol.II, pp.789-814). New York: Longman.

Biber, D. (2009). A corpus-driven apprach to formulaic language in English; Multi-word patterns in speech and writing, *International Journal of Corpus Linguistics,* 14 (3): 275-311.

Blachowicz, C. & Fisher, P (2002). Vocabulary Instruction. In M, Kamil, P, B, Mosenthal, P.D. Pearson, and R. Barr (Eds.) *Handbook of reading research* volume III. (pp 269-284) Mahon,NY: Lawrence Erlbaum Associates.

Boers, F, Eyckmans, J, Kappel, J, Stengers, H, & Demecheleer, M (2006). Formulaic sequences and perceived oral proficiency: Putting a Lexical Approach to the test, *Language Teaching Research,* 10(3); 245-261

Bonk, W.(2000). Second language lexical knowledge and listening comprehention. *International Journal of Listening,* 14, 14-31.

Bot, K., Paribakht, T. S. & Wesche, M. B. (1999). Toward a lexical processing model for the study of second language vocabulary acquisition. *Studies in second language acquisition,* 19. 309-329.

Brown, C., Sagers, S., & LaPorte, C. (1999). Incidental vacabularu acquisition from oral and written dialogue journals. *Studies in second language acquisition,* 21, 259-283.

Brown, H. D. 2006, *Principles of Language Learning and Teaching*(5th Ed.). Longman.

Carter, R. & McCarthy, M. (1988). *Vocabulary and language teaching.* London: London.

Celce-Murcia, M (2007). Rethinking the role of communicative competence in language teaching, In Eva Alcón Soler and Maria Pilar Safont Jordà(Eds), *Intercultural Language Use and Language Learning* (pp. 41-57). Springer

Chall, J. (1987). Two vocabularies for reading: Recognition and meaning. In M. McKeown and M. Curtis (Eds), *The nature of vocabulary acquisition.* (pp.7-18). Hillsdale, NJ: Lawrence Erlbaum Associates.

Coady, J. (1993). Research on ESL/EFL vocabulary acquisition: putting it in context. In T. Huckin, M. Haynes, and J. Coady (Eds.) *Second language learning and vocabulary learning.* Norwood, NJ : Ablex Publishing Corporation.

Coady, J., Magoto, J., Hubbard, P., Graney, J., & Mokhtari,K. (1993). High frequency vocabulary and reading proficiency in ESL readers. In T. Huckin, M. Haynes, and J. Coady (Eds), *Second language reading and vocabulary learning* (pp. 217-228). Norwood, NJ: Ablex.

Cobb, T. & Horst, M. (2001). Growing academic vocabulary with a collaborative on-line database. In B. Morrison, D. Gardner, K. Keobke, and M. Spratt (eds.) *ELT Perspectives on Information Technology & Multimedia: Selected Papers from the ITMELT 2001 Conference 1st & 2nd. English Language Centre,* Hong Kong Polytechnic University, pp. 189-226.

Cortes V (2004) Lexical bundles in published and student disciplinary writing: examples from his\-tory and biology. *English for Specific Purposes* 23: 397-423.

Coxhead, A (2000). A new Academic Word List, *TESOL Quarterly*, 34:213-238

Dale, E. (1965). Vocabulary measurement: Techniques and major findings. *Elementary English,* 42, 895-901.

Dale, E. (1965). Vocabulary measurement: Techniques and major findings.

Elementary English, 42, 895-901.

DeCarrico, J.S (2001). Vocabulary learning and Teaching. In M.C. Murcia (Eds.) *Teaching English as a second language.* Boston, MA : Heinele and Heinle

Ellis, R. & Barkhuizen, G. P. 2005, *Analysing learner language.* Oxford: Oxford University Press.

Ellis, R. (2004). Does form-focused instruction affect the acquisition of implicit knowledge? : a review of the research. *Studies in second language acquisition,* 24, 223-236.

Fan, M. Y.(2003). Frequency of use, perceived usefulness, and actual usefulness of second language vocabulary strategies: A study of Hong Kong learner. *The modern language journal,* 87, 222-241.

Fitzgerald, J. (1995). English-as-a-second –language learner's cognitive reading process: a review of research in the United States. *Review of educational research,* Vol.65, 145-190.

Folse, K.S. (2004). *Vocabulary myths; applying second language research to classroom teaching.* Ann arbor, MI: the university of Michigan press.

Folse, K.S.(2004). *Vocabulary myths; applying second language research to classroom teaching.* Ann arbor, MI: the university of Michigan press

Fraser, C. (1999). Lexical processing strategy and vocabulary learning through reading. *Studies in Second language Acquisition,* 21, 225-241.

Fukkink, R.G. & de Glopper, K. (1998). Effects of instruction deriving word meaning from context: a meta-analysis. *Review of Educational Research,* 68 (4), 450-69.

Grabe,W.&Stroller, F. (2002). *Teaching and researching reading,* Harlow, England: Longman Pearson Education,14(2) 155-157.

Groot, A.& Keijzer, R. (2000). What is hard to learn is easy to forget : The roles of word concreteness, cognate status, and word frequency in foreign-language vocabulary learning and forgetting. *Language Learning,*

50 (1), 1-56.

Gu, Y. & Johnson, R.K. (1996). Vocabulary learning strategies and language learning outcomes. *Language Learning*,49,643-679.

Gu, Y. & Johnson, R.K. (1996). Vocabulary learning strategies and language learning outcomes. *Language Learning*, 49, 643-679.

Hayati,A.M.&Pour-Mohammadi,M.(2005). A comparative study of using bilingual and monolingual dictionaries in reading comprehension of intermediate EFL students, *The Reading Matrix*, 5(2), 61-66.

Hill, M. & Laufer, B. (2003). Type of task, time-on-task and electronic dictionaries in incidental vocabulary acquisition. *IRAL*, 41, 87-106.

Hill, M. (2000). English vocabulary: tests and tasks. (ERIC Document Reproduction Service No. ED 462001)

Hu, C. (2003). Phonological memory, phonological awareness, and foreign language word learning. *Language Learning*, 53(3), 429-462.

Hu, M. & Nation, I.S.P. (2000). Vocabulary density and reading comprehension. *Reading in a Foreign Language*, 13(1), 403-430.

Huckin, T. & Coady, J (1999). Incidental vocabulary acquisition in a second language:A Review. *Studies in second language acquisition,* 21, 181-193.

Huckin, T., & Bloch, J. (1993). Strategies for inferring word-meanings in context; A cognitive model. In T.Huckin, M. Haynes, & J. Coady (Eds), *Second language and reading and vocabulary learning* (pp.153-178).Norwood, NJ: Ablex.

Hulstijin, J. H. & Laufer, B (2001) Some Empirical Evidence for the involvement load hypothesis in Vocabulary acquisition, *Language Learning,* 51(3), 539-558.

Hulstijin, J. H. (1992). Retention of inferred and given word meaning: Experiments in incidental vocabulary learning. In P.J.L. Arnaud & H. Bejoint (Eds.), *Vocabulary and applied linguistics* (pp.113-125). London:

Macmillan.

Hulstijin, J.H., Hollander, M., & Greidanus, T. (1996). Incidental vocabulary learning by advanced foreign language students: The influence of marginal glosses, dictionary use, and reoccurrence of unknown words. *Modern Language Journal*, 80(3), 327-339.

Hyland, K. (2008b). As can be seen: Lexical bundles and disciplinary variation. *English for Specific Purposes*, 27, 4–21.

Hymes, D. (1972). On communication competence. In J.P. Pride and J. Holmes (Eds) *Sociolinguistics: Selected reading*. Harmondsworth, UK: Penguin.

Irvin, J.L. (1990). *Vocabulary knowledge: Guidelines for instruction*. Washington, DC: National Education Association.

Jiang, N. & Nekrasova, T. (2007). The processing of formulaic sequences by second language speakers, *The Modern Language Journal*, 91 ; 433-445

Jiang, N. (2004). Semantic transfer and its implications for vocabulary teaching in a second language. *The Modern Language Journal*, 88 (3), 416-432.

Kojic-Sabo, I. & Lightbrown, P. (1999). Students' approaches to vocabulary learning and their relationship to success. *The Modern Language Journal*, 83, 176-192.

Krashen, S. (1989). We acquire vocabulary and spelling by reading: Additional evidence for the input hypothesis. *The Modern Language Journal*, Vol. 73, 440-464.

Laufer, B & Goldstein, Z. (2004) Testing Vocabulary knowledge: Size, Strength, and Computer Adaptiveness. *Language Learning* 54(3), 399-436.

Laufer, B & Hill, M. (2000). What lexical information do L2 learners select in a CALL dictionary and how does it affect word retention? *Language learning & technology*, 3(2), 58-76.

Laufer, B (2003). Vocabulary acquisition in a second language: Do learners really acquire most vocabulary by reading some empirical evidence. The Canadian Modern Language Review. 59 (4), 567-587.

Laufer, B. (1989). What percentage of text lexis is essential for comprehension ? In C. Lauren & M. Nordman (eds), *Special Language: From Humans Thinking to Thinking Machines*(316-323). Clevdon: Multilingual Matters.

Laufer, B. (2005). Focus on form in second language vocabulary learning. *EUROSLA Yearbook*, 5, 223-250.

Laufer,B. & Nation, P. (1999). A vocabulary size test of controlled productive ability. *Language Testing*, 16, 36-55.

Lazaraton, A. (2004). Gesture and speech in the vocabulary explanations of one ESL teacher: A microanalytic inquiry. *Language learning*, 54(1), 79-117.

Lessard-Clouston, M. (1996). ESL Vocabulary Learning in a TOEFL Preparation Class: A Case Study. *Canadian Modern Language Review*, 53 (1), 97-119.

Liu XL and Liu XX (2009) A corpus-based study on the structural types and pragmatic functions of lexical chunks in college English writing. *Foreign Languages in China* 6: 48-53.

Ma GH (2009) Lexical bundles in L2 timed writing of English majors. *Foreign Language Teaching and Research* 41: 54-60.

Melka (1997) Receptive vs. productive aspect of vocabulary, In Schmitt & McCarthy (Eds) *Vocabulary : description, acquisition and pedagogy*, Cambridge.

Mezynski, K. (1983). Issues concerning the acquisition of knowledge: effects of vocabulary training on reading comprehension. *Review of Educational Research*, Vol.53, 253-279.

Mochizuki, M & Aizawa, K (2000). An affix acquisition order for EFL learners: An exploratory study. *System*, 28, 291-304.

Nagy, W. E. & Scott, J. A. (2000). Vocabulary process. In M, Kamil, P, B, Mosenthal, P.D. Pearson, and R. Barr (Eds.) *Handbook of reading research,* volume III. (pp 269-284) Mahon, NY: Lawrence Erlbaum Associates.

Nagy, W. E. & Scott, J. A. (2000). Vocabulary process. In M, Kamil, P, B, Mosenthal, P.D. Pearson, and R. Barr (Eds.) *Handbook of reading research volumeIII*.(pp269-284) Mahon,NY:Lawrence Erlbaum Associates.

Nagy, W. E. & Scott, J. A. (2006). The state of vocabulary research in the mid-1980s. In K. A. Dougherty Stahl and M. C. McKenna (Eds.) *Seeking understanding in how to teach reading: Selected works by Steven Stahl and a memorial Festschrift.* New York: Guilford Publishing.

Nagy, W.E. & Anderson, R.C. (1984). How many words are there in printed school English? *Reading Research Quarterly*, 19, 3, 304-30.

Nation, I. S. P. (2013). *Learning vocabulary in another language*, Cambridge press.

Nation, I. S. P & Webb, S. (2004). *Researching and analyzing vocabulary*, Boston: Heinle &Heinle.

Nation, I. S. P. (1983). Testing and teaching vocabulary. *Guideline* 5, 12-25

Nation, I. S. P. (1990). *Teaching and learning vocabulary*. Boston: Heinle and Heinle.

Nation, I. S. P.(2001). *Learning vocabulary in another language*. Cambridge: Cambridge University Press.

National Reading Panel. (2000). *Report of the teaching children to read: An evidence-based assessment of the scientific research literature on reading and its implications for reading instruction.* (NIH Pub. No. 00-4754). Washington, DC: U.S. Government Printing Office.

National Reading Panel.(2000). *Report of the teaching children to read: An evidence-based assessment of the scientific research literature on reading and its implications for readingi nstruction*. (NIHPub. No.00-4754).Washington, DC: U.S.Government Printing Office.

Oh,S. Y.(2001). Two types of input modification and EFL readi ngc onprehension: Simplification versuse laboration, *TESOL Quarterly*,35(1), 69-96.

Oxford, R. & Crookall, D. (1990). Vocabulary learning: A critical analysis of techniques. *TESL Canada Journal*, 7 P9-30.

Oxford, R. & Crookall, D. (1990). Vocabulary learning: A critical analysis of techniques. *TESL Canada Journal*,7P9-30.

Paribakht, T. & Wesche, M. (1993). The relationship between reading comprehension and second language development in a comprehension-based ESL program. TESL *Canada journal*, 11(1), 9-29.

Paribakht, T. & Wesche, M. (1999). Reading and "incidental" L2 vocabulary acquisition:an introspective study of lexical inferencing. *Studies in second language acquisition*, 21, 195-224.

Paribakht, T., & Wesche, M. (1993). The relationship between reading comprehension and second language development in a comprehension-based ESL program. *TESL Canada journal*, 11(1),9-29.

Petty, W., Herold, C., & Stoll, E. (1968). *The state of the knowledge about the teaching of vocabulary*. Cooperative Research Project No. 3128. Champlain, IL: National Council of teachers of English.

Prince, P. (1996). Second language vocabulary learning: the role of context versus translations as a function of proficiency. *The Modern Language Journal*, 80, 478-493.

Qian, D.D. (1996). ESL Vocabulary Acquisition: Contextualization and de-contextualization. *Canadian Modern Language Review*, 53, 120-142.

Quin, D. D. (2002). Investigation the relationship between vocabulary knowledge and academic reading performance: An assessment perspective. *Language learning,* 52(3), 513-536.

Quin, D. D. (2002). Investigation the relationship between vocabulary knowledge and academic reading performance: An assessment perspective. *Language learning,* 52(3), 513-536.

Raptis, H. (1997). Is second Language reading vocabulary best learned by reading? *Canadian Modern Language Review,* Vol. 53, 566-580.

Read, J. 2000, *Assessing vocabulary.* Cambridge, U.K. : Cambridge University Press.

Rodriguez, M. & Sadoski, M. (2000). Effects of rote, context, keyword, and context/keyword methods on retention of vocabulary in EFL classroom. *Language Learning,* 50, 385-412.

Ryu,J.(2005). *Aspects of dictionary use by Korean EFL college students, doctor dissertation,* Yonsei University.

Sanaoui, R. (1995). Adult learners' approaches to learning vocabulary in second languages. *The Modern Language Journal.* 79, 15-28.

Schmitt, N. (1998). Tracking the incremental acquisition of second language vocabulary: a longitudinal study. *Language Learning,* 48(2), 281-317.

Schmitt, N., Schmitt, D., & Clapham, C. (2001). Developing and exploring the behavior of two new versions of the Vocabulary Levels Test. *Language Testing,* 18 (1), 55-88.

Schunk,H. (1999). The Effect of Singing Paired with Signing on Receptive Vocabulary Skills of Elementary ESL Students. *The Journal of Music Therapy,* 36 (2), 110-124.

Simpson-Vlach, R & Ellis, N. (2010). An academic formulas list: new methods in phraseology research. *Applied Linguistics,* 31/4; 487-512

Skehan, P. 1996. *A framework for the implementation of task-based instruction. Applied Linguistics* 17/1:38-62.

Smith, B. (2004). Computer-mediated negotiated interaction and lexical acquisition. *Studies in second language acquisition*, 26, 365-398.

Smith, B. (2005). The relationship between negotiated interaction, learner uptake, and lexical acquisition in task-based computer-mediated communication. *TESOL quaiterly*, 39 (1), 33-57.

Stahl, S. A. & Fairbanks, M. M. (1986). The effects of vocabulary instruction: a model-based meta-analysis. *Review of Educational Research*, Vol. 56, 72-110.

Stahl, S. A. (1983). Differential knowledge and reading comprehension. *Journal of Reading behavior*, 15, 33-50.

Stahl, S. A. (1983). Differential knowledge and reading comprehension. *Journal of Reading behavior*, 15,33-50.

Stahl, S. A.,& Fairbanks, M. M.(1986). The effects of vocabulary instruction : a model-based meta-analysis. *Review of Educational Research*, *Vol.56*,72-110.

Sternberg, R. (1987). Most vocabulary is learned from context. In McKeown and M. Curtis (Eds). *The nature of vocabulary acquisition* (pp.89-106). Hillsdale, NJ: Lawrence Erlbaum Associates.

Swanborn, M.S. & de Glopper, K. (1999). Incidental word learning while reading: a meta-analysis. *Review of Educational Research*, 69(3), 265-85.

Treville, M. (1996). Lexical learning and reading in L2 at the beginner level: The advantage of cognates. *Canadian Modern Language Review*, 53, 173-190.

Ure, J. 1971, Lexical density and register differentiation. In G. E. Perren and J. L. M. Trim (Eds.). *Applications of linguistics: selected papers of the Second International Congress of Applied Linguistics*, Cambridge 1969 (pp.443-452). Cambridge: Cambridge University Press.

Walberg, H. J. & Haertel, E. H. (1980). Research integration: the state of the art. *Special issue of Evaluation in Education: An International Review*

Service, 4, 1-135.

Wesche, M. B. & Paribakht, T. S. (2000). Reading-based exercises in second language vocabulary learning: an introspective study. *The Modern Language Journal*, 84, 196-213.

Wingate,U.(2002). The effectiveness of different learner dictionaries: An investigation into the use of dictionaries for reading comprehension by intermediate learners of German, *Tübingen: Max Niemeyer Verlag*, 339-340.

Wode, H. (1999). Incidental vocabulary acquisition in the foreign language classroom. *Studies in Second language Acquisition*, 21, 243-258.

Wolter, B. (2001). Comparing the L1 and L2 mental lexicon: a depth of individual word knowledge model. *Studies in second language acquisition*, 23, 41-69.

Wray, A & Perkins, M. (2000). The fuctions of formulaic language: an integrated model. *Language & Communication*, 20:

Wray, Alison (2000). Formulaic sequences in second language teaching: principle and practice, *Applied Linguistics*, 21/4 : 463-489

Zahar,R., Cobb, T.,& Spada, N. (2001). Acquiring vocabulary through reading: Effect of frequency and contextual richness. *The Canadian Modern Language Review*, 57 (4), 541-572.

Zareva, A., Schwanenflegel, P, & Nikolova, Y. (2005). Relationship between lexical competence and language proficiency. SSLA, 27, 567

찾아보기

ㅎ